직업으로서의
교사

직업으로서의
교사

권재원
교육
비평집

다시 학교의 가치로
다시 교사의 가치로

우리학교

차례

3부

4부

코로나시대,
교사의 일과 교육

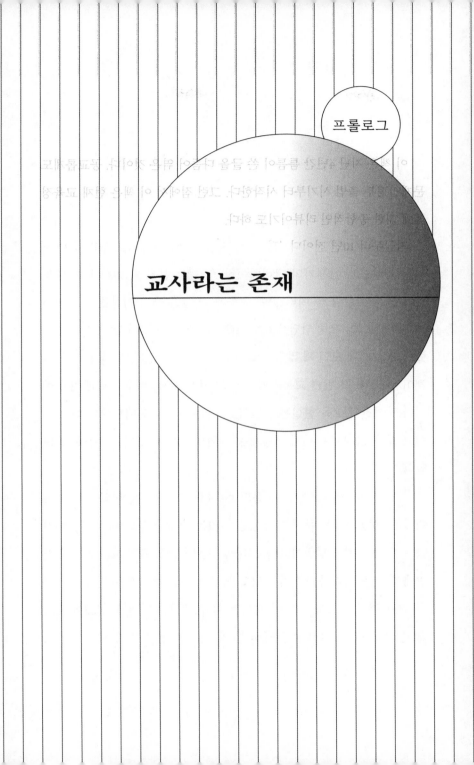

프롤로그

교사라는 존재

이 책은 지난 4년간 틈틈이 쓴 글을 다듬어 엮은 것이다. 공교롭게도 문재인정부 출범 시기부터 시작한다. 그런 점에서 이 책은 현재 교육정책에 대한 종합적인 리뷰이기도 하다.

지금부터 10년 전이다. '정 안 되면 담벼락에 소리라도 질러야 한다'라는 기분으로 21세기의 담벼락이랄 수 있는 블로그, 인터넷 게시판, SNS, 언론사 칼럼 등 여러 곳에 교육 관련 글을 쓰기 시작했다. 우리나라 교육 현실이 오죽 답답했기에 그랬던가 싶다. 얼마나 많이 소리를 질렀던지, 그렇게 모인 꽤 많은 글을 엮어 단행본으로 출간할 정도였다. 그 책이 바로 내 첫 번째 교육비평집 『학교라는 괴물』이다. 그런데 10년이 지나도 여전히 교육 현실은 답답하고, 나는 여전히 담벼락에다 대고 외치고 있다. 그래서 어느새 이렇게 또 한 권의 교육비평집을 출간하게 되었다.

하지만 세상이 영 제자리걸음만 한 건 아니라서, 답답함의 종류도 바뀌었다. 10년 전에는 분야를 특정할 수 없는 답답함, 도대체 왜 답답한지 알 수 없는 그런 답답함이었다. 그래서 첫 책에는 교육뿐 아니라 사회 전반에 대한 내 생각과 주장이 다양하게 실려 있다. 하지만 두 번째 비평집 『학교가 꿈꾸는 교육, 교육이 숨쉬는 학교』에서는 범위가 '공교육'으로 확 줄었다. 그리고 이번에 출간하는 세 번째 비평집 『직업으로서의 교사』에 이르러서는, 그 주제의 범위가 '교사'로 더욱 좁혀졌다. 결국 교육은 교사가 하는 일이며, 교사가 제 일에서 긍정적인 동기를 찾고 스스로 일어서지 않으면 그 어떤 교육개혁도 빛 좋은 개살구가 되고 만다는 생각에 이르렀기 때문이다.

가끔 자문한다. 교사는 성직자일까, 전문직일까, 노동자일까?

어느 것도 정답이 아니다. 셋 모두이기도 하고, 모두 아니기도 하다. 교사는 상황에 따라 성직일 수도, 전문직일 수도, 노동자일 수도 있다. 한국사회 역시, 교사를 상황에 따라 다르게 대해왔다. 문제는 그때그때 교사에게 가장 불리한 쪽을 선택해왔다는 것이다.

가령 교사에게 아무 대가 없이 무한한 헌신을 요구할 때, 교직은 '성스러운 일'이고 어떤 보상을 바라서도 안 되는 일이 된다. 교사를 자기계발을 소홀히 하는 무능하고 나태한 집단으로 몰아세워 비난할 때는 '전문직' 관점이 나선다. 그러나 막상 정부가 교사를 채용하고 관리하는 방식을 보면 교사는 다만 '노동자'일 뿐이다. 그러기에 우리나라에서 교사란, 성직자 같은 헌신과 전문직 같은 자기계발을 요구받으면서 일반 노동자의 보상을 받는 존재라 할 수 있다.

교사에 대한 이런 폄하는 교육을 담당하는 정부 부처마저도 예외가 아니다. 교육부의 교원정책 담당자들은 틈날 때마다 취학학생 수가 줄어든다며, 교사 수 줄일 궁리만 한다. 심지어 미래에 줄어들 학생 수를 미리 반영해 교사 수를 줄이고 있다. 이들은 교육목표가 어떻게 달라졌는지, 그리고 달라진 교육목표를 달성하기 위해 적정한 학급 규모가 과거와 어떻게 달라졌는지, 교사들이 과거와 얼마나 달라진 수업을 하는지는 묻지 않는다. 이들에게 교사란 다만 학생 몇 명마다 한 명씩 붙이면 되는 숫자에 불과하며, 기왕이면 교사 한 사람당 더 많은 수업 시간을 담당하게 해 효율성을 높이고, 서로 경쟁을 붙여 노동력을 더 많이 추출하면 더 좋은 인력에 불과하다.

게다가 교사는 노동자의 권리마저 제대로 누리지 못한다. 다른 노동자들이 헌법에 따라 부여받는 노동3권도 온전히 누리지 못하며, 시민이라면 누구나 누리는 참정권도 누리지 못한다. 교사는 정당에 가입할 수도, 자신이 지지하는 후보를 도울 수도 없으며, SNS에서 후보자의 글을 공유하거나 '좋아요'를 찍어도 징계 위협에 시달린다. 심지어 교사의 삶에 직접적인 영향력을 행사하는 교육감 선거에서조차 일언반구 할 수 없다.

이렇게 입에 재갈이 물린 교사들은 정작 교육정책이 만들어지고, 교육 관련 법률이 재개정되는 과정에서 철저하게 소외된다. 그나마 이전에는 교육당국이 형식적으로라도 교사의 의견을 수렴하는 흉내라도 냈다. 그런데 이른바 민주진보 정권이 들어서자, 교사는 마치 적폐세력이라도 되는 양 교육정책이 정해지는 자리에서 완전히 내몰리고 말았다. 청와대에는 교육문화수석이 없다. 국가교육회의 위촉직 위원 12명 중 교사는 단 한 명이다. 교수(6명)는 물론, 시민운동가(2명)보다 적다. 우연이든 고의든 평생을 교육이라는 외길을 걸어왔던 이 땅의 수많은 교사는 큰 상처를 받을 수밖에 없다.

그래서 교사에 대해 이야기할 수밖에 없었다. 여전히 아무도 교사에게 묻지 않고, 비난하고 호통만 치고 있으니 누구라도 교사를 대변하여 담벼락에 소리칠 수밖에 없었다.

이 책의 외침이 교육부장관, 교육감, 그리고 교육정책에 영향력을 행사하는 '높으신 분'들에게까지 들리기를 기대한다. 그들이 듣지 않겠다면, 적어도 교사끼리라도 돌려보며 그동안 맺힌 응어리를 풀 수 있기를 바라며 세상에 한 권의 책을 다시 보낸다.

2021년 5월
권재원

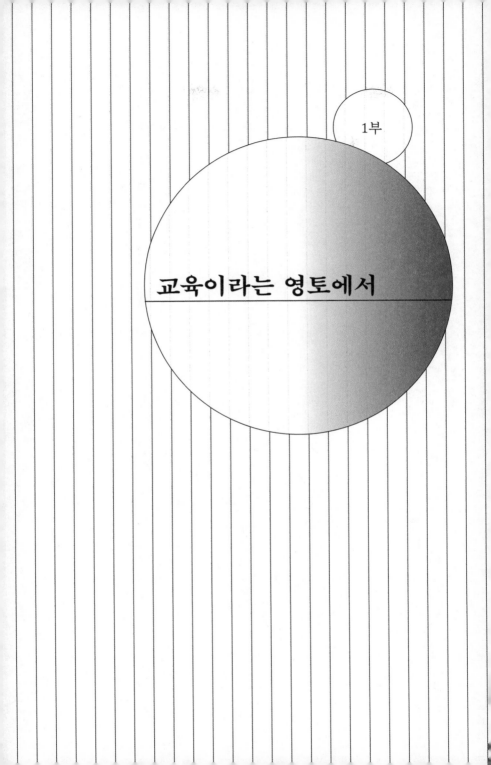

1부

교육이라는 영토에서

혁신 이전에 되새길
교육의 진정한 목적

○

　성공한 우리나라 벤처기업가들이 입버릇처럼 하는 말이 있다. 학교 펌하 발언이다. "학창시절은 지옥이었어요"라고 하거나, "학교에서 배운 것은 실제로는 쓸모없는 것들이었습니다"라고 하거나, "내게 필요한 것은 유치원에서 이미 다 배웠어요"라는 말들이다. 물론 고대의 현자 솔론이 부와 권력을 가진 크로이소스 왕에게 일깨워주었듯이, 그들이 정말 성공한 사람인지 판가름하려면 좀 더 많은 시간이 필요하겠지만 말이다.

　특히 지난 몇 년 사이 정보통신기술(ICT) 분야에서 나름 성공했다는 기업가들이 하라는 사업 혁신은 안 하고, 엉뚱하게 교육이 이러네, 학교가 저러네, 하면서 시쳇말로 약을 팔고 다닌다. 정작 우리나라 정보통신기술산업 경쟁력은 점점 떨어지고 있는데 말이다. 어쩌면 정보통신기술 경쟁력이 계속 떨어지는 이유를 자신들의 창조성과 혁신 부족이 아니라, 교육에 전가하려고 그러는지도 모르겠다.

　문제는 이런 종류의 말이 교사연수에서 자꾸 인용된다는 것이다. 주로 '4차산업혁명', '혁신', '미래' 등의 화두를 다루는 강사들이 이 한물가기 시작한 ICT 기업가의 학교 폄하 발언을 부지런히 퍼와서 옮긴다. 이런 강사들을 보면 대체로 교육현장에서 치열하게 실천하는 일과는 거리가 먼 사람들이다. 현장에서 멀어진 지 오래인 장학관, 연구관, 교장, 교감, 혹은 교수가 대부분이다. 이들이 파는 약은 천편일률적이라 한두 줄로 요약도 가능하다. '공교육이 시대 변화에 뒤떨어져 있으며, (자기들처럼) 빨리 혁신하여 미래사회에 대비해야 한다'라는 주장이다.

　이런 말을 듣는 교사들의 입장은 참으로 착잡하다. 물론 때로는 이런 말이 신선한 자극이 될 수도 있고, 거기에 자극받아 다양한 수업혁신 성과를 거둔 교사들도 있다. 하지만 혁신 타령도 한두 번이고, 미래 타령도 한두 번이다. 1년에 서너 번씩 불려가서 반강제로 "당신들은 시대에 뒤떨어졌으니 정신 차려" 식의 말을 들어야 하니, 구태도 이런 구태가 없다. 이런 말을 계속 듣다보면 교사들은 일에 대한 긍지와 책무성 대신 혹시 자신이 미래를 개척할 꿈나무들을 질식시켜 그 잠재력을 다 말려버리고 있는 게 아닐까, 의구심만 가득 찬다. 심지어 학교에서 열심히 가르치면 가르칠수록 오히려 학생들의 미래를 망치고 창의성을 말살할 것 같은 착각마저 느낀다. 여기에 일부 진보교육 운동가까지 가세하여 "아이들은 공부보다 그저 신나게 뛰어놀아야 한다"라며 부채질한다. 이쯤 되면 교사의 마음을 지배하는 정서는 자기효능감이 아니라, 자기혐오감이 될 지경이다.

심지어 정부까지 '대통령 직속 4차산업혁명위원회'라는 것을 만들었다. 교사는 단 한 명도 포함되지 않은 이 위원회에서 4차산업혁명을 대비하기 위해서는 교육이 바뀌어야 한다고 목소리 높이더니, 이미 학교에서 10여 년 전 했거나, 아직도 하고 있는 '발명교육', '코딩교육'을 그대안이라고 내놓았다. 이런 분위기라면 발명반을 운영하지 못하고, 코딩을 가르치지 못하는 교사들은 모두 구시대 유물로 몰려 사표라도 써야 할 분위기다.

그러나 이런 일련의 흐름이 놓치고 있는 것이 있다. 교육의 목적은 미래의 생산력이 아니라는 것이다. 교육은 기본적으로 학생의 행복을 목적으로 한다. 교육은 학생의 미래를 위해 존재하는 것이 아니라, 학생의 현재를 위해 존재한다. 교육을 미래의 취직, 미래의 경쟁력을 위한 도구로 생각하게 되면, 그 과정에서 학생의 행복은 철저히 무시된다. 교육은 배움 자체가 즐겁고 행복한 일이기 때문에, 또한 능력이 확장되고 성장하는 것을 확인하는 즐거움이 행복의 초석이라서 중요한 것이지, 미래 일자리, 미래 생산력을 준비하기 때문에 중요한 것이 아니다. 민주주의 국가가 국민 행복을 국가 목적으로 생각하기 때문에 조금의 비효율을 감수하듯이, 민주주의 국가의 교육은 학생의 행복을 가장 중요한 목적으로 생각하므로 현재의 필요는 잠시 내려두는 여유를 가져야 한다. 그렇게 배움의 즐거움과 행복을 알게 된 학생들은 학교를 졸업한 다음에도 기꺼이 배울 것이며, 그렇게 함으로써 생산력과 행복을 함께 얻을 수 있다. 그게 교육이다.

그렇다고 치면 저 ICT 영웅들이 학교에서 제대로 배우지 못한 것은 틀림없는 사실이다. 그들이 사업에 필요한 지식과 기능을 배우지 않아서가 아니라, 배움의 기쁨, 성장의 즐거움, 행복 같은 것을 성과와 성공에 취해 잊어버렸으니 말이다. 그런 의미에서라면 우리나라 학교가 문제가 많다는 지적을 받아들여야 할 것 같다. 그런 뜻으로 한 말은 아니겠지만 말이다. 물론 그것이 학교만의 책임은 아니다. 그동안 우리나라 학교와 공교육은 본연의 목적이 아닌, 외부의 성과 압력에 얼마나 많이 시달려왔던가?

최근 몇 년간 터져나오는 스포츠 미투(Me Too)는 훈련을 오직 메달을 따기 위한, 성과를 위한 과정으로만 생각할 때 나타날 수 있는 온갖 가혹함과 비인간성의 결정판을 보여준다. 학교라고 다를 수 없다. 만약 교육을 멀게는 생산력, 짧게는 대입을 위한 수단으로 생각하게 되면 그 과정에 대한 고민은 사라진다. 그 과정에서 어떤 비인간적인 일이 자행되고 학생들이 불행해지든지 간에 말이다.

여러 해 전, 대학 잘 보내주는 교사가 학생과 동료 교사를 성희롱한 사실을 폭로한 학생들이 도리어 다른 학생과 학부모에게 욕을 먹었던 참담한 사건이 있었다. 성과주의에 매몰된 우리 교육의 슬픈 자화상이다. 저 벤처사업가들은, 저 강사들은 학교의 그런 문제점을 비판했어야 했다. 어쩌면 비판해야 할 것을 비판할 능력을 갖추지 못했다는 점에서, 학교가 그들을 제대로 가르치지 못했다는 반성이 필요한지도 모르겠다.(2018년)

코딩교육을 관통하는
교육의 본질

○

    최근 몇 년 코딩교육이 열풍을 넘어 광풍이 된 현상을 목격한다. 학부모 사이에서는 한 살이라도 어릴 때 코딩을 익혀야 나중에 뒤떨어지지 않는다는 불안과 공포 분위기가 나돌기 시작했고, 이를 놓치지 않고 사교육업자가 뛰어들었다. 심지어 4세 유아를 대상으로 하는 코딩 사교육도 나왔다. 강습비도 무척 비싸다. 주 1회 강습에 월 30만 원, 많게는 100만 원 넘는 곳까지 있다고 한다.

    2000년대 후반 영어 사교육 광풍을 연상시키는 모습이다. 하루라도 빨리 영어를 익혀야 한다면서 영어 유치원이 세워지다 못해, 산모가 배에 스피커를 대고 영어를 들려주는 촌극까지 일어나던 시절 말이다. 당시 영어 사교육 광풍의 끝판왕은 조기유학 바람이었다. 어린 자녀를 오직 영어 하나 더 잘 배우게 하겠다고, 미국, 캐나다, 호주 등으로 조기유학을 떠나보내는 무모한 부모가 줄을 이었다. '기러기 아빠'라는 신조어도 탄생했다. 조기유학은 우리나라뿐 아니라 현지에서도 사회문제가 되었다. 캐나다 브리티시컬럼비아주(밴쿠버) 교원노조 연구국장이 부모 없이 학생만 계속 전학 오는 사태가 현지 교사들을 힘들게 한다며, 사태파악을 위해 한국을 방문할 정도였다. 국가와 지방자치단체가 큰돈 들여 영어마을을 조성하기도 했다. 영어권 나라에 가지 말고, 한국에서 영어권 나라 체험을 하라는 것이다.

추적조사가 필요한 부분이지만, 조기유학 시도가 그다지 성공적이지는 않았다. 대부분 2~3년 만에 돌아와야 했다. 문화충격을 극복해가면서 영어까지 익히는 게 어린 나이에 말처럼 쉬운 일이 아니고, 또 영어 하나 배우자고 가기에는 수학, 과학 등 다른 교과의 교육 수준이 우리나라보다 낮아, 방학 때 일시 귀국해 학원에서 따로 배워야 하는 등 문제점이 많았기 때문이다. 영어마을도 이제 지방자치단체의 애물단지로 전락했다.

영어 실력이라는 것이 생각만큼 큰 메리트가 되지도 않았다. 사회가 요구하는 '영어 실력'은 영어의 유창성이 아니라 영어를 사용해 추론하고, 문제를 해결하고, 창조할 수 있는 능력인데, 이를 간과한 것이다. 사실 이러한 능력은 어느 나라 언어를 통해 키웠는가는 중요하지 않다. 즉, 영어는 그다음 문제이며, 영어를 원어민 발음으로 구사하는가는 아예 문젯거리도 아니다.

우리는 영어 광풍을 전철 삼아, 코딩교육에 대한 과도한 관심과 열기를 진정시키고, 무엇이 진정한 관심의 대상이 되어야 할지 돌아볼 필요가 있다. 사실 코딩도 영어와 마찬가지로 외국어의 일종이다. 우리말을 영어로 번역하듯이, 인간의 말을 기계가 사용하는 말로 번역하는 것이다. 다만 우리가 쓰는 일상적인 말과 기계가 쓰는 말의 차이는 우리말과 영어 정도의 차이가 아니라는 점이 문제다. 사람의 지능은 패턴을 인식하는 데 최적화되어 있지만, 기계는 논리에 최적화되어 있기 때문이다.

사실 사람의 말은 아무리 낯설게 들려도 공통된 요소가 있다. 여행자가 "사람 사는 세상 다 똑같다"라고 하고, 또 전혀 말이 통하지 않는 낯선 외국에 가서도 손짓, 발짓 해가면서 의외로 소통이 가능한 것은, 인간 언어 사이에 공통의 구조, 공통의 문법이 있기 때문이다. 하지만 기계와 소통하기 위해서는 완전히 새로운 문법, 완전히 새로운 사고방식을 익혀야 한다. 바로 기계가 작업을 하는 데 필요한 절차와 방법의 집합, 즉 알고리즘이다.

알고리즘은 1) 반드시 입력이 있어야 한다. 2) 입력에 따라 반드시 출력이 나와야 한다. 3) 입력에서 출력으로 이어지는 단계마다 모호함이 존재해서는 안 된다. 4) 유한한 명령을 수행하여 유한한 시간 안에 출력값이 나와야 한다. 5) 모든 연산은 명백하게 실행 가능한 것이어야 한다는 다섯 가지 조건을 반드시 지켜야 한다. 이 중 하나만 어긋나도 기계는 정상 작동을 멈춘다. 설사 그 명령어들이 완벽하게 코딩되었다 할지라도. 사실 우리 인간은 이런 식으로 생각하고 일하지 않는다. 만약 우리 주변에 알고리즘 방식으로 생각하는 사람이 있다면, 괴짜 아니면 인간미 없는 소시오패스 취급을 받을 것이다. 코딩을 익히는 일은 이 낯설고 차가운 생각의 방식을 익힌다는 것이다.

하지만 아무리 알고리즘에 능하고, 알고리즘을 기계어로 능숙하게 코딩할 수 있다고 해도, 그것만으로는 아무 소용없다. 이런 것을 익힌다는 것은 기계에 명령하고 말을 거는 방법을 익히는 것이다. 하지만 이 방법을 아무리 열심히 익혀도 기계에 무엇을 시킬지, 기계와 어떤 이야기를 나눌지 모른다면, 즉 내용이 없다면 아무 소용 없다. 그리고 이 내용은 기계어가 아니라 사람의 말, 무엇보다도 모국어로 존재한다. 따라서 모국어로 생각하고 표현할 수 있는 능력이 우선이며, 코딩은 그다음 일이다. 게다가 코딩을 꼭 사람이 할 필요도 없다. 구글 번역기(translator) 앱이 우리말을 영어로 잘 번역해주듯이, 코딩 역시 적절한 명령만 내린다면 인간의 언어를 기계어로 옮기는 것 정도는 인공지능이 얼마든지 할 수 있는 일이다.

인간의 사고는 인공지능과 비교하면 명백한 출력이 반드시 나오지 않는 부정확한 것이며, 명백하게 정의되지 않는 것을 허용하는 느슨한 과정이다. 게다가 유한한 시간 안에 출력값이 나오지 않더라도 기계처럼 무한루프에 빠져서 회로가 터지는 일은 없다. 안 되는 건 미완의 과제로 덮어두기도 하고, 이를 예술적으로 승화하기도 하며, 어느 정도의 모호함을 용인한 상태에서 명백함과 모호함 사이를 상상력으로 채우기도 한다. 이것이 바로 사람이 생각하는 방법과 기계가 생각하는 방법의 차이다.

물론 인간은 이 차이를 어쩔 수 없는 간극으로 방치하지 않는다. 이 간극을 최대한 좁히는 프로그램을 개발한다. 이 차이가 있기 때문에, 그리고 이 차이에 대한 민감성이 있기 때문에 소프트웨어가 발전한다. 소프트웨어를 개발한다는 것은 기계와 인간 사고의 사이, 명백함과 모호함의 사이를 메우는 일이며, 인간의 사고과정을 어떻게든 알고리즘으로 옮겨내는 과정이며, 모호함을 용인하지만 모호함으로 남겨두는 것이 아니라 명백함의 틀로 끌고 들어오는 끈질긴 노력의 과정이다. 이 과정을 돌파하고 나면 코딩 그 자체는 인공지능이 스스로 할 수 있는 일이다. 이미 구글 번역기 앱도 사람의 '자연어'를 번역할 수 있는 경지에 가까워지고 있다.

하지만 무엇보다 중요한 것은 무엇을 출력할 것인가 하는 점이다. 알고리즘은 목표로 하는 출력 결과가 나올 때까지 입력-출력-피드백을 연속하는 과정이다. 그런데 알고리즘을 아무리 정교하게 짠다고 하더라도, 기계 스스로 목적을 결정하지는 못한다. 바로 여기에서 인간의 가장 결정적인 역할이 요구된다. 소프트웨어에는 선악이 없다. 좋은 소프트웨어는 도덕적으로 선한 것이 아니라, 목표를 가장 효율적으로 달성하는 것이다. 이 목표는 프로그램 범위 밖에 있다. 이 목표를 세우고 피드백의 기준을 세우는 존재는 바로 사람이다.

목표와 기준은 그것을 세우는 사람의 인간에 대한, 사회에 대한 이해 정도에 따라 달라진다. 이해가 얕으면 얄팍한 목표를 세우고, 깊으면 장대하고 독창적인 목표를 세울 것이다. 이해가 선량하면 선량한 목표를 세울 것이고, 비뚤어졌으면 비뚤어진 목표를 세울 것이다. 소프트웨어는 그 목표에 따라 얄팍한 프로그램이 되기도, 심오한 프로그램이 되기도, 심지어는 사악한 프로그램이 되기도 한다.

그다음 필요한 능력은 그 목표의 달성 과정을 알고리즘으로 구성하는 능력, 알고리즘에서 배제된 영역을 포기하는 대신 상상력을 통해 채워나가는 능력, 그 상상을 기계에 설명할 정도의 알고리즘으로 구현할 능력이 될 것이다. 영어교육 또한 마찬가지다. 영어를 얼마나 잘하느냐보다 중요한 것은, 영어로 말하고 쓸 거리가 충분히 있는지의 영역이다. 이것이 바로 코딩교육 광풍 속에서 자칫 잊어버리기 쉬운, 우리가 꼭 기억해야 할 교육의 본질이요, 원칙이다. (2018년)

교육 관심의 사각지대, 대학

○

　우리나라 학부모들의 드센 교육열은 국제적으로 유명하다. 미국 전 대통령 오바마 연설에도 '한국의 부모들은' 하면서 구체적으로 인용할 정도였다. 최근에는 과열 양상까지 보여주고 있다. 학부모들의 지나친 관심은 시험문제 하나하나마다 따지고 항의하며, 조금이라도 자녀가 불이익을 받는다 싶으면 집요하게 민원을 넣고, 생활기록부 기록을 고쳐달라고 행정소송까지 내는 수준으로 갔다. 이들에게 교사와의 통화를 녹음하는 것은 예삿일이며, 심지어 아이에게 수업을 녹음시키는 경우까지 있다. 이들은 자녀교육에 대한 지극한 관심으로, 학교와 교사에 대해 의심의 눈초리를 잠시도 거두지 않는다.

　그런데 신기한 일이다. 그 극성스럽던 학부모들의 교육열이 한순간에 연기처럼 사라지는 시기가 있다. 바로 자녀가 대학생이 되는 순간이다. 그들의 관심은 어디로 갔을까? 혹시 대학생이라면 이미 성인이니 독립심을 길러주기 위해 쿨하게 관심을 끊은 것일까? 그럴 리 없다. 서른이 다 된 자녀가 직장을 선택하거나, 배우자를 정할 때도 시시콜콜 간섭하고 통제하려 드는 게 우리나라 부모들이다. 자녀가 대학에 들어갔다고 해서 독립을 쉽게 인정하는 부모가 그렇게 많을 리 없다. 그렇다면 대학교 교육이 워낙 훌륭하게 잘 이루어지고 있기 때문일까? 학부모들은 초중고와 달리 대학을, 교사와 달리 교수를 깊이 신뢰하고 있는 것일까? 그건 더더욱 아니다. 우리나라 대학교육은 정부가 투입하는 예산 규모로 보나, 학생들이 납부하는 학비 규모로 보나 가성비가 형편없다. 항상 OECD 최상위권의 퍼포먼스를 보여주는 초중등교육과 달리, 우리나라 대학평가는 중하위권을 맴돌고 있는 실정이다. 대부분 학부모도 이미 아는 사실이다. 또 직업에 대한 국민신뢰도 조사 결과에서도 초중고 교사 신뢰도가 대학교수보다 더 높다.

그런데도 철밥통 교사 퇴출하자는 사회 차원의 목소리는 요란하게 들려와도, 철밥통 교수 퇴출을 부르짖는 목소리는 별로 들리지 않는다. "철밥통 교사 퇴출" 운운하는 목소리는 주로 학부모들에게서 나오고, "철밥통 교수 퇴출" 운운하는 목소리는 주로 학생들한테서 나오기 때문이다. 이 무관심 속에서 대학교는 온갖 추태의 천태만상이 펼쳐진다. 이미 정년을 확보하고, 호봉도 충분한 교수들이 고의로 폐강을 유도해서 수업 없이 한 학기를 놀고먹는 어이없는 일까지 드물지 않은데, 이런 사실은 거의 알려지지 않는다. 학부모들이 조금만 관심을 가지면 알 수 있는 일인데 말이다.

그 많던 극성스러운 학부모들은 다 어디로 갔을까? 그들의 관심은 왜 자녀가 대학에 들어가는 순간, 수증기처럼 사라져버렸을까? 간단하다. 이들의 교육열은 자녀가 대학에 입학하는 순간 이미 성패가 결정되고 목적과 가치를 실현해버렸기 때문이다. 대다수 학부모는 대학에서 무엇을 배우고 익히는지 알지 못하며, 관심도 없다. 학부모들은 초중고 교사에게는 자녀의 실력을 입학 전보다 월등하게 높여주기를 기대한다. 그런데 대학교수가 입학 전보다 월등하게 실력을 높여줄 가능성에 대해서는 거의 생각하지 않는다. 대학 입학 서열과 함께 이미 실력 서열도 완성되어버린 것이다.

사실 대학교 교원이라면 이런 현상을 치욕스럽게 생각해야 한다. 교육이란 학생의 역량을 키우는 작업인데, 이렇게 입학과 함께 운명이 결정되었다고 보는 관점은 대학의 교육 가능성을 무시하는 것이나 다름없기 때문이다. 학부모뿐 아니라 학생도 대학에서 그 분야의 지식과 소양을 배우고 익혀서 전문가가 된다는 생각을 거의 하지 않는다. 이공계의 몇몇 학과, 의약학계열 정도나 그럴 뿐, 학생들은 진로와 대학교육을 연결 짓지 않는다. 학생들은 자신의 진로에 필요한 지식과 역량을 대학교육이 아니라, 별도의 사교육을 통해 준비한다. 심지어 교원양성이라는 특별한 목적을 가진 교육대학, 사범대학 학생들조차 교사임용 준비를 대학이 아니라, 노량진 학원가나 인터넷 강의를 통해 하고 있다.

더 큰 문제는 거의 무상제공인 초중등교육과 달리, 대학은 엄청난 학비를 요구한다는 것이다. 이렇게 우리나라 대학생들은 엄청난 학비를 허공에다 뿌리고, 그걸로도 모자라서 중고등학교 때보다도 더 많은 사교육비를 쏟아부어야 한다. 그런데 공짜로 받는 초중등교육에 대해서는 "사교육만도 못하냐"라며 쌍심지 돋우고 갑질하던 학부모들이, 그 수십 배를 내고 있으니 갑질할 자격이 차고도 넘칠 대학에 대해서는 순한 양처럼 잠잠하다. 교수들의 이런저런 악행이 언론에 보도되어도 잠잠하다. 교수에 의한 성희롱, 성폭력 사건이 계속 터져나와도, 심지어 학생에게 인분을 먹이는 천인공노할 짓거리를 벌인 교수가 나와도, 교수사회에 대한 전면 개혁을 요구하는 여론까지 나가지 못하고 기껏 개인적 일탈로 치부하면서 해마다 비슷한 일이 반복된다.

교육은 학교에서만 이루어지는 것이 아니라 삶 전체에 걸쳐, 삶의 모든 장소에서 이루어지는 행위이다. 대학에 입학하는 순간, 교육이 성공했다고 믿는, 그리고 대학 입학이야말로 교육의 목표라고 생각하는 학부모들의 편협한 관심과 열의 때문에, 가장 비싸고 어쩌면 삶과 직결될 수 있는 중요한 교육기관이 무관심 속에 방치되고 있다.

이 관심의 사각지대에서 학생들, 특히 대학원생들은 초중고였다면 상상할 수 없는 혹사 속에서 방치되고 있으며, 교수들은 실력 이상의 권력과 발언권을 누리며 사회 곳곳에서 나라를 망치고 있다. 이 어이없는 상황을 언제까지 방치할 것인가? 소수의 성실하고 양심적인 교수들이 오히려 별종 취급을 받고, 아직 교수가 되지 못한, 혹은 정년을 보장받지 못한 교수들이 침묵의 카르텔을 요구받는 이런 상황을 언제까지 두고볼 텐가? 오바마도 두려워하는 한국 학부모들의 적극적인 관심과 참여가 필요한 순간에 필요한 곳에서 터져주었으면 한다.(2018년)

학교는 재판받아 마땅한가?

○

학교제도를 재판한다고?

교사 입장에서 다른 선생님들 앞에서 교육에 대해 강의를 한다는 건 매우 부담이 크다. 교사들은 저마다 다른 교육 상황에 처해 있고, 그 상황에서 나름의 방법과 노하우로 교육실천을 경험하는 사람이기 때문이다. 따라서 나의 실천과 경험이 참고가 될 수는 있지만, 그것을 근거로 다른 교사들의 실천을 함부로 재단하고 따라오라고 할 수는 없다.

그런데 진보와 혁신을 자처하는 교육청에서 이루어지는 각종 연수에서는 교사의 실천과 경험을 구시대의 유물로 재단하며 각성을 요구하는 경우가 많다고 한다. 그리고 그런 오만한 발언을 하는 강사들이 애용하는 동영상(나는 강의에서 유튜브 동영상을 보여주는 일을 매우 게으른 행위로 본다) 중에 〈근대 학교제도를 재판합니다〉라는 해외 동영상이 있다. 어찌나 자주 틀어주는지 1급 정교사 자격연수에 출석 중인 어느 젊은 교사

는 새해 들어 벌써 이것만 다섯 번 봤고, 심지어 꿈에까지 나온다고 하소
연했다.

미국의 어느 래퍼가 제작했다는 이 동영상의 개요는 이렇다. 먼저 어
항 속 물고기를 보여준다. 그러면서 학교는 물고기의 특성을 고려하지
않은 채 물고기를 억지로 나무에도 올라가게 하고 풀밭을 달리게도 했
다며 비난한다. 그러면서 학교에 반문한다. 그런데 의인화된 학교는 결
국 교사 아니겠는가?

이 동영상이 비판하는 바는 명확하다. 학교가 다양한 개성과 재능을
말살하고 표준화된 교육을 강요함으로써, 학생을 개별적 특성을 상실한
'표준인'으로 만들었다는 것이다. 어쩌면 모차르트나 아인슈타인이 될
수 있는 학생들을 근대 학교체제는 모두 그저 그런 회사원으로 바꿔버
렸고, 심지어 문제아 딱지까지 붙였다는 것이다. 학교라는 교육제도를
아이들을 갈아서 소시지로 만들어버리는 그라인더로 묘사한 앨런 파커
감독의 영화 〈핑크 플로이드의 벽(The Wall)〉의 한 장면도 이어진다. 100
년 된 학교를 재판한다면서 인용한 영상이 40년 전 것이라니. 그 낡은 학
교체제가 참으로 지독하게 안 바뀌고 있다는 뜻일 수도 있지만, 다른 하
나는 학교를 비판하는 논리 자체도 이제는 식상하고 낡은 것이 되어버
렸다는 뜻일 수 있다.

그런데 자신을 객관적으로 돌아보고 진정 자신이 원하는 것과 잘할
수 있는 것을 알아내려면, 익숙한 환경에서 벗어나 객관적인 환경 속에
서 다른 아이들과 함께 생활하면서 집과 마을에서라면 경험하지 못했을
다양한 것을 배우고 체험해야 한다. 한마디로 학교에 다녀야 한다.

1부_ 교육이라는 영토에서

교육은 낭만이 아니라 현실

〈핑크 플로이드의 벽〉은 계속 이어진다. 그 장면은 학생들이 교과서를 찢어던지고, 교사를 쫓아내고, 학교에 불을 지르는 것으로 끝난다. 여기서 상상실험을 해보자. 교과서를 찢고 학교를 불 지른 뒤 환성을 지르며 달려나간 아이들은 무엇을 하고 있을까? 적성과 개성을 살려 학교에서 하지 못한 가치 있는 활동을 하면서 성장하고 있을까? 애석하게도 그런 아이들은 극소수에 불과하다. 대부분은 그냥 뛰어놀거나 대중문화에 포획되어 버릴 것이며, 교사가 사라진 권력의 공백을 주먹 센 아이들, 혹은 폭력 조직과 연결된 아이들이 차지하면서 정글의 법칙에 사로잡히고 말 것이다. 암울하지만 이게 현실이다. 꿈과 끼를 가진 학생들은 아름답지만, 적어도 교육하겠다는 사람들은 꿈과 끼가 아니라 객관적 현실과 경험적 증거를 따라야 한다. 실제로 수많은 연구 결과는 학생이 결코 자기가 하고 싶은 것, 잘할 수 있는 것을 스스로 알아내지 못한다는 것을 보여준다. 대부분은 어린 시절의 환경의 틀 속에서 살고, 부모를 비롯해 자주 만나는 어른들을 역할모델로 삼고, 대중문화의 영향을 받는다.

아이들은 그저 신나게 뛰어놀아야 한다는 낭만적 교육관을 피력하는 인사들도 있지만, 현실은 그것과 딴판이다. 그런 말을 한 인사들 역시 자기 자녀가 신나게 뛰어노는 모습을 보면 흐뭇하지만은 않을 것이다. 어쩌면 사교육을 시키거나 특목고를 보내거나 조기유학을 보냈을 수도 있다. 그 사람들의 잘못이 아니다. 인간의 숙명이다. 복잡한 현대사회가 요구하는 역량과 지식은 신나게 뛰어놀며 얻을 수 있는 것도 아니고, 하고 싶은 것, 즐거운 것을 하면서 저절로 얻을 수 있는 것도 아니다.

생각보다 폭넓은 학교의 기능

학교는 의외로 중요한 기능을 하고 있다. 그렇기 때문에 그 많은 세월이 지나도 계속 유지되고 있다. 어떤 제도를 개혁하거나 혁파하기 전에 먼저 그 제도가 만들어지고 유지된 배경을 살펴보아야 한다. 분명히 어떤 이유가 있다. 그 이유가 정당하지 않을 때 비로소 혁파의 칼날을 휘둘러야 한다. 학교는 인류의 생존과 발전에 매우 중요한 기능을 하는 제도이며, 그 역할은 여전히 대단히 중요하다.

어항 동영상에서 래퍼는 학교에 "물고기에게 나무 올라가는 법을 가르친 게 자랑스럽냐?"라고 따졌다. 하지만 학교에서 사반세기를 보낸 나는 그 질문이 전혀 반어적으로도, 모욕적이거나 도발적으로도 들리지 않는다. 당연히 자랑스럽기 때문이다. 그게 바로 학교가 인간의 위대한 발명품이라는 증거이기 때문이다.

물론 다람쥐가 지배하는 세상이라서 물고기에게 나무 올라가는 법을 억지로 가르친 뒤, 나무에 올라가지 못했으니 영원히 노예로 남으라고 가르친다면 이는 사악한 제도다. 아마도 이 점을 비판하고 싶었을 것이다. 하지만 살아가야 하는 환경이 물이 아니라 숲으로 바뀐다면? 아무리 물고기라 할지라도 도리 없다. 선택지는 둘 중 하나다. 죽든가, 나무에 올라가든가. 그런데 나무에 올라가는 일은 물고기의 본성과 맞지 않는다. 따라서 외적 작용을 통해 익혀야 한다. 물론 물고기에게는 고통스러운 과정이겠으나, 그래도 죽는 것보다는 낫지 않은가? 그리고 그것이 인간의 위대한 점이다. 인간은 '교육'을 제도화한 '학교'라는 기관을 발명해냄으로써, 자신의 본성과 어긋나거나 심지어 적대적인 환경변화에 대해서도 집단적으로 적응할 수 있게 되었다. 더구나 개별 인간의 개성 편차는 생각보다 적어, 물고기와 다람쥐만큼의 극단적 차이는 생겨나지 않는다. 그런 일은 영화 〈엑스맨〉 시리즈에나 나온다. 심지어 엑스맨조차 인간과는 차이보다 공통점을 훨씬 많이 보유한다.

따라서 학교는 물고기에게 나무에 올라가는 법을 가르치기보다는 민물고기가 바닷물에서 생존할 수 있게 하는 정도의 차이를 가르치는 제도라고 보아야 할 것이다. 또는 아무리 개천에서 태어났더라도 용이 될 가능성이 있으니 용의 세계와 용으로서 살아가는 법도 가르친다. 이렇게 타고난 환경을 극복할 수 있는 준비는 학교가 아니고서는 극소수나 받을 수 있다.

실제로 근대 학교제도는 수많은 아이에게 가능성을 확장해준 진보적인 제도였다. 영국 경제학자 애덤 스미스는 노동자계급 아이들이 아무 기회 없이 어릴 때부터 공장과 광산에 드나들면서 노동자가 되어버리는 과정, 그리고 빈곤층 아이들이 각종 범죄와 일탈에 노출되는 과정을 안타깝게 여기면서 의무교육제도를 강하게 요구했다. '가난하게 태어났다고 꿈조차 가난할 수는 없기' 때문이다. 학교는 노동계급과 빈곤층 자녀들이 태어나고 자라난 환경에 고착되지 않고, 자신의 감추어진 재능과 적성을 발견하여 신분과 계층의 운명을 극복할 가능성을 열어준, 그야말로 혁명적인 제도였다.

하지만 학교가 마냥 민중의 편만은 아니라는 점을 간과할 수는 없다. 지배계급이 자기들 세금을 걷어 학교를 운영할 때는 분명 어떤 이익을 구하기 때문이다. 이를 지적하고 비판하는 것이 이른바 계급재생산론이다. 실제로 학교는 기존 계급체제에 학생이 순응하게 하면서 동시에 대량으로 요구되는 양질의 노동력을 생산하는 공장 기능을 하고 있다. 그럼에도 불구하고 빈곤층 자녀의 삶의 선택지는 학교가 없을 때보다는 학교가 있을 때 조금이라도 더 확장된다. 민중, 특히 빈곤한 민중에게는 노동자로라도 재생산되는 것이 아예 아무런 교육을 받지 않는 것보다는 훨씬 삶의 질을 높여주기 때문이다. 개성을 말살하는 체제재생산 도구로서 학교를 바라보는 관점은 너무나도 '중산층중심'적 관점이다. 그래서 주로 진보 성향 지식인들이 학교를 보수적인 지배체제의 일환으로 보고 맹공격했을 때, 신보수주의(신자유주의) 진영은 학교제도를 보수적으로 수호하려는 대신에 "알았어. 너희들 주장대로 학교를 축소해주마" 하면서 공교육을 축소하고 교육을 사사화(privatization)했다. 심지어 일부 진보지식인은 낡은 학교제도를 때려 부수는 일에 통쾌감을 느껴 신자유주의 교육정책에 동조하기까지 했다. 하지만 그 피해는 결국 민중에게 돌아갔다.

물론 학교가 일부 특출한 재능을 말살하고 독특한 개성을 평준화하는 부작용이 있을 수는 있다. 학교가 보통교육기관이기 때문이다. 하지만 이는 그런 특별한 소수를 위한 특별한 교육기관이나 프로그램으로 보충할 일이지, 소수의 고통과 불행을 근거로 들어 학교 자체를 재단할 일은 아니다. '꿈과 끼'는 아름다운 말이다. 앨빈 토플러부터 시작해서 이런저런 '멘토'들은 걸핏하면 어린이와 청소년의 꿈과 끼를 말살하는 학교를 비판하면서, 학생은 공부가 아니라 '자기가 하고 싶은 것'과 '잘할 수 있는 것'에 집중해야 한다고 역설한다.

1부 _ 교육이라는 영토에서

그러나 이게 말처럼 쉬운 게 아니다. 하고 싶은 것, 잘할 수 있는 것이 무엇인지를 어느 정도 알아채는 나이는 빨라야 중학교 이후이다. 물론 그중에는 특출난 재능이 있어서 어린 시절부터 두각을 나타내는 학생이 있을 수 있다. 그리고 '학생을 바보로 만드는 학교'라는 비판은 항상 그런 특출난 5%의 학생을 예로 든다. 나머지 95%의 학생은 완전히 소외되어버린다. 흔히 우리는 5%를 위해 95%를 포기한다며 입시교육을 비판한다. 하지만 특출난 개성과 재능을 위해 공교육을 뒤흔드는 행위야말로 5%를 위해 95%를 무지와 편견의 바다에 방치하자는 주장이 아닐까?

학교가 영원히 지속되어야 하는 불변의 제도는 아닐 것이다. 학교는 끊임없이 바뀌어야 하며, 필요하다면 완전히 전복되기도 해야 한다. 하지만 그 과정만큼은 신중하고 면밀하고 과학적이라야 한다. 교육은 낭만주의가 아니라 사실주의, 차라리 자연주의가 지배하는 영역이기 때문이다. 특히 학교를 비판하면서 "하고 싶은 일"을 용감히 하라고 충고하는 멘토 발언을 검토할 때는, 그들 역시 그런 특출난 학생 중 하나였으며, 그 자신의 존재적 기반에서 발언하고 있음을 염두에 두어야 한다.

나는 물고기에게 나무에 올라가는 법을 가르치는 것이 자랑스럽다. 그리고 우리 아이들이 살아가야 할 환경이 요구한다면, 물고기에게 어떻게 해서든 하늘을 나는 법, 땅을 파는 법까지 가르쳐보려고 노력할 것이다. 오히려 이런 일을 제대로 수행하지 못했을 때, 학교는 냉정한 비판대 위에 서야 할 것이다.(2018년)

숙의민주주의의
절대적 전제조건

○

　"숙의민주주의"라는 말이 남용되고 있다. 너도나도 이 말을 저마다
의 의미로 사용한다. 기존 정치보다 좋은 것이라고 예단한 상태에서 저
마다 자신이 원하는 정치에 숙의민주주의라는 말을 붙이는 것이다. 그
야말로 숙의민주주의에 대한 숙의가 필요한 실정이다.

　한편에서는 이 말을 대의정치에 기반한 기존 민주주의보다 더 좋은
것, 혹은 직접민주주의에 최대한 가까워지는 방법이라고 주장한다. 여
기서 한발 더 나가, 소수 전문가가 의사결정을 독점하는 것이 아니라
"다수의 일반 시민이 결정권을 가지는 것이 진정한 민주주의"라는 반엘
리트주의적 의미로 쓰기도 한다. 사실 전문가와 엘리트는 의미가 다른
데도, 은근슬쩍 의미가 뒤섞이면서 사회 모든 영역에서 전문가 불신주
의를 유포하고 있다. 그런데 엉뚱하게 숙의민주주의가 그 숙주가 되고
있다.

　　　　　　　　　　　　　　　　　　　1부 _ 교육이라는 영토에서

다른 한편에서는 이를 다수결과 대비시키면서 그 의미를 엉뚱하게 쓰는 사람들도 있다. 무분별한 다수결보다 올바른 의견을 가진 소수의 뜻이 관철되는 것이 진정한 민주주의이며, 이른바 숙의민주주의라는 주장이 그것이다. 이들은 깊게 생각할 줄 알고 진실을 아는 소수가 생각 없이 투표하는 다수보다 존중되어야 한다고 전제한다. 이런 경향은 주로 진보 성향과 탈핵생태주의자 중에서 나온다. 하지만 누가 깊게 생각하고 진실을 아는 사람을 판별하는가? 결국 이런 주장은 마치 특정 집단이 "우리 주장이 관철되어야만 숙의민주주의다"라고 말하는 것 같아 거북하다.

공교롭게도 숙의민주주의라는 같은 말을 놓고 이렇게 한쪽에서는 소수 전문가집단을 배제하는 직접민주정치의 하나로 주장하고, 다른 쪽에서는 다수결보다 소수 운동가집단의 판단에 무게를 두는 일종의 계몽주의를 주장한다. 다만 두 주장의 공통 기반은 현대 민주정치의 핵심인 정당정치, 대의정치에 대한 불신이다.

하지만 두 주장 모두 숙의민주주의를 오해하고 있다. 우선 숙의민주주의는 전문가주의, 엘리트주의에 대한 반발도 아니며, 직접민주정치의 다른 말도 아니다. 이미 '숙의(deliberation)'라는 말 자체가 반엘리트주의, 반전문가주의와는 맞지 않는다. 어느 모로 보나 어떤 주제에 대해 숙의할 수 있는 사람은 무차별한 대중일 수 없기 때문이다. 그렇다고 숙의민주주의가 다수결과 대립하는 개념도 아니다. 민주주의라는 말을 쓰는 한 '다수결'은 필수불가결하다. 민주주의(democracy)라는 말 자체가 이미 '다수의 지배'이니, 민주주의 의사결정 과정이 다수결인 것은 공리에 가깝다.

 그런데 다수의 뜻을 확인하는 방법이 무엇인지는 아직 명확한 답이 없다. 오늘날 가장 많이 사용되는 방법은 투표다. 하지만 민주정치의 발상지인 고대 아테네에서는 투표보다 합의를 선호하였다. 투표는 어떤 쟁점에서 다수가 지지하는 안을 선택하고, 소수가 거기에 복종하는 방식이다. 반면에 합의는 서로 다른 주장을 하는 집단이 어느 한 가지 안에 모두 동의하거나, 혹은 모두 동의할 수 있는 안을 도출해내는 방식이다. 투표는 현재 존재하는 대안 중 다수를 차지하는 사람들의 뜻에 따라 결정하는 것이며, 합의는 가능한 한 전체가 동의할 수 있는 대안을 찾아가는 과정이다. 투표의 가장 큰 장점은 다수의견을 가장 빠르게 확인하여 의사결정 할 수 있다는 것이며, 단점은 이 과정에서 실제로는 더 올바른 대안일 수도 있고, 적어도 더 나은 대안을 찾는 데 도움을 주는 소수의견이 사장된다는 점이다. 합의의 가장 큰 장점은 소수의견이라도 묵살하지 않고 최대한 반영해 더 나은 대안을 찾을 수 있다는 점이며, 가장 큰 단점은 의사결정 과정이 길어지고, 경우에 따라서는 끝없는 평행선을 그릴 수 있다는 점이다.

 숙의민주주의란 바로 이 투표와 합의의 교집합을 찾는 것이다. 이는 이미 고대 아테네 정치가 페리클레스의 연설에서 분명하게 드러나 있다. 페리클레스는 아테네 민회를 일컬어 "충분한 토론을 거치기 전에 투표에 부치는 것은 지나치게 성급한 일이다"라고 말한 바 있다. 즉, 충분한 토론을 통해 먼저 합의를 시도하고, 만약 합의에 이르지 못하고 더 이상 토론 여지가 없다고 판단될 때 투표를 통해 결정한다는 것이다. 따라서 다수결의 원칙은 고수하되, 다수의견을 문제제기 시점에서 확인하는 것이 아니라 충분한 정보를 바탕으로 여러 대안을 검토하고 토론한 다음에 확인한다는 것이다. 의회정치 역사가 긴 영국은 여당과 야당이 마주 보고 앉도록 의원 좌석이 배치되어 있는데, 이는 의회의 의사결정이 숙의민주주의 방식인 시절의 흔적이라고 할 수 있다.

만약 제대로 작동한다면 숙의민주주의는 투표가 포괄하지 못하는 소수의견을 최대한 반영하는 좋은 장치가 될 수 있다. 하지만 숙의민주주의가 선거-대표 선출-대표 투표로 이어지는 현재의 대의정치보다 반드시 더 민주적인 것은 아니다. 투표라면 소수에 그쳤을 사람 중에 정보를 독점하고 토론을 주도할 이가 있다면, 이들이 다수의견을 조종하여 자신의 의사를 관철할 수 있기 때문이다. 이는 이미 고대 아테네에서도 골칫거리였다. '소피스테스'라는 전문 변론술사들이 돈이 많거나 야심 있는 사람들에게 변론술을 가르치고 다녔기 때문이다. 이들에게 거액의 수업료를 내고 말재주를 배운 사람들은 교묘한 변론술로 진실을 거짓으로, 거짓을 진실로 뒤바꾸어버렸고, 대중들이 듣기 좋아할 말을 꾸며내어 주장했다. 그리고 이를 간파해낼 지적 능력이 없는 대다수 시민은 자기도 모르는 새 이들에게 설득되어, 마치 자기 생각에 따라 판단한다는 착각 속에서 이들 소수 변론가, 선동가의 뜻에 따라 투표했다. 플라톤의 「국가(Politeia)」는 그런 식으로 대중이 듣기 좋아하는 말을 하는 선동가들이 결국 잔혹한 독재자로 변신하면서 민주정치가 참주정치로 전락하는 과정을 설명한다. 고대뿐 아니라 현대에서도 이런 방식으로 파시즘이 창궐했다. 히틀러는 쿠데타가 아니라 다수결에 따라 독일의 권력을 움켜잡았다. 이와 같이 다수결은 다수가 무지할 경우 우민정치로 전락하며, 다수결의 방법이 합의냐, 숙의냐, 투표냐는 중요하지 않다. 다수가 무지한 상태에서 투표를 늦추고 깊이 있는 토론을 한다고 그 결과가 달라지지 않는다. 오히려 선동의 기회만 늘어나서 만장일치로 선동가의 손을 들어줄 위험마저 있다.

이런 식으로 전락하지 않고 숙의민주주의가 제대로 작동하려면, 의사결정에 참여하는 사람 대다수가 '숙의'할 능력을 갖추어야 한다. 현재 쟁점에 대해 잘 알고 있어야 하며, 쟁점에서 대립하는 각각의 대안과 그 결과를 합리적으로 추론할 수 있어야 한다. 또한 쟁점을 자신의 이해관계가 아니라 공동체 전체의 이해관계에 따라 판단할 수 있어야 하며, 합리적 토론에 숙달해 있어야 한다. 그래서 가장 이상적인 숙의민주주의 참여자는 쟁점의 직접적 이해당사자가 아니면서 쟁점을 이해하고 대안을 검토할 만한 능력과 지식을 갖춘 사람이다.

문제는 이것이 자연발생적이지 않다는 것이다. 즉, '의식적으로 갖추어져야 하는 것', 바로 '교육되어야 할 것'이다. 제대로 교육받지 못한 사람은, 특히 학습하는 법을 익히지 못한 사람은 숙의 과정에 진정으로 참여할 수 없다. 기껏해야 자기주장만 맹목적으로 반복하다가 투표에 임할 뿐이다. 마찬가지로 이런 숙의 과정에 참여할 자질을 길러주지 못한다면, 그 교육은 진정한 교육이 아니다.

숙의민주주의에 대해 서로 다른 주장을 하는 사람들이 간과하는 점이 바로 이것이다. 숙의민주주의는 교육의 결과다. 교육이 제대로 이루어지지 않은 상태에서는 아무리 숙의의 시간을 주어도 숙의민주주의는 작동하지 않는다. 이때 교육은 어린이, 청소년 교육뿐 아니라 성인에 대한 교육까지 포괄한다. 성인 중에도 중학생보다 합리적인 토론에 익숙한 사람은 많지 않다. 사회 여러 분야를 이해하는 데 필요한 다양한 분과학문의 기초지식이 중학생 수준 이상으로 갖춰진 사람도 생각보다 많지 않다. 존 듀이는 그의 명저 『민주주의와 교육』에서 이 양자 간에 선후관계가 따로 없음을 간파하였다. 민주주의가 아니고서는 제대로 된 교육이 어렵지만, 교육이 제대로 되지 않고서는 민주주의도 불가능하다. 더군다나 숙의민주주의까지 가능해지려면 보다 깊은 수준의 교육이 필요하다. 이것이 공교육의 목적이며 존립 근거다.(2018년)

민주주의의 위기와
교육

○

위기의 물결, 위기의 세기

민주주의의 위기를 알리는 신호가 세계 곳곳에서 보인다. 권위주의 정부를 무너뜨리고 민주정부를 세워 칭송받은 나라들이 다시 권위주의로 퇴행하고 있다. 1995년 50년 만에 민주선거를 실시하고 2008년에 유럽연합 의장국이 되면서 신흥 민주주의 국가의 모범으로 여겨지던 폴란드 민주주의는 그 정점에서 불과 7년 지난 2015년 이후 빠르게 권위주의 정권으로 퇴행하였다. 힘들게 마련한 각종 민주주의적 견제장치, 언론의 자유도 속수무책이었다. 1980~90년대 민중의 힘을 선보이며 민주정부를 세운 필리핀과 태국도 권위주의 국가로 퇴행하였고, 세계에서 가장 인구 많은 민주주의 국가인 인도와 무슬림 지역의 유일한 민주주의 국가 터키도 빠르게 권위주의 국가로의 퇴행이 진행 중이다. 시민의 권리를 보장하고 권력을 견제하던 각종 장치가 빠르게 무력화되거나 정부

1부_ 교육이라는 영토에서

에 점차 장악당하고 있으며, 시민들은 "잘살게 해주겠다", "당신들의 뜻 대로 해주겠다"라는 포퓰리스트(대중영합주의자) 지도자를 방해하는 각종 민주주의 제도와 절차를 오히려 엘리트주의의 잔재로 치부하고 기꺼이 이를 포기하고 있다.

신흥 민주국가만의 일이 아니다. 이른바 선진국에서도 같은 일이 진행 중이다. 근래 가장 충격적인 사건은 민주주의의 각종 제도, 규칙, 가치를 대놓고 조롱하다시피 한 트럼프가 민주주의 종주국이나 다름없는 미국 대통령에 선출된 것이다. 더구나 일본의 아베, 프랑스의 마크롱, 그리스의 치프라스 등도 민주주의와는 다소 거리 있는 인물이다. 심지어 노골적인 인종차별, 반이민 정책을 내세우는 프랑스의 마린 르펜, 이탈리아의 북부동맹 등 극우정당세력 또한 점점 커지고 있다. 르펜은 거의 대통령이 될 뻔했고, 북부동맹은 오성운동과 연합하여 이탈리아의 정권을 잡았다.

좌파 쪽도 사정이 비슷하다. 전통적인 사회당, 사회민주당 세력은 약해졌다. 오히려 영국의 코빈, 미국의 샌더스, 스페인의 산체스 같은 인물이 힘을 얻고 있는데, 이들은 때로 '좌파가 아니라 무책임한 포퓰리스트'라는 비판을 받는 인물이다. 신중하고 책임 있고 포용력 있는 민주주의 정치가가 이런 선동가들에 밀려 사라질까 걱정될 정도다. 매케인의 사망과 메르켈의 정계은퇴 선언이 왠지 상징처럼 느껴진다. 매케인은 중남미 이민자와 무슬림에 대한 혐오를 드러낸 트럼프와 티파티(백인 보수우파세력)의 기세에 밀려 공화당에서 힘을 잃었고, 천하의 메르켈도 거센 반무슬림, 반이민 여론 앞에 속수무책이다.

더 큰 문제는 대놓고 민주주의 가치를 반대하고 조롱하는 선동적 비민주주의자들이 민주주의를 도구 삼아 권력을 획득하고 있는 상황이다. 게다가 이들은 다수 국민의 뜻을 대변하고, 다수 국민의 지지를 받아 권력을 획득했다. 트럼프를 권좌에 세운 것은 미국 국민 다수이며, 르펜을 유력한 정치인으로 만든 것도 프랑스 국민 다수다.

　이들은 반민주적인 주장을 '언론의 자유'를 활용해 거침없이 퍼뜨릴 수 있었고, 덕분에 '소수 엘리트'에 대항해 '국민 다수의 뜻'을 대변한다고 주장하며 권력에 다가섰다. 이들은 진정 민주적인 정치인이라면 신중해야 할 주장은 물론, 거짓말까지 거침없이 하면서 그 정도는 개의치 않는다는 수많은 국민의 지지를 얻었다. 가령 미국의 힐러리 클린턴은 트럼프로부터는 성소수자, 무슬림, 외국 이민자의 앞잡이라는 선동에 시달렸고, 같은 진보 성향임에도 불구하고 샌더스로부터는 월스트리트 금융귀족의 앞잡이로 몰렸다. 그 밖에도 여성 혐오에 기댄 각종 악담이 트위터 등 SNS를 통해 퍼져나갔다. 이들은 자기주장을 실어주지 않는 언론사에 대해 지배층에 포섭된 가짜 뉴스라고 매도했다. 실상은 자신들이 가짜 뉴스를 퍼뜨리고 있으면서도. 오바마가 대통령에 당선될 시기만 해도 교육 수준이 어느 정도 되는 젊은 세대를 결집시키는 역할을 한 SNS가 이제는 온갖 악의적 선전, 혐오를 퍼뜨리는 통로로 전락했다.

　비민주주의 정치인들은 국민에게 "잘살게 해주겠다"라는 달콤한 약속과 함께, "당신들이 잘살지 못하는 까닭은 ○○ 때문이다"라고 손쉬운 적대자를 제시하면서 "○○에 장악된 조국을 되찾자. ○○을 옹호하는 기존 정치인은 좌우 막론하고 모두 썩었다"라며 선동했다. 루소는 '타락한 인민은 자유를 상실하고 다시는 이를 되찾지 못할 것'이라고 했는데, 이런 상황을 예견한 것이리라. 어리석은 인민이 다수를 이룰 때 그들의 입맛에 맞는 주장을 무책임하게 던짐으로써 많은 지지를 모아 권력을 잡는 정치가를 '포퓰리스트'라고 한다. 21세기 민주주의의 가장 큰 위협은 테러집단도, 파시스트도 아닌 이들 포퓰리스트들이다.

포퓰리스트들은 무책임한 약속과 선동을 퍼뜨리며, 대중은 여기에 열광한다. 그러면 대중은 이들이 지목한 손쉬운 '적대자'에 대해 혐오를 드러내며 그들의 권익을 박탈하라는 요구를 '다수'의 이름으로, 즉 '민주주의'의 이름으로 내건다. 다수결 원리상 이런 포퓰리스트가 권력을 잡으면, '민주주의'의 이름으로 '반민주적'인 정책이 시행되는 아이러니가 발생할 수밖에 없다.

물론 대부분 민주국가에는 이런 경우를 대비하여 소수 권익을 보호하는 각종 장치가 있다. 하지만 포퓰리스트와 그들을 따르는 대중은 이러한 권익보호장치를 엘리트주의의 독선으로 몰아붙인다. 자신들을 비판하는 언론은 '가짜 언론', '엘리트 언론'이라고 비난한다. 이들에게는 전문가의 권위도 필요 없다. 유일한 권위는 오직 다수의 권위뿐이다. 다수는 현명하며, 다수는 뭐든 할 수 있다. 번영으로 가는 길은 쉽고 간단하다. 다수에게 이익이 되게 하고, 다수가 원하는 것을 하면 된다. 이들은 이런 단순한 말 대신, 어렵고 신중하고 합리적인 제안을 하는 지성인이나 정치인을 싸잡아 지배층·기득권층의 이익을 보호하기 위해 번영으로 가는 길을 일부러 감추는 자들이라며 비난한다.

"국민의 현명한 판단을 믿는다", "집단지성이 해결할 것이다" 따위의 말이 바로 포퓰리스트의 단골 메뉴다. 다수는 항상 옳다는 이런 낭만주의적 민주주의관이 민주주의의 가장 큰 위협이 되고 만 것이다. 국민의 현명한 판단에 맡겼을 경우, 합리적 해결책(이런 해결책은 언제나 미지근하기 마련이다)보다는 포퓰리스트의 무책임한 주장이 선택되고, 집단지성의 해결이란 실현 불가능한 요구만 서로 주장하며 끝없는 갈등만 양산하는 경우가 더 많기 때문이다.

성찰과 교육의 필요

냉정하게 인정하자. 때로 다수는 현명하지 않다. 더구나 갈수록 정보 비대칭이 심해지는 현대사회에서 상당한 정보를 소화해야 하는 쟁점에서까지 다수의 현명한 판단을 기대하는 것은 매우 위험하다. 사람은 욕망 앞에 나약하다. 욕망을 쉽게 충족시킬 방법이 있다는 말을 들으면 상당한 수준의 지적 훈련을 받지 않은 다음에는 사려 깊은 이성보다는 충동에 이끌리기 쉽다. 그러기에 자신의 욕구를 당장 충족시키기보다는 공동체 전체의 이익을 고려하고, 그게 장기적으로 자신에게도 이익임을 납득하는 과정은 합리적인 추론 과정을 필요로 한다.

이런 일을 할 수 있는 능력은 DNA에 새겨진 본능이 아니다. 충분한 교육과 성찰이 필요하다. 충분한 지식과 정보를 배워야 하고, 이를 얻는 방법을 배워야 하며, 이를 바탕으로 자신의 경험을 성찰할 수 있어야 한다. 이런 교육을 받지 못하면 대부분 사람은 공동체의 이익이나 장기적인 이익은커녕, 당장 자신에게 이익이 되는 것이 무엇인지조차 제대로 알지 못한다. 그런 사람은 순전히 자신의 감정에 그럴듯해 보이는 지도

자에게 몰입하며, 그가 자신의 이익을 대변해줄 것이라고 믿어버린다.

이런 의미에서 민주시민교육을 되돌아보아야 한다. 민주시민교육은 민주주의의 우월성을 강조하고, 민주주의의 가치와 절차에 도덕적 의미를 부여하여 강변하는 교육이 아니다. 오히려 자신의 욕망을 구체적인 실현 가능성과 공동체에 미치는 영향의 관점에서 평가하고 판단하는 데는 자연과학, 사회과학적 지식과 기능이 가장 중요하다. 그다음은 이 선택을 위해 당장의 욕망을 절제할 수 있는 태도, 자신이 언제든 소수가 될 수 있음을 인지하고 소수에 대해 관용하고 배려할 수 있는 상상력 같은 것들이다. 이 능력에 가장 큰 도움이 되는 것은 다양한 문학과 예술을 접하는 일이다. 결국 교과교육과 민주시민교육은 따로 있는 것이 아니다. 제대로 된 교과교육이 바로 민주시민교육이다. 혹은 민주시민교육을 목표로 수렴되어야 제대로 된 교과교육이다.

위기는 생각보다 훨씬 가까이 와 있다. 민주주의가 계속해서 번영하며 선택 가능한 유일한 정치체제로 남을 수 있을까? 아니면 민주주의는 역사 속으로 사라지고 포퓰리즘이나 권위주의에 자리를 내어줄까? 그 열쇠가 교사에게 있다. 어쩌면 다른 나라에 비해 비교적 높은 교사에 대한 존중, 비교적 안정적인 급여나 근무조건을 특혜라고 공격하는 풍토가 확산되는 것, 그리고 이것을 은근히 조장하거나 방조하는 정치인이 늘어난다는 것은 위기의 1단계가 이미 시작되었다는 신호일 수 있다. 가장 민주적 외양을 한 정부가 때때로 민주주의의 가장 큰 위협이다. 그 지표는 그 정부가 교육, 특히 공교육을 어떻게 취급하느냐에 있다.

그렇다면 우리의 정부는 어떤 평가를 받게 될까? 민주주의를 회복하고 번영하게 하는 정부일까, 아니면 그 반대일까? 참고로 현 정부는 청와대 교육문화수석을 폐지하고, 교육도 문화도 모두 사회수석비서관 산하에 몰아넣었다.(2019년)

학교는 정말 남학생에게 불리한가?
· 남학생과 양성교육

○

요즘 아들 둔 학부모의 불만이 많은 모양이다. 학교 수업과 평가가 남학생에게 불리하게 이루어진다고들 말한다. 이유도 가지가지다. 지필고사 비중이 줄고 수행평가와 과정평가 비중이 커지는 것 때문에 여학생보다 활발한 남학생에게 불리하다는 주장, 과제를 깔끔하고 예쁘게 잘 꾸미는 능력이 부족해서 남학생한테 불리하다는 주장, 심지어 교사 중 여교사 비율이 늘어나면서 학교교육이 전반적으로 여성화되어 남학생이 소외된다는 주장까지 꽤 다양하다.

행여 교육당국이 "남학생 친화적 평가" 따위의 엉뚱한 정책을 생각할까 걱정된다. 그런 엉뚱한 짓을 하기 전에 학교가 정말 남학생에게 불리한지 되묻고 객관적으로 살필 필요가 있다. 물론 학교에서 남학생이 여학생보다 성장과 발달에서 더 많은 장애를 겪거나 그 과정이 왜곡되고 있다면 대책이 필요할 것이다. 실제로 미국과 유럽에서도 남학생 격정을 많이 한다. 특히 남학생의 학교 중도탈락률이 높다고 걱정한다.

그런데 우리나라에서 들려오는 남학생이 불리하다는 목소리가 학교 중도탈락을 걱정하는 종류의 것 같지는 않다. 중도탈락하는 학생의 부모가 볼멘소리라도 좀 하면 좋겠지만, 그들의 목소리는 투명인간처럼 감춰져 있다. 우리나라에서 교육에 관한 한 목소리를 높이는 학부모는 중도탈락을 걱정하는 계층이 아니다. 그들의 볼멘소리는 남학생이 내신과 대입 등 평가에서 여학생에게 밀리고 있어서, 특히나 상위권에서 밀리고 있어서 내놓는 불만이다.

결국 그들의 주장은 이렇다. 옛날처럼 고등학교 과정 마지막에 시험 한 판으로 판가름하지 않고 과정평가와 교내활동을 중요시하는 학종(수시전형의 일부인 '학생부종합전형'의 줄임말)이 확대되어 남학생이 손해를 본다는 것이다. 남학생이 여학생보다 늦게 철들기 때문에 막판에 마음잡고 공부하려고 해도 1학년 때부터 차곡차곡 마일리지를 쌓아놓은 여학생의 상대가 되지 않기 때문이다. 한마디로 시험 아닌 모든 평가는 다 여학생에게 유리하다는 주장인데, 학종을 저주하고 수능정시 확대를 요구하는 목소리의 또 다른 버전이다.

그런데 이런 주장에는 남학생을 두 번 죽이는 그릇된 전제가 깔려 있다. 남자는 거칠고, 공격적이며, 디테일에 약하며, 충동적이고, 미적인 표현을 잘하지 못하며, 경쟁적이고 투쟁적이며, 꼼꼼하게 자기관리를 못한다. 반면 여학생은 질서나 규칙에 순응적이고, 자기관리를 잘하며, 미적인 표현에 강하고, 평화 지향적이라는 전제가 그것이다. Y염색체에 신묘한 힘이라도 있어서 저런 기질 차이를 만들어내는지 의심스럽지만, 설사 그게 사실이라면 21세기에는 남자 따위 필요 없다는 잔혹한 주장이 된다. 저기서 여학생에게 유리하다고 전제하는 속성이야말로 결국 이 시대가 요구하는 것들이니 말이다. 그러니 교육이 남학생에게 불리하다는 볼멘소리는 자칫 잘못하면 "남자가 쓸모없어진 세상이긴 한데, 그래도 좀 살려줘"로 들리기에 십상이다. 이게 두 번 죽이는 게 아니라면 뭘까?

그렇다면 정말 양성 간에 그런 엄청난 차이가 있을까? 사실 남자와 여자의 기질 차이는 생각처럼 크지 않다. 안드로젠이나 에스트로젠 같은 성호르몬이 기질에 영향을 주긴 하지만, 남성호르몬, 여성호르몬이라는 별칭이 무색하게 양성은 이 두 종류의 호르몬을 모두 분비한다. 또 안드로젠의 효과도 골격과 근육을 강하게 하고, 공격성과 경쟁심을 높이고, 공포를 줄이는 것 외에 다른 효과는 확인된 바 없다. 즉, 남자가 힘이 좀 더 세고, 좀 더 경쟁적이고 공격적인 점은 있지만, 세부 사항에 약하다거나, 공감 능력이 떨어진다거나, 미적 표현에 둔감하다거나 하는 구분은 성별과 큰 차이가 없다. 반대로 여성호르몬이 공감 능력이나 미적 표현에 특별히 더 큰 영향을 끼친다는 증거도 없다. 확인된 것이라고는 월경주기에 따른 기분장애, 근골격 발달장애 등인데 오히려 남학생과의 경쟁에서 불리하면 불리했지, 유리하게 만드는 것은 아니다.

그러니 이른바 남자 기질, 여자 기질이라 불리는 것 중 대다수는 유전이나 호르몬의 영향이 아니라 양육의 결과다. 특히 여성적이라 불리는 여러 덕목과 기질이 그렇다. 그런 덕목과 기질을 갖춘 남자도 분명 제법 있겠지만 "남자답지 못하다"라는 이유로 어릴 때부터 그런 성질을 버릴 것을 강요당해왔다.

　설사 양성 간 타고난 기질 차이가 있다 할지라도 그게 변명거리가 될 수는 없다. 사람은 타고난 기질에 지배되지 않는 유연성과 가소성을 가진 존재다. 사람의 두뇌가 특정한 기능에 맞춰진 도구가 아니라, 어떤 상황에 직면해도 거기에 맞춰 개조가 가능한 범용도구이기 때문이다. 그러니 사람은 수십만 년 전 동굴에 벽화 그리던 우리 조상들에게나 적합했던 이른바 남성성, 여성성 따위는 얼마든지 바꿀 수 있으며, 그럴 수 있기에 사람이다. 사람은 유전자가 전혀 바뀌지 않은 상태에서도 환경이 바뀌고 새로운 기질과 능력이 요구되면 얼마든지 변화할 수 있는 특별한 존재다.

　그렇다면 오늘날 교육이 남자아이에게 불리하다고 투덜대는 것은 사실상 남자아이가 바뀐 세상에 적응하지 못한다는 고백, 혹은 아들 둔 부모들이 아들 양육에 실패했다는 고백에 불과하다. 공교육은 사회가 필요로 하는 인간상을 목표로 한다. 소위 남자다움이 전근대사회에나 걸맞은 그런 것이라면, 공교육은 당연히 그런 학생이 바뀌지 않으면 안 되게끔, 즉 소위 남성성을 억제하고 새로운 태도와 가치에 따라 생각하고 행동하도록 이끌 수밖에 없다.

　인공지능시대가 바짝 다가왔다. 사람이 하던 일이 인공지능에 하나둘 넘어가고 있다. 오히려 이 변화를 맞아 사람을 기계로 만들었던 20세기의 흔적을 지우고 비로소 보다 인간다운 일에 집중할 기회로 삼자는 주장도 나오고 있다. 이때 그 인간다움은 대부분 동정심, 공감 능력, 미적 표현, 창조성, 관계성, 협력 같은 것들이다. 오랜 시간 동안 "계집애

같다"라는 멸시적 표현과 함께 여성적 기질이라 불리던 것들이다. 이제까지 남자들은 이런 따뜻한 덕목과 기질을 '여성적인 것', '여성스러움'이라고 폄하하며, 경쟁적이고 공격적인 기질이 우대받는 그런 세상을 만들어왔다. 더구나 그런 세상이 수백 년 이어져오는 동안, 교육이 그리고 세상이 "여학생에게 불리하다"라는 목소리는 거의 들려온 적이 없다.

그런데 남자가 독점했던 영역이 기계에 넘어가고 '여성스러움'이라 불리던 것이 중요해지자 인제 와서 "교육이 남학생에게 불리하다"라고 불평한다. 교육이 여학생에게 특별히 더 친화적으로 바뀐 것이 아니다. 교육이 이 시대가 요구하는 방향으로 바뀌고 있는데, 여학생이 더 성공적으로 적응했을 뿐이다. 그러니 남학생에게 불리하다고 볼멘소리할 시간에 차라리 책 읽는 친구, 음악이나 무용 좋아하는 친구를 놀리고 괴롭히는 내 아들들이나 따끔히 훈계하고 가르칠 일이다.

사실 학교에서는 이런 따뜻한 덕목과 기질이 여학생의 전유물인 것도 아니다. 남학생 중에도 이 덕목과 기질을 겸비한 아이가 적지 않다. 더구나 그런 남학생은 예외 없이 높은 평가를 받는다. 똑같은 조건이라면 이런 덕목과 기질을 갖춘 남학생이 여학생보다 높은 성취와 성공을 거둘 가능성이 훨씬 큰 것이 여전한 이 땅의 현실이다. 반면 여학생은 이런 덕목과 기질을 갖추어도 당연한 것으로 치부되며, 오히려 경쟁, 용기, 공격적 기질을 겸비할 경우 "튄다", "독하다" 등의 부정적인 꼬리표를 얻기에 십상이다. 이것이 이 땅의 불편한 진실이다. 학교는 남학생에게 불리하지 않다.(2019년)

공부의 공공성과 기쁨

○

일제강점기에 가장 널리 불렸던 창가 중 〈학도가〉라는 노래가 있다. 가락은 일본의 〈철도찬가〉에서 따왔지만, 그건 그 시대의 한계니 넘어가자. 중요한 건 가사인데, 이 가사가 심지어 1960년대까지도 널리 불렸던 이유다. 가사를 한번 음미해보자.

> 학도야 학도야 청년학도야, 벽상의 계종을 들어보아라 / 소년이로(少年易老)에 학난성(學難成) 하니 일촌광음(一寸光陰)도 불가경(不可輕)일세 / 청산 속에 묻힌 옥(玉)도 갈아야만 광채 나고, 낙락장송(落落長松) 큰 나무도 깎아야만 동량(棟梁)되네 / 공부하는 청년들아 너의 기쁨 잊지 마라 / 새벽달은 넘어가고 동천조일(東天朝日) 비쳐온다

요즘 말로 옮겨보면 이렇다.

> 젊은 학생들이여, 역사의 태동을 느껴보라. 젊음은 순식간에 지나가니 시간을 아껴 부지런히 공부해야 한다. 부지런히 공부하지 않으면 나라를 지탱하는 기둥과 대들보가 될 수 없나니, 어두운 시간 지나가고 밝은 내일이 오는 것, 그것이 너희들의 기쁨이 아니겠는가?

청년학도라고 하니 마치 대학생처럼 느껴지겠지만, 실제로 이 노래의 대상이 되는 청년학도는 15살 전후의 청소년이다. 100년 전이나 지금이나 청소년에게 열심히 공부하라고 권장(강요라고 해야 할까)하는 것은 마찬가지였던 셈이다. 하지만 오늘날과 공부의 목적, 공부의 성격이 다르다는 것을 알 수 있다.

이 노래에서 학도들은 나라의 어둠을 끝내고 새아침을 불러올 기둥이자 보석으로 여겨진다. 그리고 그렇게 기둥이자 보석이 되는 것에서 기쁨을 느끼라고, 그 기쁨을 잊지 말라고 요청받는다. 이것을 '공부의 공공성'이라고 이름 붙여볼 수 있다. 즉, 이 학도들이 하는 공부는 학도 자신과 그 가족의 복리라는 사적 목적이 아닌, 나라와 민족의 번영과 발전이라는 공적 목적을 가졌다. 그리고 그것을 의무감에만 기대는 것이 아니라 '기쁨'으로 받아들였다.

공적인 공부에 기쁨까지 느낀다니 생뚱맞게 들리겠지만 실제로 가능하다. 사람은 사회적 동물이라 자신이 공동체에 어떤 의미 있는 기여를 하고 있다고 느낄 때 행복감을 느끼기 때문이다. "배우고 때로 익히면 즐겁구나"라는 공자의 기쁨 역시 사적인 기쁨이 아니다. 세상의 도를 깨우쳐 실천할 수 있게 되었기에 기쁜 것이다. 이러한 공적 목적을 가지지 않은 공부, 가령 돈을 많이 벌거나 높은 지위에 올라가는 것을 목적으로 하는 공부에는 이런 가슴 벅찬 기쁨이 없다. 결과만 챙길 수 있다면 오히려 피하고 싶은 고역일 뿐이다.

한동안 우리나라에서는 이러한 공부의 '공공성'을 정부뿐 아니라 시민 개인도 일상적으로 인식했다. 그래서 밤을 지새우며 공부하는 학생들을(자기 자식이 아닌) 보며 "나라의 장래가 저 아이들에게 걸려 있어"라고 말했지, "저 녀석들, 출세하려고 기를 쓰는군", 심지어 "누군 좋겠다, 부모 잘 만나서 공부하고 출세하고"라고는 말하지 않았던 것이다.

1980년대 중고등학교가 지금처럼 걸어서 등교할 만큼 가까이 있지 않던 시절, 아침이면 까까머리, 단발머리 중고생으로 버스가 가득하곤 했다. 그때 자리에 앉아 있는 어르신들은 무거운 책가방을 무릎에 받아주거나, 때로는 자리를 양보하는 학생에게 "공부하는 너희가 힘들지, 우리 같은 늙은이가 뭐" 하며 마다하기도 하였다. 내 아이가 아니라 남의 아이라도 공부 열심히 하는 학생들의 모습을 보면 뭔가 대견스러워하고 뿌듯해하는 분위기를 공유하고 있었던 것이다. 이런 분위기에서 공부한다면 우수한 성적을 거둔 학생도 그 성취를 '내 것'이라고 생각하지 않으며, 공동체를 위해 사용해야 할 '우리 것'이라고 염두에 둘 것이다. 이러한 '공부의 공공성'이 아니고서는 1970~80년대, 암울한 군사독재 시절, 서울대학교 학생들이 항상 민주화운동의 중심에 서서 가장 많이 체포되고 제적되고 심지어 목숨까지 잃은 이유를 설명할 수 없다.

그런데 어느새 이러한 '공부의 공공성'이 사라져버렸다. 독서실에서, 학원에서, 저 노랫말 속 청년학도들보다 몇 곱절 힘들여 공부하는 우리의 학생들은 자기들이 하는 공부와 나라를 전혀 연결하지 못한다. 심지어 공부와 자기 자신의 복리도 연결하지 못한다. 부모 역시 마찬가지다. '나라의 장래'를 위해 자녀교육에 투자하는 부모는 찾기 어렵다. 그렇다고 자녀 개인이나 가족의 진정한 번영을 위해 투자하지도 않는다. 왜 하는지 모르고 하는 공부, 왜 시키는지 모르고 시키는 공부에 '청년학도'는 몸과 마음에 멍이 든다.

그 결과는 무엇일까? 한때 우리나라 민주화운동의 선봉이었던 서울대학교에서 파업 중인 자기네 학교 노동자들에게 도서관 난방이 안 들어온다고 투정 부리는 대자보가 붙는다. 다른 대학이라고 별다르지 않다. 목적은 사라지고 공부만 남은 시대의 단면이다.

물론 그렇다고 공부의 목적을 '민족중흥의 역사적 사명'으로 규정한 국민교육헌장 시대로 돌아갈 수는 없겠지만, 공부의 목적이 개인의 영달, 혹은 부모의 욕심이나 불안인 상태를 이렇게 방치할 수는 없다. 우리 학생들은 '이유'를 가지고 열심히 공부할 권리와 의무를 지고 있다.

올해는 삼일운동 100주년이다. 일제강점기의 중고등학생은 삼일운동에 가장 열렬히 앞장섰던 주인공이다. 4·19혁명도 마찬가지다. 그들이 그렇게 앞장섰던 까닭은 사춘기의 반항심, 모험심 때문이 아니라, 나라와 민족을 위해 자신의 공부를 써야 한다는 공공성을 분명하게 인식하고 있었기 때문이다. 그런데 그로부터 한 세기가 지난 지금, 국가 교육정책에 대한 논의는 기껏 대입에서 누가 유리하고, 누가 불리한지 따지는 셈법에 머물러 있다. 조상들 앞에 죄송하고 부끄러운 일이다.(2019년)

진정한 의미에서
역사를 교육한다는 것

○

　한일관계가 최악으로 치닫고 있다. 군사정보보호협정(GSOMIA, 지소미아) 중단으로 루비콘강을 건넜다는 말까지 나왔다. 이런 상황에 편승하여 현 상황을 "침략 혹은 전쟁" 등으로 규정하는 정치인의 선동적 발언까지 나왔다. 교육부를 통해 이 상황의 대책이라며 '역사교육 강화' 말도 흘러나왔다. 일부 정치인은 일제 식민지배와 관련하여 정통적인 역사 해석에 반대하면 처벌하는 '역사 부정죄'를 입법하자고까지 주장했다. 하필 일제강점기에 대해 기존 상식과 다른 주장을 펴는 책이 베스트셀러 1위에 오른 상황이라 예사롭게 들리지 않는다.

　이런 상황에서 정부가 '역사교육 강화'를 언급하고 있으니, 역사를 가르치는 입장에서 오히려 걱정이 앞선다. 이것이 역사교육 자체를 강화하는 것이 아니라, 특정 시대의 역사에 대한 특정 해석의 교육 강화일 가능성이 크기 때문이다. 더구나 그 해석에 이견을 제시하면 처벌하자는 이야기까지 나오고 있으니 걱정이 태산이다. 그런 법까지 생기면 교과서와 조금이라도 다른 역사적 해석을 언급하는 교사 하나쯤이야 가볍게 목을 쳐버릴 것이 아닌가?

사실 이렇게 엉키고 꼬인 상황은 역사교육이 약해서 빚어진 것이 아니다. 오히려 우리나라는 역사교육, 특히 국사교육이 매우 강한 나라에 속한다. 교육과정에서 역사 비중도 매우 크며 자국사 교육이 차지하는 비중은 거의 절대적이다. 한국사는 대입수능에서 필수과목일 뿐 아니라, 미응시할 경우 응시 자체가 무효가 될 정도로 절대적인 지위를 차지하고 있다. 대입 역사상 이런 지위를 누리는 교과는 한국사가 유일하다.

대학에 들어갔다고 한국사교육에서 면제되는 것이 아니다. 한국사 능력인정시험을 쳐야 한다. 이 시험은 심지어 법률적 근거까지 있는 시험이다(한국사의 보급 등에 관한 법률 제18조 1항).

> 사료의 수집·편찬 및 한국사의 보급 등에 관한 법률 제18조(한국사 능력의 검정) ① 위원회는 한국사에 대한 관심을 확산시키고 역사에 대한 지식 및 사고력과 문제해결 능력을 육성하기 위하여 한국사 능력을 검정할 수 있다.

교사나 공무원이 되거나 기타 공공기관에 취업하려면 이 인증시험에서 반드시 3급 이상 취득해야 한다. 5급 공무원의 경우는 2급을 따야 한다. 사실상 고시나 다름없다. 요즘 젊은 세대 대다수가 공무원 시험이나 공공기관 취업을 준비하기 때문에 모든 청년이 한국사 인증 수험생이 되었다. 해마다 응시 인원이 20만 명에 육박한다. 당연히 침체하고 있는 사교육업계에서도 한국사만큼은 황금어장이다. 한국사 사교육업자는 중고등학생뿐 아니라 성인 대상으로도 잘나간다.

수능이나 인증은 시험이다. 시험에는 정답이 있다. 더군다나 국가가 주관하는 시험이기 때문에 국가가 정답을 정할 권한을 가진다. 그러니 대학에 들어가고 직장을 구하려면 국가가 '정통'이라고 규정한 역사 해석을 정답으로 받아들여야 한다. 설사 동의하지 않더라도 그렇게 응답해야만 한다.

어느 모로 보나 우리나라가 '역사교육을 강화'해야 할 나라는 아닌 것으로 보인다. 그러니 의문이 생길 수밖에 없다. 여기서 뭘 더 강화한단 말인가? 박근혜정부 시기의 역사교육 논란이 겹치지 않을 수 없다. 한국 근현대사에 대한 반공주의, 냉전주의적 해석을 올바른 역사로 규정하고, 그것과 다른 해석을 수정주의, 사회주의, 좌경 등의 딱지를 붙여 배제해야 한다는 목소리가 기승을 부렸던 시기 말이다. 그 목소리는 끝내 학생들이 수정주의, 좌경 입장의 역사를 배우지 못하도록 역사교과서를 국정화해야 한다는 주장으로 이어졌고, 실제로 공권력으로 실행에 옮기기까지 했다. 그러니 역사교육을 강화하자는 목소리는 대체로 역사를 걱정하는 것이 아니다. 권력을 가진 집단이 옳다고 생각하는 역사를 걱정하는 일이며, 그에 맞는 역사가 아닌 역사를 '역사가 아닌 것'으로 규정하겠다는 의지이다. 국가가 공인한 역사 해석 이외의 이단잡설(異端雜說), 사문난적(斯文亂賊)이 설치지 못하게 하겠다는 것이다. '역사 부정죄'라는 해괴한 죄까지 만들어가면서 말이다.

역사는 지나간 시간상에 있던 사건에 관한 이야기다. 사건 자체가 아니라, 그것에 관한 이야기라는 것이 중요하다. 문제는 그 시간은 다시 돌아갈 수 없고, 재현되지 않는다는 점이다. 그 누구도 돌이킬 수 없는 시간 속에서 일어난 일을 다시 보고, 듣고, 경험할 수는 없다. 다만 파편으로 남아 있는 기록, 전승, 유물, 유적, 즉 사료만을 확인할 수 있을 뿐이다. 역사란 이 사료를 해석하고, 파편 사이에 개연성 있는 해석을 채워넣어 스토리를 만들고, 다시 그 스토리를 입증할 수 있는 증거를 찾아 보강한 결과물이다. 마치 망원경으로 어렴풋하게 확인할 수 있는 현상만을 통해 수백만 광년 거리를 두고 아주 멀리 떨어진 우주에 대해 추론하는 일과 같다.

우주에 대한 학설이 여럿이듯, 이 사료에 대한 해석, 그것을 기반으로 재구성한 스토리 또한 여럿일 수밖에 없다. 역사는 이렇게 여러 스토리가 공존하고 경쟁하는 가운데 구성되어 가는 것이다. 이 중 어느 하나를 정통으로 삼고 다른 이야기를 이단잡설로 삼아 배척하는 것은 먼 옛날 춘추필법(春秋筆法, 대의명분을 밝혀 세우는 사필의 준엄한 논법을 비유한 말) 시대에나 가능했던 일이다. 현대에 들어서도 이 해석에 대한 권한을 국가가 독점하여 특정한 해석만을 진리로 판정하는 것은 동서고금을 막론하고 모든 전제정권, 독재정권의 특징이었다.

다양한 관점, 다양한 대안적 이야기가 서로의 개연성과 증거를 뽐내며 경쟁해야 한다. 서로 다른 역사 해석에 대한 비판은 "한국인이 어떻게 그렇게 생각할 수 있느냐?"라는 도덕적 질타나 감정적 호소가 아니라, 더 개연성 높은 해석, 더 강력한 설명력을 가지는 증거 자료나 상대방의

1부_ 교육이라는 영토에서

해석을 무너뜨릴 수 있는 반대 증거의 제출을 통해 이루어져야 한다.

만약 이런 능력을 기르는 의미에서의 역사교육 강화라면 정말이지 쌍수 들어 환영할 일이다. 그동안 우리나라는 역사교육의 비중이 절대적이었음에도, 이런 역사학적 역사교육이 거의 이뤄지지 않았기 때문이다.

그러나 어떤 특정 관점에서 작성한 '정통파' 이야기를 역사로 전제하고, 다른 이야기와 다른 해석의 여지를 공교육의 권위와 공권력의 강제성을 이용하여 '역사왜곡'으로 재단하는 역사교육 강화라면 단호히 반대한다. 박근혜정부의 역사교과서 국정화는 그 내용이 친일매국적이라서가 아니라, '국정(國定)', 즉 국가가 특정한 역사 해석을 진리로 강요하기 때문에 나쁜 정책이었다. 만약 소위 친일매국적 내용을 반일애국적 내용으로 바꾼다고 하더라도 그것이 '국정'이라면, 즉 특정한 해석을 국가가 강요한다면, 그것은 여전히 나쁜 교과서이다. 또한 그 내용에 반대하는 목소리를 모조리 친일매국으로 몰아친다면, 이는 역사교육이 아니라 역사적 폭압에 불과하다.

역사교육 강화를 희망한다. 동시에 '역사교육 강화'에 반대한다. 역사교육을 강화하는 가장 확실한 길은, 특정한 사실이나 특정한 이야기를 선별해 후세대에 전하고 그렇게 생각하게끔 만들겠다는 강박을 버리는 것이다. 역사교육은 역사적으로 추론하고 탐구하는 능력을 기르는 것이지, 이미 정해진 옛날이야기를 암송하는 것이 아니다. '역사교육 강화'를 내려놓음으로써 진정으로 역사교육을 강화할 수 있기를 바란다.(2019년)

2부

직업으로서의 교사,
존재로서의 교사

분투하는 모든 무명 교사들에게 박수를

○

크리스토퍼 놀런 감독의 영화 〈덩케르크〉에서 가장 충격적인 장면은 배를 타기 위해 바닷가에 줄지어 선 영국군 머리 위로 쏟아지는 독일 공군의 폭격이다. 그야말로 속수무책으로 학살당할 수밖에 없는 그들에게, 폭격은 전투가 아니라 무력하게 당해야 하는 자연재해다. 이렇게 속절없이 당하던 군인이 울분에 차서 말한다.

"공군은 대체 뭐 하고 있는 거야?"

정말 영국 공군은 독일 폭격기가 아군 머리 위에 폭탄을 쏟아붓도록 수수방관했을까? 사실은 영국 공군 역시 치열하게 싸우고 있었다. 문제는 공중전이 벌어지는 장소가 프랑스 덩케르크 해안에서 멀리 떨어져 있어 보이지 않는다는 것이다. 영국 공군이 독일 폭격기를 물리치면, 덩케르크 해안에서는 그냥 아무 일 없는 것처럼 느끼지만, 패하게 되면, 즉 영국 조종사가 목숨을 잃으면 독일 폭격기가 나타나서 폭탄을 쏟아붓는다는 것. 하지만 눈에 보이지 않으니 육군은 욕한다. 폭격이 없는 것은 공군의 승리 때문이 아니라 그냥 당연하다고 느껴지고, 폭격이 있을 때는 공군이 욕을 먹는다. 결국 공군은 욕만 먹는다.

심지어 치열하게 싸우다 간신히 살아남은 조종사에게도 육군은 "공군은 대체 뭐 하는 거야?"라며 욕한다. 의기소침한 조종사에게 직접 작은 어선을 몰고 병사들을 구하러 온 선장 도슨 씨가 한마디 던진다. "괜찮아. 내가 알고 있다네." 이 말이 훈장보다 더 귀중한 보상이 되었다.

이 장면에서 학교가 겹쳐졌다. 나를 포함한 수많은 동료 교사의 신세가 공군 조종사 같다고 느꼈기 때문이다. 위대한 사람이라 할지라도 교육 없이는 성장할 수 없다. 그런데 교육은 그 과정이 순탄할수록 티가 나지 않는다. 그래서 성공한 사람들은 마치 자신이 저절로 성장한 것처럼 느낀다. 마치 평온한 덩케르크의 하늘이 저절로 주어진 것처럼 느껴지듯이. 이렇게 교육은 티가 나지 않는 일이다.

하지만 교육은 문제가 생겼을 경우, 바로 티가 난다. 그래서 교사들은 평소에는 투명인간처럼 무시당하다가 문제가 발생할 때만 세상의 관심을 끈다. "대체 선생들은 뭐 하고 있는 거야?"라는 말과 함께. 철밥통 타령과 짝을 이뤄서. 평온한 일상조차 치열한 분투의 결과이며, 평범하고 선량한 소시민조차 수많은 교사의 공이 들어가지 않으면 생겨나기 어렵다. 하지만 그건 그저 당연한 일로 여겨진다. 사람들은 특별한 경험을 하지 않는 한, 자신이 마치 저절로 알아서 자란 것처럼 착각한다. 심지어 자신이 교육에 맞서서 그 억압을 뚫고 자란 것처럼 자랑마저 한다. 하지만 그들은 교육에 맞서서 자란 것이 아니라 교육의 잘못된 부분에 맞서서 자란 것이며, 그들이 교육의 잘못된 부분과 맞설 수 있게 만든 힘 역시 눈에 띄지는 않겠지만 교육의 힘이라는 것을 슬쩍 감춘다. 이름도 기억 못하고 얼굴도 생각 안 나는 평범한 교사들의 사소한 말과 행동이 그 힘의 원천인 것을 뒤로한 채.

문재인 대통령은 무명 교사들에게 고마움을 표시한 최초의 대통령이다. 주요 일간지의 "교사 돌려치기" 연례행사일이 된 스승의 날, 세월호에서 순직한 기간제 교사를 기억하며 "스승에 대한 국가적 예우를 다하려 합니다"라고 정중히 말하는 모습에서, 의기소침한 영국군 조종사를 위로하던 도슨 씨의 모습이 겹쳐졌다. 그 말이 의전담당관이 짜놓은 각본이 아니라 대통령의 진심일 것이라고 믿고 싶다.

세월호 참사는 보여주었다. 세상은 무슨 일이 생길 때마다 "대체 선생들은 뭐 하는 거야?"라고 손가락질하지만, 그래도 학교에는 공치사도 못 받을 "티도 나지 않는 일상의 교육"을 묵묵히 수행하는 교사들이 존재한다는 것을. 그들 대부분은 참사가 아니었다면 이름조차 알려지지 않았을 평범한 교사들이지만, 당시의 대통령부터 선사, 해경에 이르기까지 책임져야 할 담당자가 한결같이 썩어 문드러진 적폐의 종합판이었던 세월호 참사에서 유일하게 자기 본분을 다한 공직자였음을.

대통령의 말처럼, 이번 정부만큼은 그 고마움을 잊지 않는 정부가 되었으면 한다. 교육개혁은 별 대단한 것이 아니다. 이들 교실 안 무명 교사들의 어깨에 신바람을 일으켜주는 일이다. 최근 교사를 완전히 배제한 국가교육회의 구성안을 보니 무척 걱정되기는 하지만(결국 기우가 아닌 게 증명되었다), 이 걱정이 다만 기우에 그쳤으면 하는 바람이다.(2017)

남은 것은 교사 패싱

○

　교사들의 가을독서가 한창이다. 신입생이 사용할 교과서 선정 때문이다. 교육당국은 9월 22일에야 심사본을 배포하고서는 10월 20일 이전에 심사, 선정, 학교운영위원회 통과, 주문의 모든 과정을 마치라고 엄포를 놓았다. 학교운영위원회 일정을 감안하면 사실상 10월 15일까지 선정을 마쳐야 하는 빡빡한 일정이다.

　교과서 선정은 수많은 서류와 복잡한 절차를 거쳐야 하는 일이다. 교사들은 교과별로 심사기준을 정하고 이를 교과협의록으로 작성하며, 이 기준에 따라 10종 내외인 심사본, 즉 최소한 1,000쪽, 많으면 4,000쪽을 검토하여 작성한 평가표를 교과 대표교사에게 제출해야 한다. 대표교사는 집계표를 작성하고, 최고득점 교과서 3종을 가려낸 뒤, 추천의견서를 작성하여 학교운영위원회에 제출하는데, 1, 2, 3위 순위는 정하지 않는다. 1, 2, 3순위는 학부모가 과반인 학교운영위원회가 정한다. 그러면 학교장이 이 모든 문서를 수합한 뒤 추천된 3종 중 하나를 최종적으로 선정하는데, 1순위로 추천된 교과서를 선정해야 할 의무는 없다.

눈썰미 빠른 사람은 눈치챘겠지만, 이 복잡하기 짝이 없는 교과서 선정 절차에서 정작 수업을 직접 담당할 교과교사는 일만 분주할 뿐, 그 역할은 의외로 미약하다. 어이없게도 수업과 무관한 학부모, 교장에게 더욱 결정적인 권한이 주어져 있다. 이 어이없는 절차는 교실에 큰 변화를 가져오는 교육정책을 결정할 때 정작 그 교실에서 수업하는 교사의 목소리를 배제해왔던 우리나라 교육모순의 축소판이다. 한마디로 교사 패싱(passing)이다. 우리나라 공교육에서 수많은 적폐의 근본 모순을 꼽으라면 이 교사 패싱은 세 손가락 안에 꼽힐 만하다. 또한 우리나라 교육운동의 역사 역시, 교사 패싱을 자행하는 역대 정권에 맞서 목소리를 냈던 교사들의 투쟁사다. 민주화운동사에서 단일 직종으로서 교사보다 더 많은 해직자를 쏟아낸 직업을 찾기 어려울 정도다.

따라서 정권이 교체되고, 진보교육감의 원조 격인 김상곤 장관이 임명되었을 때, 교육 적폐 청산을 희망하는 모든 사람은 그가 적폐의 원인인 교사 패싱을 교사 참여로 바꾸고 학교를 진정한 민주시민교육의 장으로 탈바꿈시킬 것이라고 기대했다. 그러나 현재 김상곤 장관 임명 100일 동안에 한 일이라고는 대학입시제도를 놓고 우왕좌왕 제자리걸음 한 것, 학교를 교육 논리가 아니라 노동의 논리로 접근하여 역시 좌충우돌하다가 제자리걸음 한 비정규직의 정규직 전환 논란뿐이다. 더군다나 이 두 요란한 제자리걸음은 철저하게 교사 패싱으로 일관하였다. 입시 결정 과정에도, 비정규직 전환위원회에서도, 심지어 국가교육회의에서도 교사는 철저하게 배제되었다. 실제로는 회원 수마저 불투명한 군소 시민운동단체, 학부모단체만도 못한 취급을 받았다.

이것이 현 정부 그리고 김상곤 장관의 본심은 아닐 것이라고 믿고 싶다. 분명 교육부 고위관료 중 이런저런 이유를 들며 교사 패싱의 길로 유혹하는 어둠의 세력이 있었을 것이다. 그러니 간곡히 부탁하고 싶다. 교육부 장관, 나아가 대통령은 이런저런 이유를 대며 교사 패싱을 말하는 자가 바로 교육의 적폐이며 개혁의 적이라는 사실을 깨달아야 한다. 이 나라의 적폐세력은 무엇보다도 교사의 각성과 단결, 그리고 교사에 대한 통제력 상실을 두려워했다는 것을 역사가 증명하고 있다. 교사가 자주권을 얻게 되면, 세대가 지날수록 민주적이고 깨어 있는 시민이 늘어나고 성장하는 것을 막을 수 없기 때문이다. 그들은 한사코 교사가 교육정책의 주체가 되지 못하도록 패싱함으로써 자신의 지배체제를 지켜내려 한다. 심지어 그들은 진보정권에서는 수요자중심주의를 내세우고, 보수정권에서는 관료제를 내세우면서 계속 교사 패싱을 관철해왔다.

물론 역사는 교사 패싱이 적폐세력의 뜻대로 되지 않는다는 것을 보여준다. 교사들은 아직은 이 정부, 이 장관이 적폐세력에게 넘어가지 않으리라고 믿을 것이다. 하지만 지금의 정부가, 지금의 장관이 이 적폐를 청산할 의지를 보여주지 않고 여전히 교사 패싱을 계속한다면, 교사들은 학생의 정당한 교육권을 위해 기꺼이 직을 걸고 장관 패싱, 정부 패싱을 할 수밖에 없다. 이것이 바로 역사의 교훈이다.

다시 교과서 선정 작업으로 돌아가보자. 가장 좋은 방법은 교과서를 사용하여 실제로 수업할 교과교사협의회에서 1, 2, 3순위를 정해 학교운영위원회에 제출하고, 학교운영위원회는 특별한 결격사유가 있는지만 검토하여 이를 승인하고, 학교장은 다만 선택된 교과서의 주문·배포 등 행정적이고 실무적인 부분을 책임지는 것이다. 실제로 일선 학교에서는 사실상 이런 순서로 진행한다. 비전문가인 학교운영위원들이 교과서 순위를 정하기 어려워 결국 교과 대표교사의 의견을 물어보기 때문이다. 물론 엄격히 규정을 적용하면 이는 편법이다. 그런데 교육적으로, 상식적으로 생각하면 이게 맞는 방법이다. 순리대로 하는 것이 도리어 편법이 된다면, 이는 제도가 잘못되었다는 뜻이다. 만약 환자에게 투약할 신약 결정을 의사협의회가 아니라 환자 보호자가 과반을 이루는 위원회에서 결정한다면 이를 수긍할 사람이 얼마나 되겠는가?(2017년)

존재로서의 교사와 권리
· 교권과 인권은 하나

○

입에 담기 어려웠던 말, 교권

2009년 경기도에서 학생인권조례가 제정되면서 '학생인권'이 교육계의 중요한 화두로 떠올랐다. 2012년 서울에서도 학생인권조례가 제정되면서 이제 전국의 여러 시도에서 학생인권조례를 제정하기에 이르렀다. 이로써 학생인권은 더 이상 거스를 수 없는 대세로 자리 잡았다.

이렇게 학생인권조례가 자리 잡는 동안, 보수교육단체에서는 입 모아 학생인권조례를 반대했다. 이들의 주장은 학생인권은 중요하지만 그에 못지않게 교권(敎權)도 중요하다는 것, 그런데 이렇게 조례 형식으로 인권만 강조하다보니 교권이 위축되고 실추될 우려가 있다는 것이다. 여기에 대해 진보교육단체는 "교권이 어떻게 인권에 앞설 수 있느냐?"라고 맞섰다. 그런데 이 논란은 어느 지역에서 학생인권을 침해했다고 교육청 조사를 받던 교사가 억울함을 호소하며 스스로 목숨을 끊은 불

2부_ 직업으로서의 교사, 존재로서의 교사

행한 사건이 발생하면서 더욱 치열한 국면으로 들어섰다. 이를 계기로 학생인권만 강조하다가 교권이 땅에 떨어졌다며 비분강개하는 목소리도 나오고 있다. 정말 그런 것일까?

이런 극단적 비극이 아니고도 이런저런 교권침해 사건이 자꾸 늘어나고 있는 것은 사실이다. 학생이 교사의 신체적 특징을 집단으로 조롱하고, 여교사에게 성폭력에 가까운 행동을 하고, 학부모가 수업 중인 교사에게 폭력을 행사하는 등 도가 갈수록 심해져서 사회적 공분마저 사고 있다. 이렇게 되자 진보교육감이 있는 지역에서 '교권보호조례'를 제정하고자 했다. 그런데 엉뚱하게도 그동안 교권을 외치던 보수교원단체는 이것마저 반대했다. 이들이 지키고자 하는 권리가 대체 무엇인지 궁금해지는 순간이다. 학생인권도, 교권도 아니라면?

이들이 교권보호조례에 반대한 이유는 교권침해 주체로 학생, 학부모뿐만이 아니라 교장, 교감 등 관리자도 포함시켰기 때문이다. 한마디로 이들은 교장, 교감이 교사의 정당한 수업을 방해하거나 간섭하는 행위를 교권침해가 아니라고 주장하는 것이다. 이들이 생각하는 교권은 교장이 생각하는 교육을 교사에게 요구하여 학생에게 내려 먹이며, 이 과정에서 학생, 학부모, 교사로부터 어떤 견제나 통제를 받지 않을 권리에 불과했다. 즉, 이들이 말하는 교권은 '교육권'이 아니라 '교장권'이며, 이들이 말하는 학교의 자율성은 교장의 자율성인 셈이다.

이들이 이렇게 교권이라는 용어를 남용한 덕분에 진지하게 교육을 고민하는 사람들조차 교권이라는 말을 꺼내기가 난처해졌다. 심지어 진보 진영에서 교권이라는 단어는 일종의 금기어 취급을 받았다. 교권침해 사례가 발생해도 진보적 교원단체가 교권보호를 적극적으로 주장하지 못하는 모습을 보여주면서 빈축을 사기도 했다. 행여 교권침해에 대한 규탄이 학생인권조례에 대한 공격으로 비칠까 우려했던 것이다.

하지만 이제는 이렇게 교권을 마냥 방치해두기 어려운 지경까지 왔다. 현재 학교현장의 상황은 너무 심각하며, 교사들은 교사로서의 교권은커녕 자연인으로서의 인권까지 위협받는 지경에 와 있다. 더 이상 교권이라는 중요한 권리를 일부 보수교육단체의 전유물로 남겨두어서는 안 된다. 이제는 교권을 말해야 할 때다.

그런데 이때 조심해야 할 것이 두 가지 있다. 하나는 교권의 권(權)이 권력을 의미하는 것이 아니라는 점이다. 이 권은 권력이 아니라 권리다. 다른 하나는 이 권리가 교사의 권리, 혹은 교장, 교감을 포함한 교원의 권리가 아니라 학생의 권리를 포함하고 있다는 점이다. 요컨대 교권은 교원의 권력이 아니라 학생의 권리에 속한다. 하지만 교권이 학생의 권리만 대변하는 것은 아니다. 교권에는 네 가지 차원이 있으며, 이 중 어느 하나도 소홀히 할 수 없다.

학생이 교육받을 권리, 교권

교권의 첫 번째 차원은 바로 학생 권리로서의 교권이다. 교권을 강조하면 마치 학생인권을 침해하거나 소홀히 여기는 것처럼 오해하는 사람들은 교권을 교사의 권력, 즉 교육이라는 목적을 위해 학생에 대해 행사하는 영향력이나 통제력으로 잘못 알고 있기 때문이다. 교권을 그러한 영향력이나 통제력으로 이해할 경우, 인권과 충돌하는 것은 당연하

2부_ 직업으로서의 교사, 존재로서의 교사

다. 통제력은 학생의 기본권, 특히 자유권적 기본권과 부딪칠 수밖에 없기 때문이다. 그런데 우리나라는 처음부터 자유권적 기본권이 보장되었던 나라가 아니다. 우리나라는 오랜 독재기간을 거치면서 자유권을 위한 대결과 투쟁이 치열하게 이어져왔으며, 그 결과가 오늘날의 기본권이다. 따라서 교권과 인권을 대립관계로 놓을 경우, 양자 간의 관계는 첨예할 수밖에 없다. 교권과 학생인권은 적절한 균형점을 찾아야 하는 대항관계가 되는데, 이런 역사적 배경 때문에 진보는 인권을, 보수는 교권을 강조하는 경향이 강하다. 이 시점부터 교권 대 인권의 문제는 보수와 진보 진영 간의 대결로까지 비화한다. 이렇게 되어서는 아무것도 해결되지 않는다.

그러나 교권을 교사의 권력이 아니라 학생의 인권으로 파악하면 이러한 문제는 말끔하게 해결된다. 이름이 교권인데 도리어 이것을 학생인권이라고 하니 이상하게 들릴 수 있다. 하지만 이는 학생인권을 그동안 지나치게 자유권에 치우쳐서 바라보았기 때문에 생기는 폐단이다. 학생인권에는 자유권만 포함된 것이 아니라 교육받을 권리, 즉 학습권도 포함되어 있다. 이 권리는 자유권, 평등권과 마찬가지로 헌법에서 보장하는 당당한 기본권이며, 바로 여기에서 교권의 근거를 찾을 수 있다.

그동안 우리나라의 인권 담론은 자유권적 기본권에 너무 치우쳐왔다. 그래서 교육권이 다른 인권과 마찬가지로 가장 본질적인 인권의 하나라는 점을 간과해왔다. 아직도 학생인권이라고 하면 두발과 복장의 자유, 체벌금지 등을 떠올리는 사람이 많다. 조금 더 나아가는 사람도 참정권적 기본권에 속하는 학생회 의결기구화 등을 떠올리지, 정당한 학습을 침해받지 않을 권리, 충분한 수준의 교육을 받을 권리 등을 포함해 학생인권을 생각하지는 않는다. 하지만 우리나라 헌법체계상 교육권은 자유권과 동등한 무게를 가지는 기본적 인권이다. 더구나 학습권은 시민 중에서도 학생이라는 특수한 신분에게는 본질적인 인권이다.

구체적으로 살펴보자. 우선 대한민국 헌법 제31조에 따르면, 모든 국민은 능력에 따라 균등한 교육을 받을 권리를 가진다. 또한 동시에 모든 국민은 그 보호하는 자녀에게 적어도 초등교육과 법률이 정하는 교육(중학교)을 받게 할 의무를 지기도 한다. 즉, 학생은 능력에 따라 균등한 교육을 받을 수 있으며, 이 권리는 적어도 중학교 과정까지는 부모도 침해할 수 없는 권리로 보장된다.

교육은 교수와 학습, 즉 가르치고 배우는 행위가 결합된 과정이다. 이 둘은 따로 분리할 수 없는 교육의 두 측면이다. 따라서 가르칠 권리인 교권과 배울 권리인 학습권은 동전의 양면처럼 한 몸을 이룬다. 학습권이 배제된 교권이 있을 수 없고, 교권이 무너진 곳에 학습권이 있을 수 없다. 결국 학생에게 부모조차 침해할 수 없는 교육권이 있다는 것은 교육이 일어나고 있는 상황인 교수학습과정이 누구도 침해할 수 없는 영역임을 국가가 보장하고 있다는 뜻이다. 교사의 교권이 중요한 까닭은 교수가 중단되면 필연적으로 학습도 중단되고, 따라서 학생의 학습권이 침해되기 때문이다.

그런데 교권이 학생의 권리라는 생각이 쉽사리 나오지 않는 까닭은, 흔히 교권을 교사가 학생을 처벌하고 규제하는 권리, 차라리 권력으로 생각하기 때문이다. 하지만 설사 그렇다 하더라도 이러한 권력 역시 학생의 학습권에서 비롯된 것이지, 교사의 권력은 아니다. 가령 교사가 정당하게 학생의 학습권을 위해 교수행위를 하는 상황에서 이를 방해하거나 중단시키는 행위는 그 주체가 누구이건 간에(학생, 학부모, 동료 교원 등) 모두 학습권 침해이기 때문에, 교사에게는 이를 제재하고 교육을 계속 진행할 권리가 주어져야 한다. 이 제재는 교사의 권력이 아니라 학습을 계속하고자 하는 학생들로부터 위임받은 권리다. 수업을 방해하거나 소란을 떠는 학생, 혹은 과제를 제대로 해오지 않아 학급의 학습의욕과 동기를 저하시키는 학생, 교사의 정당한 지시에 불응하고 버팀으로써 교육의 과정을 중단시켜 다른 학생들의 소중한 시간을 허비하는 학생을 방치하는 교사는 학생을 존중하는 교사가 아니라 학생의 학습권을 침해하는 교사다.

물론 이 경우 해당 학생의 자유권적 기본권이 일정 부분 제약받게 된다. 하지만 자유권은 신성불가침한 무제한의 권리가 아니다. 민주공화국에서 개인의 권리는 다른 사람의 권리를 침해하지 않는 범위까지만 보장된다. 그리고 교육권은 자유권과 그 층위가 동등한 기본권이다. 따라서 아무리 개인의 자유라 할지라도 그 자유가 다른 학생들의 학습권을 침해하게 된다면 당연히 제재받아야 한다. 이를 인권 대 교권의 대립으로 보는 것은 완전히 잘못된 관점이다. 헌법이 보장한 기본권인 교육권이다. 교권은 이 교육권의 보호를 위한 최소한의 장치다. 물론 이 경우에도 "자유와 권리의 본질적인 내용을 침해할 수 없다"라는 헌법의 정신은 지켜야 한다. 즉, 다른 학생들의 학습권을 침해하는 학생에 대한 제재가 퇴학 등으로 교육받을 권리 자체를 박탈할 수 없으며, 그 제재는 정당한 절차, 즉 학교 구성원이 동의한 교칙 등에 의거해야만 한다.

학생을 교육할 권리, 교권

교권이 기본적으로 학생의 학습권에서 비롯되었다고 했다. 하지만 교권이 순전히 학생만의 권리인 것은 아니다. 교사에게도 가르칠 권리로서의 교권이 존재한다. 다만 이것이 학습권이라는 기본권에서 비롯되었을 뿐이다. 교권은 학생의 권리에서 비롯된 것이지만, 엄연히 가르치는 주체인 교사의 권리이기도 하다. 여기서 교권의 두 번째 차원인 가르치는 권리로서의 교권 개념이 나온다.

교육할 권리로서의 교권 역시 학생의 정당한 학습권을 보장하기 위해 헌법에 규정되어 있다. 모든 국민은 적어도 초등학교와 중학교 과정에서는 소정의 교육을 받을 권리와 의무를 동시에 가진다. 따라서 국가는 이 과정에서 교육을 제공하기 위해 충분한 자격과 능력을 갖춘 교사를 선발하고 배치하며, 이들이 최대로 능력을 발휘할 수 있도록 지원할 책임을 진다. 바로 이 국가의 책임에서 교사의 권리가 발생한다. 이는 교사가 전문성을 발휘하여 학생을 교육하는 일을 누구도 간섭하거나 방해하지 못하도록 국가가 보장해야 한다는 뜻이기 때문이다.

이를 위해 대한민국 헌법 제31조 4항에는 "교육의 자주성·전문성·정치적 중립성 및 대학의 자율성은 법률이 정하는 바에 의하여 보장된다"라고 명시되어 있다. 자주성은 교육은 오직 교육 그 자체의 논리와 근거에 의해 운영되어야 한다는 의미다. 하지만 이는 교사가 자의적으로 행사할 수 있는 권리가 아니다. 교육의 자주성이지, 교사의 자주성이

2부_ 직업으로서의 교사, 존재로서의 교사

아니다. 교권은 정치, 경제, 혹은 정부, 학부모, 외부기관 등 교육 외부의 다른 논리와 영역의 간섭으로부터 자유로운 자주적 권리이지만, 무작정 주장할 수 있는 게 아니라 오직 전문성에 의해 정당화될 때만 주장할 수 있는 권리이다. 만약 다른 교육자나 교육학자가 어느 교사의 교육행위를 교육학적 근거를 들어 비판하거나 다른 방식을 제안한다면, 이는 교권침해가 아니다. 그러나 선배 교사나 교장, 교감 등이 교육학적 근거 없이 자신의 관점과 견해를 강요하며 간섭한다면 이는 교권침해다.

문제는 교권이 이 헌법 조항에서 "법률이 정하는 바"에 따라 보장된다는 것이다. 그런데 실제로 교권을 어느 정도까지 어떻게 보장하며, 그 침해를 어떻게 막을 것인지에 관해 정해놓은 법률이 없다. 교원의 정치중립성을 강요하는 법률 조항만 구체적으로 정해져 있을 뿐이다. 결국 이 헌법 조항은 일종의 선언에 그치고 있다. 각종 어이없는 교권침해 사건이 아무 제재 없이 일어나고 있는 근본적인 원인이다.

공동체 집합의식의 대리인, 교권

교권의 세 번째 차원은 학생의 권리도, 교사의 권리도 아니다. 이 권리는 사회가 가지고 있는 권리, 즉 우리나라의 경우 공화국으로서의 국가의 권리다. 이는 교권을 논할 때 진보 진영에서 특히 간과하기 쉬운 부분이다. 학교는 그냥 교육기관이 아니라 공교육기관이며, 공교육의 수요자는 학생, 학부모가 아닌 바로 국가다. 따라서 공교육에서 교사는 교육자 일반을 가리키는 말이 아니다. 우리나라에서는 아무에게나 '교사'라는 말을 붙이는 경우가 있지만, 엄밀히 말해 교사란 공교육기관인 학교에 소속되어 학생을 교육하는 공직자를 말한다. '교사가 공직자'라는 뜻은 교사는 개별 학생과 개별 학부모를 위해 봉사하는 것이 아니라, 국가를 위해 봉사한다는 뜻이다. 즉, 개인으로서의 학생, 학부모가 아니라 학생 일반, 학부모 일반, 한마디로 시민 일반을 위해 봉사한다는 뜻이다.

이는 사회가 새로운 구성원을 계속 공급받지 않으면 소멸하기 때문에 요구되는 의무다. 국가의 경우 계속해서 시민이 공급되어야 하며, 그 시민은 단지 사람일 뿐 아니라 민주공화국의 가치, 규범, 문화를 갖춘 민주시민이라야 한다. 새로 태어난 세대를 민주시민으로 키워내지 못하면 민주공화국은 한 세대 만에 멸망하고 말 것이다. 그런데 민주시민은 태어나서 자연적으로 발달하는 것이 아니라 의식적으로 가르치고 교육해야 한다. 바로 이 역할을 담당하는 공직자가 교사다. 따라서 교사는 한 개인이 아니라 공화국의 가치, 규범, 문화의 인격적 대리자이기도 하다.

에밀 뒤르켐은 『교육 사회학』에서 "교사의 나이가 아무리 어리더라도 학생에게는 어버이와 같은 권위를 부여해야 한다"라고 말했다. 또 『종교 사회학』에서는 종교가 사회의 구심점 역할을 하지 못하게 된 근대사회에서 학교는 교회의 기능적 등가물이며, 교사는 세속의 사제와 같다고 하였다. 우리가 법정에서 법관에게 보이는 존경이 법관 개인에게 보내는 존경이 아니라 그가 대리하는 법에 대한 존경이듯, 교사에 대한 존중은 교사 개인이 아니라 교사가 대리하고 있는 사회의 가치, 규범, 문화, 한마디로 집합의식에 대한 존중이라는 것이다. 따라서 교권보호는 교사 개인이 아니라 그 사회의 집합의식에 대한 보호다.

이런 공화주의적 전통 때문에 유럽에서는 교사에게 상당한 권위와 책무를 함께 부과하고 있다. 가령 영국에서는 학부모든 누구든 교사에게 폭언하거나 몸에 손을 대면 엄청난 벌금을 내거나 징역형에 처하게 되어 있다. 교사에게 폭언이나 폭행을 가한 것은 교사가 대리하고 있는 사회에 대해, 또 공공의 가치와 공공선에 대해 폭언과 폭행을 한 것으로 보는 것이다. 마찬가지로 교사가 술 마시는 모습을 페이스북에 올렸다는 이유만으로 중징계를 당하는 등 공공 가치를 대변하는 사람으로서의 책임 또한 강하게 부여한다.

교사인권으로서의 교권

교권에 대해 논의할 때 가장 무시당하기 쉬운 측면이 바로 교사 역시 한 사람의 인간이라는 점이다. 한 인간으로서의 교사는 다른 사람, 학생이나 학부모와 비교해 특별히 더 강한 사람이 아니다. 모두 똑같은 사람이다. 다만 공직자로서 교사가 워낙 많은 것을 대리하고 대표하기 때문에 때때로 사람들은 교사를 한 사람으로 보는 것이 아니라, 그가 대리하는 것들, 가령 국가, 정부, 법, 문화, 규범, 제도 등으로 환치한다. 그래서 사회제도에 대한 분노를 교사 개인에게 터뜨려 폭언, 폭행 등 공격적 행동을 하는 경우가 빈번하게 발생한다. 또 교사는 의사와 더불어 전문직 중 수요자에게 직접 노출된 몇 안 되는 직종이다. 그래서 의사와 더불어 악성 민원, 폭력에 가장 빈번하게 노출되기도 한다.

하지만 교사가 아무리 많은 것을 대변하는 공직자라고 해도 한 사람의 자연인이라는 점을 잊어서는 안 된다. 교사는 사회 그 자체가 아니라 그 책무를 수행하는 한 사람에 불과하다. 그리고 교사 역시 그런 한 사람으로서 누리는, 침해받거나 양도할 수 없는 불가침의 인권을 가지고 있다. 그런데 교권에 대한 침해가 정당한 지시의 불응, 다른 학생의 수업권 침해 수준을 넘어 교사의 기본권과 인간적인 존엄성을 침해하는 지경까지 이른다면, 이는 이미 교권침해를 넘어 인권침해를 범한 것이다.

이 양자를 잘 구별해야 한다. 가령 교사의 신체적 특징을 학생들이 집단으로 조롱했다면 이는 교권침해 사건이 아니라 인권침해 사건이다. 남학생들이 여교사의 속옷을 촬영하여 돌리거나 원치 않는 신체접촉을 가했다면, 이 역시 교권이 아니라 인권을 침해한 것이다. 법체계상 다른 사람의 인권을 침해하는 행위는 형법 소관, 즉 범죄행위다. 교권침해와 교사를 대상으로 하는 범죄를 구별해야 하는 것이다. 가해자가 학생, 학부모라고 해서 예외가 될 수는 없다.

또한 이는 다른 학생들의 학습권을 침해하는 행위이기도 하다. 교사가 가장 기본적인 자신의 인간적 존엄성을 손상당하면, 이 피해는 고스란히 학생들에게 전가된다. 상처받은 교사는 제대로 된 교육을 할 수 없고, 또 존엄성이 손상된 교사를 학생이 믿고 의지할 수 없다. 이른바 악성 민원인으로 돌변한 학부모는 결과적으로 자기 자녀의 학습권을 손상하면서 교사의 인권을 침해하는 이중의 잘못을 저지르는 셈이다.

실제로 이런 일은 매우 빈번하다. 특히 경력 적은 여교사의 경우, 각종 성희롱, 성폭력, 폭언과 폭행에 쉽사리 노출된다. 일단 목소리 큰 사람이 이긴다는 잘못된 신념은 잘못을 저지른 학생이나 학부모가 처벌을 모면하기 위해 도리어 교사에게 폭언과 폭행을 하며 세게 나오게 만든다. 이때 교장, 교감, 교육청은 피해받은 교사를 보호하고 치유하기보다는, 세게 나오는 쪽을 무마하기 위해 피해 교사에게 2차 가해를 하거나 화해, 사과를 종용하는 경우가 많다. 이것도 모두 교권침해를 넘어선 인권침해라 할 수 있다. 그러나 무려 헌법상 권리인 타인의 인권을 침해하고도 받는 제재와 처벌이 워낙 솜방망이라, 이를 제대로 막을 방법이 없다. 현재 학교라는 공간에서 인권이 가장 취약한 기반 위에 서 있는 사람은 학생이 아니라 교사다. 교장, 교감을 제외한 교사, 특히 경력이 짧거나 기간제인 여교사다. 이들에 대한 인권보호책이 시급하다.

교원보호의 원년을 위해서

이렇듯 교권은 학생의 학습권이자, 교사의 교육권이며, 또한 사회의 가치와 규범에 대한 존중이며, 인간으로서의 교사의 기본적 인권이다. 교권은 이 네 가지 차원을 모두 보유한 복합적인 개념이다. 따라서 교권과 학생인권을 마치 서로 대립하는 것처럼 상정하는 관점은 교권에 대한 완전한 오해라 할 수 있다.

그런데 이러한 오해가 현장을 지배했고, 교육주체들은 교권이냐 인권이냐, 하는 절대로 결론 날 수 없는 소모적 논쟁으로 시간을 허비했다. 그러는 동안 우리나라 학교는 교권침해가 교사 개인의 인권침해에까지 이르게 되었다. 지난 2010년은 학생인권의 원년이었다. 올해는 교권에도 관심을 가지고, 교사의 인권에 관심을 가지는 원년이 되었으면 한다.(2017년)

교장 자격과 '교장 자격증'

○

한국교총은 이른바 보수 성향 교원단체다. 그동안 전교조의 정치성, 과격함에 대해 순수하지 못하다며 비판해왔다. 그런 교총이 달라졌다. 그토록 미워하던 좌파단체처럼 돌변했다. 머리띠 매고 대규모 집회시위까지 했다. 까딱하면 삭발과 단식도 하고, 나아가 해직불사 결사투쟁이라도 할 기세다. 김상곤 교육부장관이 공언한 내부형 공모교장 확대 정책 때문이다. 이는 승진점수 경쟁에 따라 주어지는 기존의 교장 자격증 소지 여부와 관계없이, 경력 15년 이상 교사가 공모를 통해 교장으로 임용되는 제도다. 이 제도는 그동안 이명박정부가 씌운 '자율학교의 15% 이내에서 실시'라는 독소조항 때문에 사실상 사문화되다시피 했다. 그러니 교육부의 시행령 개정은 멀쩡한 법을 고쳐 내부형 공모교장제를 확대하는 것이 아니라, 꼼수를 제거해 내부형 공모교장제를 정상화하는 것이다.

물론 교장 자격증 하나 따자고 20년을 고생한 사람들 입장에서는 자리가 줄어드는 것이니 속이 쓰릴 수 있다. 대한민국은 민주국가이니, 누구라도 자기 권익이 침해되었을 때 나서서 항의할 수 있다. 문제는 그들이 내거는 "무자격교장 철폐"라는 구호다. 누가 보면 교육부가 교장 자격도 없는 어중이떠중이를 학교에 끌어들이려는 줄 알겠다.

말장난도 이런 말장난이 없다. 내부형 공모교장의 목표는 '교장 자격증'이 없는 교사 중에서 충분히 교장을 할 수 있는 사람을 찾아 임용하겠다는 것이지, '교장 자격'이 없는 사람을 임용하겠다는 것이 아니기 때문이다. '교장 자격증'과 '교장 자격'은 다르다. '교장 자격증'은 소정의 절차와 정량지표를 충족하면 발급되는 증서이며, '교장 자격'은 교육에 대한 비전이 있고, 교원의 역량을 최고로 발휘할 수 있도록 지원할 리더십과 덕망이 있다는 뜻이다.

관건은 '교장 자격증'의 이런저런 지표가 '교장 자격'을 정확하게 평가하는 지표인지, 다만 경쟁과 줄 세우기를 위해 만들어진 숫자에 불과한지 하는 것이다. 답은 뻔하다. '교장 자격증'의 지표와 '교장 자격'이 잘 맞아떨어졌다면 내부형 공모교장제가 애초에 논의되지 않았을 것이다. '의사' 자격증과 '원장' 자격증이 따로 없듯, '교사' 자격증과 '교장' 자격증이 따로 없는 게 맞다. 그런데 교총은 15년 이상 한눈팔지 않고 교육에만 매진해온 동료 교사들을 엉뚱하게 '교장 자격도 없는 것'으로 모욕하는 정신적 폭력을 행사하고 있다.

그들에게 되묻고 싶다. '교장 자격증' 소지를 근거로 '유자격 교장'을 자처하는 분들은 그것을 얻기 위해 20년간 어떤 일을 해왔는가? 교사로서 학생에게 최선을 다해왔는가? 아니면 학생과 학교를 도구 삼아 온갖 실적과 점수획득에 골몰하고, 교장, 관료의 예스맨 노릇을 해왔는가? 그리고 그런 일이 진정한 의미의 '교장 자격'과 얼마나 일치하는가? 혹시 자격증은 있되 도리어 자격 없는 사람은 자신이 아닌가?

물론 '교장 자격증' 소지자 중에 훌륭한 교육자가 많은 것도 사실이다. 하지만 그들 역시 어쩌면 그것을 얻기 위해 지금보다 더 훌륭한 교육자가 될 수 있는 기회와 시간을 기회비용으로 치른 것은 아닐까? 이 '교장 자격증'을 따기 위해서는 교육자로서의 훌륭함을 포기할 수밖에 없으며, 심지어 '반교육적' 행위라도 교육부나 교육청 지시라면 감수해야 함을 교육계에 몸담은 사람은 누구나 잘 알고 있다. 우리나라에서 교사들의 존경을 받는 교장이 드문 까닭이다. "너희들이 교장이 되기 위해 무엇을 했는지 알고 있기" 때문이다.

사실 '자격증' 하나 내걸고 자기들만이 교장 자격이 있다고 주장하는 교총의 투쟁이야말로 자신들의 알량한 자격증과 진짜 교장 자격이 무관함과, '교장 자격증' 외에 자신의 교장 '자격'을 입증할 자신감 없음에 대한 자백이다. 만약 '교장 자격증'이 '교장 자격'을 정확히 반영하는 지표라면, 자격증 소지자는 자격증 없는 평교사, 그리고 그들 주장대로 전교조 소속 교사를 공모 과정에서 너끈히 물리치고 선발될 수 있다는 자신감을 가져야 마땅하다. 교육부는 좌고우면하지 말고, 교장 자격증을 따기 위한 노력과 교사로서의 헌신 중 어느 것이 교장 자격에 더 마땅한 것인지, 그 기준에 근거해 내부형 공모교장 시행령을 원안대로 시행하기를 바란다.(2017년)

급식체 앞에 선 교사

○

어느 날, 퇴직이 몇 년 안 남은 선배 교사가 심각한 모습으로 말했다. "권 선생님은 애들 말을 알아들을 수 있어요? 난 도대체 뭐라고 말하는지 하나도 못 알아듣겠어요." 처음에는 생뚱맞다고 느꼈다. 아니, 외국인이나 다문화 학생을 가르치는 것도 아닌데, 한국어 쓰는 애들 말을 못 알아듣다니? 그런데 주변을 살펴보니 이게 그 선생님만의 고민이 아니었다. 아이들이 쓰는 말을 못 알아들어 자녀와 대화가 안 된다며 호소하는 학부모들도 많았다.

사실 어른들이 "현타(현실자각타임)"(어떤 일이 지나고 자신이 처한 현실을 깨닫는 허망함이라는 뜻), "창렬하다"(제값 못한다, 질이 나쁘다는 뜻), "인실"(인생은 실전이란 뜻) 같은 말을 알아듣기란 어렵다. 여기에 모든 단어나 문장을 두 글자로 축약하는 '요즘 아이들'의 화법까지 보태진다. 근본 모를 신조어가 섞인 문장을 다시 두 글자로 축약까지 해버리니 어른들로서는 도무지 무슨 말인지 짐작하기도 어렵다. 바로 '급식체'다. '급식체'란 청소년들이 자기들을 '급식충'(학교 나와서 하는 일이라고는 급식밖에 없다는 뜻)이라고 자조적으로 부르던 은어와 문체가 결합한 말로, 굳이 풀어서 설명하면 "청소년끼리만 통하는 독특한 은어나 화법"이다. 그 명칭부터 실로 "급식체스럽다."

급식체에 대한 어른들 반응은 세 가지로 나뉜다. 하나, 우리말 파괴 행위라고 꾸짖는 것. 물론 잘못하면 "꼰대질"한다는 소리를 듣고, 경우에 따라서는 "젊꼰(젊은 꼰대)" 소리를 들을 수도 있다. 둘, 어설프게 급식체 단어 몇 개 배워와서 젊은 척 흉내 내는 것. 이건 "아재" 소리 듣기 딱 좋다(아이들은 이걸 '무료급식체'라고 부른다). 셋, 젊은 세대와 의사소통이 잘 안 되는 것을 안타깝게 여기면서 어떻게 하면 '급식체' 쓰는 아이들을 이해할 수 있을지 고민하는 것.

이런 현상이 특별한 것은 아니다. 가령 1980년대 중고등학교에 다닌 세대는 '담탱(교사)', '사포날(사회가 포기한 날라리)', '깔(여자친구)', '미남(미친 남자)' 같은 은어를 썼다. 당시에도 기성세대는 이 말들을 못 알아들었고 적대시했다. 심지어 '은어를 사용하면 근신처벌한다'라는 교칙이 있는 학교도 있었다. 1990년대 중고등학생들은 '외계어'를 썼다. '외계어'는 어른들이 거의 한 줄도 읽어내기 어려울 정도로 지독하게 낯설었다.

그런데 '은어', '외계어'와 '급식체' 사이에는 중대한 차이가 있다. 은어, 외계어는 기본적으로 감추기 위한 말이다. 아이들끼리만 이해해야지, 어른들은 되도록 이 말의 뜻을 알지 못해야 한다. 반면 급식체는 어른들이 알아듣지 말라고 쓰는 말이 아니라, '재미있어서', '속도감 있어서'(메신저 창에 빨리 입력하기 위해) 쓰는 말이다. 그래서 요즘 아이들은 어른들에게도 감추지 않고 급식체를 쓴다. 나만 해도 "쌤~ 오늘 수업 핵꿀잼이고요, 샘 감각 짱, 이거 레알 팩트. 인기 폭발각이네요"라는 페메(페이스북 메시지)를 받았는데, 이거 레알 실화다.

그렇다고 급식체를 "어차피 애들이 다 그렇지" 하며 마냥 방치할 수도 없다. 성적인 비유가 섞여 있거나, 타인을 비하하는 의미가 섞인 비속어에서 비롯된 말이 많기 때문이다. 이는 아프리카TV나 유튜브 등의 BJ들이 사용하는 말이 급식체의 중요한 어원이기 때문이다. 청소년들이 이들의 프로그램을 재미있게 보다가 이 말들을 따라 했고, 이게 게임, 방송 등 유행어와 뒤섞이면서 급식체가 되었다. 어원이 그렇다보니 청소년들은 단지 재미로 급식체를 사용하다가 자기도 모르는 사이에 상대방에게 상처를 입히거나 갈등을 불러일으키기도 한다. 특히 상대방 부모를 비하하는 표현(일명 패드립)이 섞인 급식체를 멋대로 쓰다가 느닷없이 큰 싸움이 나기도 한다. 학생들은 일종의 감탄사로 '엠창'이라는 말을 자주 쓰는데, 그 어원이 '엄마 창녀'라는 것을 알고 있다면 그걸 듣고 참을 수 있을까? 하지만 그 의미와 어원을 새겨볼 기회 없이 재미로 급식체를 쓰던 아이들은 상대방이 왜 모욕감을 느끼며 화를 내는지 이해하지 못한다. 게다가 급식체에는 장애인, 외국인, 여성에 대한 비하와 혐오 표현이 많은 편이다. 이런 말을 재미로 써서 버릇하면 '정치적으로 올바르지 못한' 어른으로 자랄 위험도 있다.

바로 여기서 어른들의 역할이 필요하다. 급식체에 대한 가장 어른스러운 자세는 이를 무작정 꾸짖는 것도, 어설프게 따라 하는 것도 아니다.

그저 잘 가르치는 것이다. 아이들이 그 기원과 의미에 대해 한번 생각해 보도록 하는 것이다. 물론 그 과정이 일방적이라면 '꼰대질'을 면치 못할 것이다. 비속한 혐오 표현에 대한 주의만 환기할 뿐, 그 판단은 학생들에게 맡겨두어야 한다. 오히려 급식체라는 매개를 통해 요즘 아이들을 이해할 기회를 만들어야 한다. 어른들과의 소통을 거부한다는 제스처가 분명했던 외계어에 비하면 급식체는 꽤 친절한 '요즘 아이들' 문화다.(2018년)

직업으로서의 교사
· 스승의 날 단상

○

　5월은 기념일의 달이다. 가정의 달이라고들 하지만 반드시 가족 행사만 있는 건 아니다. 우선 첫날부터 기념일로 시작한다. 다름 아닌 5월 1일 노동절이다. 정부가 부르는 공식 명칭은 '근로자의 날'이지만 '근로자'라는 단어에 순종하는 노동자라는 억압적이고 불평등한 함의가 있다는 비판 때문에, 대부분 사람은 직설적인 '노동절'이라는 말로 이날을 부른다. 심지어 언론에서도 굳이 근로자의 날을 고집하지 않고 노동절이라는 말을 자주 사용한다.

　그래서 5월 1일만큼은 노동자가 주인공이 된다. 노동에 대해 배려하는 척이라도 하는 사회 분위기가 형성된다. 1년 내내 전투적 노동조합을 비판하던 보수언론조차도 '노동 프렌들리'는 못해도, 최소한 '귀족노조 어찌할까?', '떨어지는 노동생산성, 한국경제 고질병' 따위의 기사를 악의적으로 내지 않는 날이 노동절이다. 더군다나 그런 악의적인 기사를

'노동절 특집' 명목으로 낸다면 그야말로 '양아치' 취급을 받을 것이다.

5월 5일은 어린이날이다. 물론 어린이날 특집기사로 '버릇없는 요즘 아이들' '날로 폭력적으로 되는 아이들', '스마트폰 중독, 아이들 이대로 좋은가?' 따위의 기사를 기다렸다는 듯 쏟아내지는 않는다. 어린이날의 주인공은 어린이지, 어린이를 걱정하는 어른이 아니니까. 마찬가지로 5월 8일에 날을 콕 잡아서 '한국사회에 만연한 가부장제의 잔재', '비뚤어진 친권, 자녀는 부모의 소유물인가?' 이런 기사를 내지는 않는다. 만약 그런 기사를, 그것도 아주 기획특집, 이런 식으로 낸다면 그 기자는 '패륜아' 취급을 당할 것이다. 기념일이라는 것은 적어도 그날만큼은 그 주인공의 관점에서 함께 바라봐주는 날이니까.

그런데 유독 여러 기념일 중 주객이 전도되는 날이 하나 있다. 주객 전도 정도가 아니라 주인공을 희생양 삼아 그동안 맺힌 원한이라도 풀 것처럼 독하게 달려드는 날, 그날을 기점으로 사회적 집단 따돌림이 이루어지는 그런 기념일이 있다. 바로 5월 15일, 스승의 날이다. 유독 이날은 여러 언론사가 교사들에게 한풀이라도 하려는 듯 갖가지 부정적인 기사를 쏟아낸다. 물론 스승이 꼭 교사만 말하는 건 아니지만, 사회 통념상 사실상 '교사의 날'이나 다름없다. 교수도 있으니 조금 범위를 넓히면 '교원의 날'이라 할 수 있다.

하지만 실상은 교원의 날이 아니라 '전 국민 교사 성토의 날'로 바뀐지 오래다. 왜 그런지 세계적으로 순위가 많이 떨어지는 성과를 보여주는 교수들은 젖혀두고, OECD 최고성취도를 만들어내는 초중등교사들만 죽어라고 두드려 패는 날이 되었다. 평소에도 교사 때리기가 국민스

2부_ 직업으로서의 교사, 존재로서의 교사

포츠인 나라지만, 5월 15일은 이 국민스포츠의 결승전 정도라고 생각하면 된다. '스승의 은혜'라는 형식적이고 간드러진 말조차 안 나온 지 무척 오래되었다. 너무 상투적이라 듣기조차 지루한데, '직업으로서의 교사만 있고 진정한 스승은 찾기 어려워졌다'라는 말만 앵무새처럼 여기저기서 들린다.

우습기 짝이 없다. 경력 30년을 바라보는 내가 처음 교직에 들어섰을 때도, "옛날에는 스승이 있었는데, 지금은 직업으로서의 교사만 있다"라는 탄식이 있었다. 지금부터 20년 전 교사들이 요즘 교사들보다 스승에 더 가까웠을까? 천만의 말씀. 그럼 40년 전 교사들은? 그때야말로 무자비한 체벌과 파렴치한 촌지로 가득했던 시대가 아닌가? 게다가 자기가 가르치는 교과의 기본적인 내용조차 허덕이던 교사들이 수두룩하던 시대가 아닌가? 스승이라는 고상한 가치는커녕 기본적인 직업윤리라도 갖췄으면 하는 그런 교사들이 득실거리면서 자기 콤플렉스를 폭력으로 해소하던 시대가 아닌가? 그런데 옛날에는 스승, 요즘에는 그저 직업이라고?

더 이상한 것은 요즘 교사 때리기에 적극적으로 나서는 사람들, 가령 ○○연대 간부 출신 운동가들이나 정부 요직에 계신 분들이 가지고 있는 교사의 부정적인 이미지가 바로 20년 전, 40년 전에 만들어졌다는 것이다. 아니, 그 주장대로라면 "스승이 득실거렸을 시대"였을 텐데 말이다. 그러니 과거의 기억을 바탕으로 만든 교사의 부정적인 이미지를 가지고 그들과 전혀 다른 오늘날의 교사를 비난하고, 그러면서 과거에는 스승이 있었는데, 탄식하는 것이다. 도저히 논리적으로 이해가 안 된다.

하긴 교사 때리기에 언제 논리가 있었나?

이젠 두들겨 맞는 것도 지친다. 스승씩으로 대접해주기는 바라지도 않는다. 그저 직업인으로서 교사 따위로 불러도 좋다. 그러니 직업인으로서의 온당한 권리나 제대로 누렸으면 한다. "법령이 정하는 바에 따라 학생을 교육한다"라고 되어 있는 초·중등교육법상의 권리나 온전히 누렸으면 한다. "행정사무와 기타 사무는 직원의 업무"라고 분명히 법에 정해져 있음에도 불구하고 '전통적인' 행정사무만 직원이 담당하고, 시대가 바뀌면서 늘어나는 새로운 행정사무나 기타 사무는 생기는 족족 교사가 담당하는 일이나 없었으면 한다. 교사가 학교 전산망 보안 유지하고, CCTV 유지 보수하고, 관련 실태 공문 작성하느라 시간을 하얗게 보내는 일이나 없었으면 한다. 그래서 교육이 아닌 기타 사무를 담당하라고 요청했더니 그걸 '비정규직에게 갑질한다'라며 진보언론에서 기획 특집으로 매주 연재까지 하는 상황이나 없었으면 한다. 직업인으로서의 교사이기조차 어려운 상황에서 무슨 스승씩이나 바라겠는가?

더구나 우리나라에서 교사는 교육자로 인정받지도 못한다. 교육정책을 정하는 자리에도 초청받지 못하고, 설사 초청된다 해도 학생 대표, 학부모 대표, 학교 비정규직 대표, 공무원노조 대표와 같은 자격으로 그저 의견집단의 하나로 불려갈 뿐이다. 교육전문가가 아니라 그저 일반인으로 취급받는 것이다. 이 주제에 무슨 스승씩이나 바라겠는가? 우리나라 교사들은 국회의원 선거, 시장 선거, 대통령 선거도 아닌, 자신의 업무와 직결된 교육감 선거에서조차 자기 의견을 내놓으면 공직선거법 위반이라며 징계받는다. 이 주제에 무슨 스승씩이나 바라겠는가?

우리나라 교사들은 아무 약속 없이 학부모가 난입해서 학생들이 보는 앞에서 폭행을 가해도 어디 하소연할 곳도 없다. 밤낮없이, 사생활도 없이 민원전화에 시달려도 누구 하나 돌아봐주는 사람이 없다. 장기결석생이 걱정되어 가택방문했다가 주거침입죄로 고발당하고 폭행까지 당한다. 학교폭력이 발생해도 개입해서 해결할 권한도 없이, 무조건 학폭위에 신고해서 넘겨야만 하고, 그러면서 정작 학폭위 결정에 대한 불만 민원은 혼자 다 받아야 한다. 그러면서 수업 준비 안 한다고, 연구 안 한다고 "게으른 세금도둑"이라고 손가락질이나 당한다. 그러면서 막상 수업 없는 방학 기간을 그저 "노는 시간"이라며 또 손가락질 당한다. 아니, 그럼 대체 언제 공부하고 준비하란 말인가? 설사 공부 안 하고 쉬기만 한다고 쳐도 그렇다. 그렇게 시달렸으면 한 학기 마치고 좀 쉴 수도 있는 게 아닌가? 미국 학교는 방학 때 월급을 안 준다고? 거긴 애초에 계약하기를 월급제가 아니라 연봉제이다. 이런 하찮은 변명이나 하고 앉아 있어야 하는 주제에 무슨 스승씩이나 바라겠는가?

5월 15일 하루 날 잡아서 교사 때리기 하는 거, 뭐 좋다. 그건 이미 면역이 되어 그러나보다 한다. 갑자기 신문에 교사 때리기 내용이 늘어나면 "아, 5월 15일이 가까워졌군" 하며 달력을 맞춘다. 그러니 때리려면 때리고 국민스포츠를 마음껏 즐기라. 다만 바라는 것은 그놈의 스승 타령 좀 그만두어 달라는 것이다. 직업 교사 노릇조차 온전히 할 수 없는 상황에서 '스승' 어쩌고 하는 말은, 더군다나 표창도 하고 기념식도 하는 모습은 교사 때리기보다 더 싫다. 솔직히 내 귀에는 약 올리고 조롱하는 것처럼 들린다. 아마 다른 35만 동료 교사도 마찬가지일 것이다.

그러니 그놈의 스승 타령 집어치우고, 그놈의 스승의 날도 집어치우자. 정부에 요구한다. 스승의 날을 국가기념일에서 정식으로 폐지하기를 바란다.(2018년)

2부_ 직업으로서의 교사, 존재로서의 교사

교사라는 직업과
방학

○

곧 여름방학에 들어간다. 방학이라고 부르기 민망할 정도로 짧아진 여름방학이지만 어쨌든 방학은 방학이다. 방학은 교사들에게 축복이자 저주다. 그나마 방학 때문에 학기말이 되면 빈사 상태에서 허우적거리던 교사들이 살아남는다. 이마저 없었으면 아마 과로사나 우울증 집단 발병이 터져도 신기하지 않을 것이다. 교사의 일생이란 학기말에는 숨만 겨우 붙어서 헐떡거리다가 방학으로 긴급수혈 받기를 반복하다 보면 어느새 세월이 훌쩍 가고 청춘이 저 멀리 지나가버리는 그런 것이다.

그런 반면 모든 부조리한 처우가 오로지 "그래도 방학 있잖아?" 한마디에 정당화된다. 가령 세상 어떤 전문직이 직원이 하는 행정사무, 시설관리, 물품구매 이런 일에 시간을 다 쏟아야 하는지 따져보려고 해도, "그래도 방학 있잖아? 배부른 소리 하네", 이 한마디로 묵살당한다.

그나마 방학은 자꾸 줄어들고 있다. 주5일제가 도입되어 등교일도

주5일로 줄었지만, 거기에 맞춰 교육과정을 개편하지 않아 수업시간표는 주6일 실시하던 수업을 5일에 욱여넣은 꼴이 되었다. 결국 수업시수가 모자라 방학을 그만큼 줄이고, 백일장, 소풍 등 이제는 어른들의 추억거리가 된 교외활동이 대폭 축소되었다. 특히 여름방학이 많이 짧아졌다. 이걸로도 모자라서 교육당국은 어떻게든 방학을 무력화하거나 교사를 출근시키려고 기회를 노린다. 아마 방학을 스스로 포기한 장학사, 장학관, 교장, 교감이 막상 그걸 포기하고 나니 배가 아픈 모양이다. 그중 하이라이트는 '새학기 준비기간 실시'라는 공문이 만들어낸 아수라장이다.

이런 말을 들으면 보통 직장인은 배부른 소리 한다고들 할 것이다. 놀면서도 돈 버는 주제에 양심도 없냐고 할 것이다. 그런데 이상한 일이다. "방학 있잖아?", "방학 때 돈 받지 마" 이런 식의 손가락질이 초중고 교사에게만 집중되고 오히려 방학이 훨씬 긴 대학교수에게는 거의 가지 않는다. 교수들이 방학 때 출근하건 말건, 주중에 꼬박 학교에 나가건 말건 그걸 따지고 싶은 생각은 없다. 교수에게 중요한 임무는 강의의 질을 유지하고 훌륭한 논문을 써내는 것이다. 훌륭한 강의와 논문은 연구시간에 비례하며, 그 연구를 꼭 학교에서 해야 할 필요는 없다. 수업이 없는 시간에는 연구가 제일 잘되는 곳, 혹은 연구에 필요한 자료나 자원을 구하기 쉬운 곳에서 하는 것이 가장 효율적이다. 그게 학교라면 학교에서 하고, 학교 밖이라면 학교 밖에서 하는 것이다. 오히려 1년 내내 학교에 출근해서 연구실에 8시간씩 붙어 있다 가는 교수 중에 무능한 교수가 있을 확률이 더 높다.

그렇다면 교사는 어떨까? 교사 역시 연구시간이 필요하다. 아이들 가르치는 데 무슨 연구씩이나 필요하냐는 사람들도 있다. 하지만 아이들을 가르치기 때문에 연구가 필요하다. 교수는 학문을 많이 연구하지만, 교사는 학문을 덜 연구하는 대신 그 학문과 "애들"의 조합을 연구해야 한다. 아이들 수준으로 가르치기 위해 아이들 수준으로 알아도 된다고 생각하면 오산이다. 오히려 어른들 가르칠 때보다 더 제대로 알아야 한다.

교사는 감정노동까지 한다. 아이들도 힘들게 하는데 학부모까지 가세한다. 대개 문제학생은 문제학부모와 콜라보하는 경우가 많다. 교사는 육체노동도 한다. 우리나라 교사는 말로만 교원일 뿐, 직원이나 다름없다. 그래서 행정직원이 해야 할 각종 사무와 기타 사무까지 상당 부분 아무 근거 없이 수행하고 있다. 학교 CCTV를 관리하고, 학교 홈페이지 보안을 담당하고, 각종 비품을 구입, 관리, 폐기한다. 심지어 행정실에서 필요한 각종 전산 소모품을 교사가 품의하는 일까지 발생한다. 이렇게 심신이 녹초가 된 교사에게는 회복시간도 필요하다. 당연히 학기중에는 연구시간도, 회복시간도 없다.

교사에게는 수업 없는 시간이 기껏해야 하루에 한두 시간 정도다. 그마저도 연구에 쓸 수 없다. 학생을 상담하고, 교실을 정리하고, 이런저런 행정업무를 보다보면 퇴근시간을 넘기기 일쑤다. 연구할 장소도 없다. 교수에게는 상태가 좋건 나쁘건 연구실을 주지만, 교사에게는 그런 공간이 '1도' 없다. 교무실은 수업을 준비하거나 연구하라고 만들어놓은 공간이 아니다. 교사들을 한군데 모아놓고 감시하기 위해 만든 독재시절의 흔적이다. 교무실 한가운데 자리 잡은 '교감'의 직책명이 참으로 의

미심장하다. 교사를 감시하는 자리다. 그래서 교무실은 교감이 가만히 앉아서 교사들을 한눈에 볼 수 있지만, 교사는 일부러 고개를 돌려야만 교감을 볼 수 있도록 구성되어 있다. 파놉티콘(원형감옥, panopticon)이 따로 없다. 교무실은 연구도, 휴식도, 무엇도 할 수 없는 공간이다. 등 뒤로 교감의 감시 눈길을 느끼면서 그저 컴퓨터 모니터를 보며 공문서 클릭질 하는 것 외에는 아무것도 할 수 없다. 애초에 우리나라가 교사에게 기대한 것이 그것이었는지도 모르겠다.

교사더러 전문직이라고 한다. 전문직은 전문성을 유지하고 함양하는 시간을 반드시 확보해야 한다. 그러나 우리나라 교사의 학기중 노동가동률은 90%에 가깝다. 근무시간 중 대부분은 일(자발적 연구가 아니라 미리 주어진 각종 업무)을 하고 있는 것이다. 그래서 대부분 교사는 수업 준비와 연구를 학교에서 하지 않는다. 아니, 못한다. 심지어 학생과제평가도, 시험문제 출제도 집에 가서 밤이나 주말 동안 해야 한다. 물론 그렇다고 해서 초과근무수당, 이런 것은 '1도' 없다. 그냥 무상 재택야근, 무상 재택특근이다. 양식 없는 교장들은(일부가 아니라 상당수) 각종 행정잡무를 하느라 늦게까지 남는 것은 야근으로 인정해도, 수업 준비를 위해 늦게까지 남는 것은 '사적인 일'이라며 초과근무수당을 지급하지 않는다.

이런 상황에서 갈수록 짧아지는 방학은 교사가 한 학기의 결과를 성찰하고 새로운 지식과 방법을 장착할 수 있는 유일한 시간이다. 이것을 휴가로 생각하면 무척 길겠지만, 학기중에 과도하게 사용한 지적, 감정적 노동으로부터 회복되면서 동시에 지식과 경험을 업그레이드까지 해야 하는 기간이라면 턱없이 짧다. 한편에서는 학교라는 좁은 공간에 매몰된 교사의 좁은 식견을 비판하면서 시대에 뒤떨어졌느니, 세상을 읽지 못하느니 한다. 그러면서도 또 다른 한편에서는 세상에 나가볼 수 있는 유일한 시간인 방학을 두고 놀고먹느니, 학생도 없고 그렇다고 연구할 거리도, 장소도 없는 학교에 억지로라도 출근해야 하느니 하고 있으니, 도대체 이 나라가 교사에게 바라는 게 뭔지 가늠할 수가 없다.

방학은 연구는커녕 학기중에 만신창이가 된 심신을 원상태로 되돌리기에도 빠듯한 시간이다. 즉, 방학 동안 자기연찬(自己研鑽) 안 하고 그냥 놀기만 해도 충분히 의미 있는 시간이란 뜻이다. 교사는 기계나 물건이나 불특정 대중을 상대하는 직종이 아니다. 연약하고 민감한 성장기 학생들을 상대해야 한다. 따라서 심신 상태가 항상 건강하고 상쾌하게 유지되어야 한다. 이건 교사의 권리가 아니라 의무다. 교사를 위해서가 아니라, 학생을 위해서 충분한 회복시간이 필요하다. 어떤 부모도 지치고 짜증스러운 상태의 교사에게 아이를 맡기고 싶어 하지 않는다.

교사가 방학 중 여행 다니는 것을 백안시하는 사람들도 있다. 물론 쇼핑이나 유흥 여행이라면 지탄받아 마땅하다. 하지만 견문을 넓히고 세계의 다양한 자연·문화경관을 경험하기 위한 것이라면 오히려 나라에서 여행비를 지원하며 권장해야 할 일이다. 하지만 기특하게도 제 돈 들여가며 다니고 있다. 학부모 입장에서 생각해보자. 쉴 틈 없이 일해서 피곤과 짜증에 녹초가 되었으며, 학교와 집 말고는 별로 다녀본 곳 없는 교사와, 학기가 지날 때마다 완전히 회복해서 돌아오고, 세계 여러 나라의 다양한 경관을 경험하여 아이들에게 들려줄 이야기가 많은 교사 중 누구에게 자녀를 맡기고 싶을까?

사무실에서 궁둥이 붙이고 자리 지키기로 일관하던 공무원사회조차 변하고 있다. 김동연 부총리는 "직원들이 사무실에 아무도 없어도 좋으니 최대한 현장의 목소리를 듣기를 희망합니다. 전국을 돌아다니세요"라고 말했다. 사무실에서 자리 지키고 있는 게 일이 아니고, 실제로 상황이 일어나는 현장, 정보가 흐르는 현장에 가야 일을 하는 것이란 뜻이다.

그동안 우리나라는 '자리 지킴'을 무능함에 대한 면죄부로 사용했다. 형식적으로 작성하는 수많은 일지나 점검표가 있는 까닭은, 그것이 어떤 사건이 발생하는 동안 자리를 지키고 있었다는 근거가 되기 때문이다. 그동안 공직사회에서는 결과가 좋건 나쁘건 주어진 시간 동안 사무실에서 자리를 꽉 지키고 있으면 아무 문제 없었다. 하지만 이제는 자리를 지켰느냐가 아니라, 가장 좋은 결과를 내기 위해 과연 효율적으로 일했느냐가 중요한 기준이 될 것이다.

그렇다면 교사가 있어야 할 곳은 어디일까? 교사는 연구하고 가르치는 사람이다. 따라서 본인의 배움이 일어나는 곳과 학생이 있는 곳이 교사가 있어야 할 장소다. 이 중 학생이 있는 곳은 교실이지만, 본인의 배움이 일어나는 곳은 교무실이 아니다. 교사의 일터는 교실이지, 교무실이 아니다. 교사는 무한한 배움의 장소를 탐험하고 그 결과를 교실로 가져와야 한다. 그러니 교사는 학생이 귀가하면 방학이 아니더라도 되도록 학교에 남아 있으면 안 된다. 그럴 시간에 1시간이라도 세상을 더 돌아보아야 한다.

교사 스스로도 방학을 노는 시간이라 생각하며 미안해하지 말자. 방학은 교사를 위해서가 아니라, 학생을 위해서 존재하는 휴식시간이다.

최대한 상큼하게 회복하여 새학기를 맞이하고, 일하고도 남는 힘이 있으면 견문을 넓히기 위해 널리 돌아다니고, 널리 읽고, 널리 배우자. 이 모든 것이 학교에서는, 교무실에서는 불가능한 것들이다. 교육당국도 괜히 학생도 없는 학교에 교사를 붙들어 놓으려고 애쓰지 말아야 한다. 오히려 그게 월급 낭비이고 시간 낭비이며 인력 낭비다.(2018년)

다시 교권을 생각하며

○

　최근 들어 교권에 대한 논의가 뜨겁다. 지난 몇 년간 교사를 신뢰할 수 없으니 내신이고 학종이고 집어치우고, 수능으로 한 줄 세우자고 부르짖던 주요 언론이 갑자기 교권이 무너졌다며 목소리를 높인다. 물 들어올 때 노 젓는다고, 이번 정부 들어 존재감이 공기에 가까웠던 한국교총이 교권의 수호천사라도 된 양 활개 치고 있다. 교육관료들도 웬일인지 적극적으로 호응한다.

　이제라도 교권에 관심을 가져주니 일단은 고맙다고 하고 싶지만 뭔가 수상하다. 이들이 언제 그렇게 교사에게 관심이 많았나? 이들이 언제 교사를 그렇게 존중했나? 아니나 다를까, 한 걸음 더 들어가보니 저의가 보인다. 그들의 교권위기론은 한결같이 학생과 학부모를 반대편에 세우고 있다. 이들은 교권 대 학생과 학부모의 권리를 제로섬 관계로 보는 것이다. 즉, 이 말을 하고 싶었던 것이다. "진보교육감들이 학생인권이니 참여민주주의니 하는 걸 강조하다보니 교권이 위축되었다." 그러니 "학생과 학부모의 권리를 줄여라."

그런데 학생인권의 인(人)자도 말하지 못하던 시절, 한 20년 전에는 교권이 시퍼렇게 살아 있었을까? 그때나 지금이나 교권 없기는 마찬가지였다. '교권이 무너졌다'라는 외침은 마치 예전에는 많던 '스승'이 요즘은 사라졌다는 말처럼 공허한 거짓말이다. 그 옛날이 학생을 인격적으로 사랑하는 '대스승들의 시대'가 아니라, 실은 '귀싸대기'와 '줄빠따', 그리고 '촌지'의 시대였듯이, 그 옛날이 교장이 교사 속치마 검사를 하고, 심지어 체벌까지 하던 그런 시대였듯이. 게다가 독재정권과 그 하수인인 교육관료의 촘촘한 간섭과 감시 아래 입도 벙긋할 수 없던 그런 시대 아니었던가.

학생인권이란 것도 없고, 학부모의 학교참여는 '치맛바람'이라는 부정적인 용어로 금기시되었다. 그때 교권이 있었나? 그럴 리가. 교사의 '전문성'은 무참히 짓밟히고 아무 가치도 인정받지 못했던 시절이었다. 교사의 전문성을 전혀 인정하지 않고, 그저 군대 명령처럼 "까라면 까" 방식으로 쏟아져 내려오던 각종 정책사업과 보고 양식, 숨 쉴 틈 없이 빽빽하게 미리 짜여 교사가 전문성을 발휘할 여지 자체를 봉쇄한 교육과정, 어떠한 전문적 근거 없이 단지 개인의 취향에 따라 학교를 뒤흔들 수 있는 무소불위의 권력을 휘두르는 교장. 이들이 교권침해의 당사자들이었다. 이들은 교사를 교육전문가가 아니라, 다만 공교육 기계의 말단 직원으로 취급하였고, 교사의 자긍심과 자주성의 싹을 짓밟았다. 교총은 바로 이들을 대변하던 단체다.

정치권도 한몫했다. 무슨 일만 생기면 무조건 교육을 탓하면서 그때 그때 '○○ 교육진흥법'이라는 특별법을 만들어 학교에 강요했다. 교육 과정 자체가 벅찬 상황에서 정치권에서 요구하는 대중적인 교육까지 억지로 시행하고 각종 연수에 교사를 동원하지 않았던가? 여기에 무슨 교권이 있었겠는가? 학생 신체를 지배하고 이를 빌미로 학부모의 '삥'을 뜯는 게 교권인가?

교권은 교육이 정치적 압력에 흔들리지 않아야 하고, 오직 전문성의 기준에 의해 자주적으로 이루어져야 한다는 헌법상의 권리다. 교권이란 교사의 '전문성'에 대한 존중이지, 교사를 무비판의 성역으로 옮겨놓는 것이 아니다. 이때 교사에 대한 비판과 제재는 교육의 전문성을 기준으로 해야 하며, 다수의 압력, 정치권이나 교육관료의 압력이어서는 안 된다. 실제로 우리나라 교육이 발전할수록 교장이나 교육청이 교사 수업에 간섭하고 부당한 제재를 가할 여지가 줄어들었다. 교총이나 주요 언론의 주장과는 반대로, 그동안 교권은 무너진 것이 아니라 점차 신장되어온 것이다.

물론 최근 들어 학부모가 악성 민원인으로 돌변하는 사태가 빈번하다. 하지만 그 원인 제공자 역시 정치권과 교육관료이다. 정치권과 교육관료가 교사의 전문성을 무시하고 말단 행정직원 취급을 하는데, 심지어는 무슨 서비스 종사자 취급을 하는데, 학부모가 어떻게 교사를 존중하고 교권을 존중하겠는가? 따라서 교권침해의 주범은 정치권, 주요 언론, 교육관료 바로 이들이다. 그런 주범들이 자기 잘못은 모르는 척, 굳이 따지면 모방범에 불과한 학생과 학부모에게 그 책임을 전가한다. 이들이 말하는 교권은 혹시 '교장권'의 준말이 아닐지 살짝 의심해본다. 아나나 다를까, 이들은 학생회와 학부모회가 법제화되는 마당에 교사회의 법제화만큼은 결사반대했다.

교권이 교육의 전문성, 자주성으로 자리 잡고, 교장이 교권과 학생인권의 책임자로 바로 서는 그날을 미리 그려본다.(2019년)

교사의 시간과 공간
• '새학기 준비기간'과 교무실의 모순

○

　조희연 서울교육감이 학교체험을 한다면서 어느 고등학교에서 1주일간 근무해 화제가 된 적이 있다. 그리고 그 체험을 마친 뒤 현장의 고충에 대해 많은 것을 배웠다며 겸허한 모습을 보여주었다. 그런데 그러고나서 나온 가장 강력한 정책이 이른바 '새학기 준비기간'이다. 간단히 말하면, 교사더러 개학하기 전에 미리 출근하라는 것이다. 교육감이 현장에서 "선생들이 놀고먹는다"라는 문제점에 대해 배웠다는 것인지 도통 이해할 수 없다.

　취지는 그럴듯하다. 3월 2일 개학하고나서 교육계획을 세울 것이 아니라, 2월에 미리 연간교육계획, 평가계획을 다 세워서 3월 2일부터는 바로 수업할 수 있게 하자는 것이다. 하지만 그게 목적이라면 3월 셋째 주 정도에 확정되는 연간교육계획을 3월 첫 주까지 확정하라고 기간만 조정하면 될 일이다. 군이 새학기 준비기간을 만들어 출근일을 설정할

2부_ 직업으로서의 교사, 존재로서의 교사

필요가 없다. 늘 말하지만, 교사가 교육을 준비하고 연구하기에 가장 부적당한 공간이 바로 학교다. 교무실을 한 번만 봐도 바로 답이 나온다. 이건 행정사무 공간이지, 교육을 준비하고 연구할 수 있는 곳이 아니다. 그런데도 느닷없는 출근일이 만들어진 배경에는 "교사들은 강제로 출근시키지 않으면 절대 공부하거나 연구하지 않는다"라는 관료적 불신이 자리 잡고 있다. 하지만 틀렸다. "강제로 출근시키면 절대 공부하거나 연구할 수 없다."

더 큰 문제는 이렇게 강제로 학교에 나와 작성하는 연간교육계획, 평가계획 서식이 갈수록 복잡해지고 있다는 것이다. 교육과정-수업-평가 일체화의 잘못된 적용으로 인해 이제 연간교육과정, 수업지도안, 평가계획과 기준안을 모두 상세하게 미리 작성해야 하는 것으로 바뀌었다. 지금 교사들은 2월 중에 매시간의 성취수준, 수업방법, 성취기준, 평가방법 등을 상술하여 거의 책 한 권 분량의 계획서를 작성해내라는 압력을 받는다.

물론 교육감이 이렇게 시키지는 않았을 것이다. 하지만 교육청 관료들은 학교가 새학기 준비를 제대로 했는지를 3월이 되기 전 교육계획서가 얼마나 두텁고 상세하게 만들어졌는가를 가지고 판단할 것이다. 교장, 교감은 실제 교육보다는 교육청이 자기네를 어떻게 평가하는지에만 관심을 두고 교사를 몰아붙일 것이다. 결국 교육은 어디로 가고, '행정상'의 새학기 준비만 남는다.

만약 교육이 기계를 작동시키는 일이라면 그나마 상세한 매뉴얼을 미리 작성하는 일이 도움이 될 수 있다. 이렇게 2월 1달 고생하면 남은

1년은 매뉴얼대로 진행하면 되니까. 하지만 교육은 교사와 학생이 만나 상호작용하는 가운데 발생하는 현상이다. 아무리 상세한 매뉴얼을 작성해놓는다고 하더라도, 그 만남이 이루어지는 첫 순간부터 매뉴얼은 어그러지기 마련이다. 아무리 공들여 짠 교육계획이라도 학생 상황과 전혀 맞지 않는다면 무용지물이 되거나 억지로 밀어붙이는 공허한 계획에 불과하다.

특히 이럴 때 상세할수록 더욱더 적응력이 떨어진다. 개략적 교육계획의 경우는 그 상세한 부분을 교사가 재량껏 조정할 수 있다. 하지만 수업방법, 평가계획, 평가기준까지 상세하게 작성한 교육계획은 학생 상황이 예상과 달라질 때마다 수정안을 작성하여 결재받아야 한다. 도대체 이럴 거면 방학 때 학교에 나와서 책자를 방불케 하는 계획서를 왜 작성했나, 자괴감이 들 수밖에 없다. 공연히 개학도 하기 전에 진만 뺀 꼴이다. 3월 2일에 가장 재충전된 상태로 학생을 만나야 하는데, 이미 상당히 지친 상태에서 학생을 만나고, 그나마 그 고생을 해서 만든 문서가 헛수고가 되면 이제 겨우 4월 1일쯤이라는 것이 정말 만우절 장난처럼 느껴질 것이다.

오늘날의 교육은 갈수록 우연적, 발생적 상황의 중요성을 강조한다. 정부에서 목 놓아 부르짖는 창조, 혁신도 결국 이 우연적, 발생적 상황을 흘려보내지 않고 어떻게 포착하느냐에 달려 있다. 따라서 교사는 예측할 수 없는 다양한 우연적, 발생적 상황에 대처하기 위해 가능하면 많은 선택지를 가지고 있어야 한다. 여기에는 전공 분야, 학생, 사회변동, 공동체, 세계에 대한 지식, 접근법, 교육에 대한 다양한 관점과 기법이 포함된다. 수업이 진행 중인 학기중에는 이러한 것을 정비하고 확장할 여력이 없기 때문에 방학이 필요하다. 방학 중에 새학기를 준비한다는 것은 바로 이러한 것을 획득하고 확장하면서 동시에 지친 심신을 회복시키는 것이지, 아직 만나지도 않은 상상 속 학생들을 대상으로 숨 막힐 정도로 상세한 계획서를 작성하는 것이 아니다. 교사의 겨울방학은 통상 1년간 쌓인 심신 문제를 해결하기 위해 병원 순례를 하는 1월(학기중에는 마음대로 아프지도 못한다)과 새로운 지식과 기법을 습득하는 2월로 이루어진다. 그런데 지금 교사들은 그 중요한 2월을 문서작성하느라 탕진하고, 작년보다 늘어난 게 없는 도구상자를 들고 이미 지친 상태에서 개학을 맞이하고 있다.

더구나 진보교육감 지역에서는 '학생중심교육'을 강조하는 공문이 하루가 멀게 쏟아진다. 학생도 만나기 전에 학생은 물론 교사에게도 빈틈 하나 없는 상세한 교육계획을 세워 사전결재를 받으라는 요구와 '학생중심교육'이 어떻게 동시에 거론될 수 있는지, 때로는 교육청의 높으신 분들의 정신건강이 걱정되기까지 한다.

2월부터 교사를 학교에 불러 모아, 학생도 없는 상태에서 문서상의 교육계획서를 억지로 작성하게 하거나 영혼 없는 강제 연수나 시키는 이른바 새학기 준비기간 운영방식을 바꾸어야 한다. 아니면 자기주도적으로 학습할 것이라고 자신들도 믿지 않는 교사더러 학생의 자기주도적 학습능력을 기르라는 이율배반적 요구를 하지 말든가. 적어도 진보교육감을 자처하려면 '새학기 준비'가 무엇인지에 대해서 참신하고 진보적인 관점을 보여주어야 한다.

일제고사가 부활 조짐을 보이는 등, 혁신교육에 대한 보수교육단체의 전면적 반격이 시작되고 있다. 그들은 그 빈틈을 어디서 찾았을까? 진보라더니, 혁신이라더니 별것 없네, 하는 관료들의 자신감에서 찾았다. 그들은 그 자신감을 어디서 얻었을까? 교사를 대하는 진보교육감이나 진보정권 교육부장관의 태도에서다. 진보교육감이나 장관이 교사의 든든한 동맹이 되어 수평적이고 민주적인 교육문화를 만들어가지 않는 한, 저들의 반격은 점차 거세질 것이다. (2019년)

아재들은 왜
'스승의 날'을 공격할까?

○

　도발적인 제목을 붙였으니, 먼저 정의부터 분명히 하자. 원래 '아재'는 삼촌뻘 되는 친척을 일컫는 경상도 사투리다. 하지만 요즘 이 말이 거의 상용어가 되면서 가부장적 가치관을 내면화한 중년 이상 남성으로 뜻이 바뀌었다. 물론 요즘에는 가부장적 가치관을 내면화한 젊은 남성도 늘고 있지만, 이들은 주로 '젊꼰'(젊은 꼰대)이라 불린다. 가부장적 가치관이란 공동체에서 나이 많거나 권위 있는 남자가 가장 지배적인 위치에 있어야 하며, 다른 구성원은 그에게 복종해야 한다는 사고방식이다. 그 까닭은 남자가 여자보다 더 우월하기 때문이라는 생각과 그에 기반한 각종 규범과 문화다.

　이를 바로 보여주는 단어가 '가장(家長)'이다. 자신을 가장이라 생각하며, 이 지위를 직장이나 다른 사회생활에도 끌고와, 자신보다 지위가 낮거나 어리거나 특히 여성인 사람에게 군림하려는 40대 이상의 남성이라면 아재가 되기 위한 필요조건을 갖춘 셈이다. 만약 이들이 자신보다 나이가 많거나 지위 높은 남성에게는 철저히 복종하거나 아부까지 한다면 충분조건까지 갖춘 꼴이 된다.

아재는 말이 많다. 우리나라 인터넷 게시판, 뉴스 댓글, 각종 SNS에서 가장 시끄러운 소리를 내는 집단이 바로 이 아재들이다. 우리나라 10대, 20대가 페이스북에서 인스타그램으로 많이 옮겨간 이유 중 하나로, 페이스북이 심지어 '급식체'까지 흉내 내는 아재들 때문에 시끄러워서라는 말이 나돌 정도다.

아재들이 하는 말을 들어보면 자신들이야말로 가장 현명하고, 가장 정의로운 집단처럼 들린다. 이들은 "아무것도 모르는" 젊은 것들이나 여성을 가르치고 이끌어야 한다는 사명감까지 가지고 있는 것 같다. 게다가 아재가 아재를 가르치려 들기도 한다. 60대 이상 아재들은 전쟁과 가난을 경험하지 못한 어린 것들을 가르치려 든다. 50대 아재들은 독재를 경험하지 못하고 세상 좋아진 것 모르는 어린 것들을 가르치려 든다. 하지만 안타깝게도 이들이 무게 잡고 내놓는 말은 젊은 세대 혹은 여성이 이미 알고 있는 것들, 혹은 형편없이 시대에 뒤떨어지고 속 좁은 것들이다. 아재만 탓할 일이 아니다. 어릴 때부터 형성된 가치관과 시야를 벗어나기 어려울 뿐이며, 우리 사회가 그들을 좁은 세상에 가두어둘 정도로 여전히 낡고 편협하기 때문이다. 아직도 언론에서 '가장'이라는 말이 아무 거리낌 없이 사용되는 현실이 바로 우리 사회의 편협함과 낙후성을 증명한다.

시대에 뒤떨어지고 속 좁은 아재들의 이런 견해를 가장 잘 드러내는

　　　　　　　　　　　2부_ 직업으로서의 교사, 존재로서의 교사

분야가 바로 교육, 특히 공교육 교사에 대한 생각이다. 이상하게도 아재들은 평소에는 특별한 관심을 보이지 않다가 1년에 딱 이틀만 갑자기 교육전문가로 변신하여 엄청난 훈수를 쏟아낸다. 이 이틀 동안 광분하는 아재들 때문에 갑자기 공교육이 언론의 중심에 잠시 떠오른다. 그 이틀은 바로 스승의 날과 수능일이다. 아재들은 수능일에는 주로 교육에 대한 나름의 탁월한 식견을 자랑하며, 우리나라 공교육체제 전반을 비판한다. 물론 내심에는 자기가 학력고사나 수능을 잘 쳤다는 자랑이 숨어있다.

수능일이 아재들이 교육체제에 대한 식견을 뽐내는 날이라면, 스승의 날은 아재들이 교사를 비평하는 날이다. 교육이 유초중등만 있는 게아니고, 교원에는 교사만 있는 게 아니라 교수도 있는데, 아재들은 이상하게 OECD 평균을 훨씬 넘어서는 성취를 내는 유초중등교사에게만 훈수를 두고, OECD에 차마 명함 내밀기도 어려운 수준인 대학교수에 대해서는 침묵한다.

스승의 날에 생산되는 아재들의 이야기는 두 종류다. 하나는 자기들이 학교 다니던 시절, 그러니까 30여 년 전에 교사들로부터 얼마나 많은 시달림과 고통을 겪었는지 자랑하는 것이다. 회초리, 야구방망이, 쇠파이프, 망치 등 온갖 흉기가 교사가 휘두른 폭력의 도구로 등장한다. 물론 촌지 이야기도 빠지지 않는다. 이들은 자기가 이토록 형편없는 교사들이 있는 학교에 다녔음에도 불구하고 훌륭한 사람이 되었다며 자랑하고 싶은 것이다. 다른 하나는 너무도 뻔한 이야기, 즉 스승은 어디 가고 직업인인 교사만 있다는 '요즘것들' 타령의 변형이다. 도대체 이 두 이야기가 어떻게 동시에 말해질 수 있는지 늘 이해할 수 없다. 그렇다면 온갖 흉기로 두들겨 패고 춘지 받던 교사들이 '참스승'이란 말인가? 이렇게 앞뒤 안 맞는 말이 쏟아져나오는 까닭은 뭔가 식견 있는 척 말하지만 실제로는 아재들이 아무 생각 없이 쉽게 말하기 때문이다.

아재들은 왜 교사에 대해 쉽게 말할까? 아마도 교사를 대표하는 성별이 '여성'이라는 것과 무관하지 않을 것이다. 1990년대 초반, 이 아재들이 한창 직업 선택을 고민하던 시절, 교사는 "여자일로는 최고"라는 평가를 받았다. 교직에 대해 사회적으로 그 역할을 높게 평가해서가 아니다. 남자가 하기에는 쩨쩨하고 시시한 일이며, 여자가 할 수 있는 일로는 최고난이도의 일이라는 논리가 깔려 있었다. 이 논리는 아직도 심지어 여성들에게조차 흔적이 남아 있다.

남자가 여자보다 우월하다는 인식을 기본으로 하는 사람들에게 교사라는 지위는 남자의 하층과 여자의 상층이 교집합을 이루는 영역이었다. 여자가 더 잘할 수 있는 일이 아니라, 이 역시 남자가 하자고 들면 얼마든지 더 잘할 수 있지만, 남자는 이런 시시한 일 말고 더 크고 중요한 일을 해야 하니 여자에게 맡기는 일이었다.

그렇기 때문에 아재들은 '여자일'인 교육을 자신이 하는 일보다 낮은 차원의 일로 내려다보고, 언제든지 훈수 둘 준비가 되어 있다. 이는 마치 이들이 육아와 가사노동을 여성에게 전담시키면서도 그 일의 중요성은 인정하지 않고 낮춰 생각하는 것처럼. 아재들은 이런 일을 단지 맡기고 시킨 것이지, 여성의 관할로 두지 않는다. 그래서 일은 하지 않지만, 간섭은 한다. 여자가 더 잘하기 때문이 아니라, 남자가 하기에는 "하찮아서" 맡긴 일이기 때문에 실무는 하지 않더라도 관리감독권은 행사하겠다는 것이다. 그래서 아재들은 이른바 집안일에 대해 간혹 간섭하고 훈수 두고, 때로는 자기 딴에는 한 수 가르쳐주면서 가부장의 위엄을 세운다. 청소 상태에 대해, 요리에 대해 공연히 트집 잡는 그런 가부장의 모습으로.

개인으로서의 아재가 집안일에 대해 툴툴거리는 훈수짓이 집합으로서의 아재가 되면 교육을 향한다. 해마다 5월이면 교사를 나태한 집단으로, 부패한 집단으로, 기타 여러 질책과 감독을 받아야 하는 집단으로 보는 기사가 쏟아지는 까닭도 이 때문일 것이다. 그러면서 타이틀은 '스승의 날 기획'이라고 한다. 어차피 각 신문사의 편집권을 장악하고 있는 무리, 교육 담론에 대해 부당한 독점권을 행사하는 교수들도 모두 아재다. '스승의 날'이라는 기념일을 정하고 이를 5월 15일로 삼은 주체 역시, 교사가 아니라 아재들이다. 어쩌면 아재들은 정기적으로 여자들(교사)에게 자신의 권위를 세우고 관리감독권을 행사하는 날로 이날을 지정했는지도 모르겠다.

아재들에게 고한다. 교육에 대한 그대들의 관심은 거북하며 불필요하다. 그런 거창한 관심과 식견을 뽐내기 전에, 먼저 댁의 자녀를 양육하는 일에 더 많이 참여하라. 관심을 가지라는 것이 아니라 실제 양육에 필요한 일을 하라는 것이다. 물론 아내와 동등하게 양육에 참여하는 아빠(이들은 아재가 아니라 아빠다)들은 교육과 교사를 무조건 옹호하지는 않지만, 그렇다고 쉽사리 이러쿵저러쿵하지도 않으며, 적어도 스승의 날에는 자제할 줄 안다.(2019년)

안경 쓴 뚱뚱한
'아줌마' 선생님의 존재

○

문재인정부가 어느새 임기 중반을 넘어섰다. 임기 5년차가 사실상 차기 선거기간임을 감안하면 반환점을 돈 것이다. 그렇다면 평가는? 경제와 외교 분야에서 어려움을 많이 겪고 있어 묻히는 감이 있지만, 공교육 분야 역시 처참한 중간 성적표를 받을 수밖에 없다. 애초에 미래보다는 '적폐청산'이라는 말이 상징하듯이 과거에 관심이 많은 정부라 그 본질상 미래, 그것도 한 세대 정도 먼 미래를 바라봐야 하는 교육에는 별 관심 없었을지도 모른다. 30년 뒤 현 집권당이 남아 있을지조차 장담할 수 없으니, 당장 내년의 지방선거, 또 당장 내년의 총선, 이러면서 그때 그때 국민이 관심 있을 거라고 믿는 이슈에 매달렸을 것이다. 당은 사라져도 어린이, 청소년이 살아가야 할 이 나라는 계속 존재한다는, 어른으로서의 책임감은 조짐조차 보이지 않았다.

이렇게 표 계산에 매달리는 짧은 소견과 '적폐청산'이라는 과거지향적 시야가 만나면 결국 공교육 내의 적폐몰이로 내달릴 수밖에 없다. 원래 공교육 자체가 성공해봐야 티도 나지 않고, 실패만 두드러지는 영역이다. 성공한 사람은 자신의 능력으로 성공했다고 믿고, 실패한 사람은 자신의 무능함을 인정하지 않기 때문이다. 물론 성공한 사람은 소수다. 그러니 언제나 사회의 다수는 자신의 실패를 전가할 대상을 찾기 마련이며, 교육이야말로 가장 만만한 대상이다.

참여정부 시절에도 공교육 적폐몰이가 있었다. 그때는 "경쟁이 없어 무능한 공교육 대 경쟁이 있어 유능한 사교육" 프레임을 끌고왔다. 이 프레임을 고스란히 계승한 이명박 대통령은 결국 무분별한 교육시장화, 경쟁강화 정책으로 공교육을 아수라장으로 만들었다. 그때는 효율의 잣대를 들이대더니, 이번에는 정의의 잣대를 들이댄다. 바로 정규직 대 비정규직 프레임이다. 학교의 정규직은 대부분 교사일 테니, 결국 갑질하는 정규직 교사 대 열심히 일하는 비정규직 구도가 그려진 것이다. 이로써 교사는 적폐집단이 되었다.

이른바 진보언론이라 불리는 매체들 역시 정규직 교사의 갑질 적폐몰이에 적극적으로 나섰다. 현대자동차노조 등의 정규직 갑질에 대해서는 별말 없던 그들이 정규직 교사 갑질몰이에는 심지어 거의 소설에 가까운 기사—공교롭게 그 기사는 기자가 아닌 소설가가 외부 필진 자격으로 썼다—와 불법잠입취재, 원래는 조중동의 특기인 거두절미 인터뷰까지도 불사해가며 적극적으로 나섰다. 하지만 이른바 진보 진영의 교사 패싱이 어제오늘 일이 아니라 참았다.

하지만 지난 2017년 어느 여름의 모욕만큼은 도저히 참을 수도, 잊을 수도 없다. 그날 많은 교사가 한겨레신문을 보고 분노했다. 보수적인 교사들이라서가 아니다. 교사라면 누구나 분노했다. 마음 같아서는 한겨레사옥 앞에서 신문 소각 퍼포먼스라도 하고 싶은 심정이었다 해도 과언이 아니다. 교사들을 분노하게 한 것은 기사가 아니라, 단 한 컷의 만평이었다.

이 만평의 주제 자체는 큰 문제가 없었다. 한 아이가 하루를 보내는 동안 담임교사 외에는 온통 비정규직 노동자들만 만나는 현실을 꼬집는 것이다. 충분히 다룰 수 있는 주제다. 학교에 비정규직 노동자가 많은 것은 사실이며, 적어도 아이들과 일상적으로 만나는 자리만큼은 어느 정도 안정성이 보장되는 것이 바람직하기 때문이다. 물론 비정규직일 때와 정규직일 때는 선발기준과 검증 절차가 지금보다 더 까다로워져야 하겠지만, 그건 별도로 논하기로 하고 넘어가자.

그렇다면 교사들이 왜 분노했을까? 이 아이가 거쳐가는 여러 어른 중 유일한 정규직인 담임교사를 표현한 방식 때문이다. 담임교사만 말(풍선)이 없다. 담임교사만 표정이 없다. 담임교사만 아이에게 다정한 눈짓 하나 보내지 않는다. 나란히 그려진 엄마는 안경 안쪽에 눈이 보이는데 담임교사는 차가운 안경알만 번득이고 있는 모습이다. 만평가는 절대 다른 뜻으로 그런 게 아니라고, 자세히 보면 담임교사도 미소 짓는 따뜻한 모습이라고 항변했지만, 워낙 이전과 이후로 물의를 적잖이 일으키고 "소시오패스"라는 비난까지 들은 작가라 선뜻 믿기 어려웠다.

이 만평에서는 아이들을 사랑하는 사람들은 비정규직이며, 냉정하고 무관심한 사람은 오직 하나, 정규직 기득권자인 담임교사라는 뉘앙

스가 읽혔다. 적어도 교사들에게는 그렇게 읽혔다. 이 무렵 한창 학교 비정규직의 정규직화가 쟁점이었고, 이게 엉뚱하게 기간제 교사, 스포츠 강사, 영어 전문강사를 정규직 교사로 전환하네 마네 하면서 논란이 되던 시기라 더더욱 그랬다. 심지어 만평에 팩트 오류도 있었다. 초등학교에서 교과전담 교사는 비정규직보다는 오히려 정규직 교사 중에서도 고참급이 맡는 경우가 많고, 방과후학교나 학원 종사자를 엄밀히는 교사라고 부를 수 없다. 하지만 저 차갑고 냉정하고 무관심한 담임교사의 이미지가 너무 충격적이라 그 정도 팩트 오류는 눈에 들어오지도 않았다.

게다가 그 만평은 우리 사회에 은연중 퍼져 있는 '아줌마 혐오'를 동원했다. 이 여덟 명의 어른 중 오직 차갑고 무관심한 담임교사만 뚱뚱하고 안경 쓴 '아줌마'인 것이다. 이른바 진보언론에서 세상에 잘못 퍼진 혐오 이미지와 편견을 극복하기는커녕 도리어 이용한 것이다.

우리나라에는 이상한 편견이 있다. 무슨 영문인지 사람들은 무능하고 무관심한 교사의 이미지를 떠올리라고 하면 '뚱뚱한 아줌마 선생'을 그린다. 무능하고 무관심한 교사의 이미지로 '건장한 아저씨 선생'을 그리는 경우는 거의 없다. 여자는 남자보다 무지하고, 특히 나이 많은 여자는 더 무지하다는 이중의 여성 혐오가 여성이 더 많은 직종인 교직사회에 큰 모욕감을 주었다.

한때 밈으로까지 나돌았던 '김 여사 놀이'와 비슷하다. 김 여사 놀이의 특징은 황당한 주행을 하거나 주차를 하는 자동차만 나올 뿐, 운전자 모습은 보이지 않는다. 그런데도 "이 속에 김 여사가 타고 있다"라고 전제하며 각종 조롱이 쏟아진다. 그 황당하고 무례한 운전자가 남자일 가능성, 양복 입은 아저씨일 가능성은 아예 배제된다. 이때 만약 '김 여사'의 모습을 그려보라고 한다면 십중팔구 저 만평의 정규직 담임교사 같은 모습, 즉 안경 쓴 뚱뚱한 중년여성을 그릴 것이다.

하지만 현실은 정반대다. 대형교통사고의 주범은 김 여사가 아니다. 오히려 아저씨들이다. 마찬가지로 냉담하고 무관심한 교사 역시 저 김 여사 느낌의 아줌마일 가능성은 그리 크지 않다. 오히려 안경 쓰고 뚱뚱한 아줌마 교사들이 만신창이가 되어가는 이 공교육을 이나마 끌고나가고 있는 주축세력이라고 보는 게 현실에 가깝다. 이들이야말로 20평 교실에서 아이들과 함께하는 소박한 기쁨 외에 한눈팔지 않고 바깥에서 뭐라고 하든 최선을 다해온 소중한 교육 자원이다.

그런데 이들을 패싱하고 현장과 동떨어진 탁상공론만 일삼은 것으로도 모자라 조롱하고 모욕하고 적폐로까지 몰았으니, 이것은 공교육의 기둥뿌리를 뽑은 것이나 다름없다. 지난 2년간 급격하게 늘어난 베테랑 교사의 명예퇴직이 과연 학생지도의 어려움, 학부모 갑질 때문만일까? 애초에 학생지도를 어렵게 만들고, 학부모 갑질이 기승을 부리게 만든 사회적 분위기에 정부와 진보 진영은 과연 아무 책임 없을까?

이 정부, 그리고 이른바 진보 진영은 교육에 대해 이러쿵저러쿵 말하기 전에 우선 '안경 쓴 뚱뚱한 아줌마 교사'로 상징되는 평범하지만 성실한 베테랑 여성 교사에게 준 상처에 대해 '진정성 있는' 사과부터 해야 할 것이다. 그리고 앞으로 어떤 교육정책을 펼치든 우선 그들 앞에서 겸허한 자세로 진실을 배워야 할 것이다. 20평 교실에서의 소박한 기쁨보다 헛된 공명심에 불타는 이런저런 교육 명망가들—대부분 양복 입은

2부_ 직업으로서의 교사, 존재로서의 교사

아저씨다—의 허명의 실체를 파악하고, 그들의 마이크를 빼앗아 바로

이 '아줌마'들에게 쥐여주어야 할 것이다.(2019년)

교사의 역사의식이
갖춰야 할 것

○

언제 적인지 특정할 수 없는 과거의 일이다. 어쨌든 지금보다 훨씬 혈기왕성한 나이였는데, 당시 정권은 실용주의를 빙자하여 일제강점기 항일운동 폄하를 일삼고 있었다. 나는 이에 대한 반발로 일제강점기에 활약한 여러 우국지사의 항일투쟁을 더 열심히 가르쳤다. 임진왜란을 소재로 자료집이나 가상다큐멘터리를 제작하는 수업에도 많은 시간을 투자했다.

그러던 중 2학기 학부모총회가 열렸다. 보직교사를 맡고 있던 터라 강당 입구에서 학부모를 영접하고 방명록을 안내했다. 그 학부모는 그다지 눈에 띄는 편은 아니었다. 약간 마른 몸매에 중학교 학부모치고는 조금 나이가 많아 보였으며, 수수한 차림에 안경을 쓰고 있었다. 그냥 어디 가나 볼 수 있는 평범한 아주머니였다. 그런데 그가 방명록에 아주 반듯하고 정갈한 한글로—나보다 훨씬 잘 썼다—이름을 쓰는 순간, 나는 깜짝 놀랐다. 그의 이름은 노리코였다. 혹시나 싶어 자녀 이름을 뭐라 쓰는지 보니, 내가 가르치는 아이였다.

그날 밤늦게까지 잠을 이루지 못하고 수업을 복기해야 했다. 혹시 내가 그 반에서 '왜놈', '쪽발이' 이런 말을 뱉은 적이 있었나? 아무래도 있던 것 같아 불편했다. 적어도 그런 말을 안 하려고 의식적으로 신경 썼던 기억은 없었다. 설사 운이 좋아 내가 말하지 않았더라도, 발표하는 학생들은 거리낌 없이 그런 말을 썼고, 나 역시 암묵적으로 동조했다.

그날 이후 일본과 관련된 역사적 쟁점을 다룰 때마다 과거의 사실이 현재의 관계를 결정하지 않도록 조심스럽게 접근했다. 가령 그들의 침략이나 만행을 다루더라도, 감정을 배제한 객관적인 사실로 다루고, 형용사나 부사는 사용하지 않았다. 또 그 책임 소재를 일본이라는 민족에게서 찾는 대신, 어떻게 소수세력이 1억 인구를 집단광기로 몰고갈 수 있었는지 생각하게 하였다.

민족에는 선악이 없다. 상황에 따라 어떤 민족도 악마적 광기에 빠져들 수 있다는 생각에 반일교육이 아니라 반일제교육이 되게 한 것이다. 제국주의를 청산하는 교육은 다른 민족과 우리 민족을 악과 선으로 규정하는 것이 아니라, 공감 능력과 상상력을 길러주어 적어도 우리 민족만큼은 그런 악마가 되지 않도록 하는 것이다.

혹자는 뭘 그렇게까지 걱정하느냐고 말할지 모르겠다. 일본에서 자이니치(일본에 살고 있는 한국인 또는 조선인을 지칭하는 말로, 자이니치의 국적은 일본 외국인등록법에 따라 '한국' 또는 '조선'으로 표기된다) 학생들이 얼마나 따돌림당하는지 아느냐 물어볼지도 모르겠다. 하지만 따돌림은 피해자뿐 아니라 가해자의 영혼도 파괴하는 공멸의 길이다. 그들이 그랬으면 우리도 그래야 하는가를 되물어야 한다. 그래서 우리도 똑같이 영혼이 파괴되는 가해자의 심리를 가져야 하느냐고 되물어야 한다.

요즘 한일관계가 어렵다. 여기서 잘잘못을 가릴 생각은 없다. 수업시간에 학생들에게 어떤 일방적 입장을 설파하고, 불매운동 독려 행동을 '애국'이라는 이름으로 무조건 정당화하고 싶지도 않다. 서독의 보수와 진보 정치교육학자들이 토론 끝에 정립한 교육지침인 보이텔스바흐협약은 특정 나라와 얽힌 문제에서만 예외가 되는 게 아니다.

그렇다면 교육자는 무엇을 해야 할까? 우선 걱정해야 한다. 예민한 시기의 어린이, 청소년이 '혐오' 감정에 휩쓸리지나 않을지에 대한 걱정, '국가'나 '민족'에 대한 몰입이 자칫 개인의 가치를 집단에 종속시키는 전체주의운동의 연료가 되지나 않을지에 대한 걱정, 그리고 1만 3,000명이 넘는, 중국과 베트남 다음으로 많은 일본 다문화학생이 개학 이후에 학교에 어떻게 적응하게 할지에 대한 걱정이다.

다음은 수업을 구상해야 한다. 생각하는 수업, 느끼는 수업, 상황이 요구할 경우 싸울 수도 있지만, 싸우면서도 상대 나라를 미워하지 않는 사람이 되는 수업이다. 일단 누군가를 혐오하는 경험을 하기 시작하면 두 번째, 세 번째는 쉽다. 만약 혐오의 대상이 되는 나라나 민족이 없으면 그 칼날은 우리 안의 약자나 소수자를 향할 것이다. 어떤 경우에도 혐오가 자라게 해서는 안 된다. 교사는 그런 수업을 고민해야 한다.

혐오는 추하다. 혐오는 열등감에서 비롯되는 실패자의 정서다. 스스로 미래를 개척해나갈 의지도, 능력도 없는 사람이 자신의 실패를 정당화할 핑곗거리를 외부의 악당으로부터 찾는 한심한 정서다. 일본에 혐한이 퍼지고 있다고? 그러라고 하자. 그건 그만큼 그들이 절박하고 여유가 없다는 뜻이다. 한때 우리를 침략하고 지배했던 나라가 우리를 보며 절박하고 여유 없게 느낀다면 그거야말로 최고의 복수이며 보상이 아니겠는가?

이미 우리나라는 여러 가지 요소를 종합한 국력이 세계 10위 안에 들어가는 나라다. 120여 년 전 청일전쟁, 러일전쟁 시절의 조선이 아니다. 오히려 그 시절을 다루는 역사책에 자주 나오는 '세계열강'에 가깝다. 교육 역시 바뀐 우리나라의 위상, 그리고 앞으로 학생들이 살아가야 할 세상을 반영해야 한다. "우리가 이렇게 당했다" 서사에서 "우리는 저러지 말자"로 진화해야 한다.

제국주의 침략은 우리가 당했기 때문에 나쁜 것, 일본이 침략자라서 나쁜 것이 아니라 그 자체로 나쁜 것이다. 심지어 우리가 침략하고 일본이 당했더라도 나쁜 것이다. 우리 교육의 목표는 우리나라 국력이 욱일승천(旭日昇天)해서 일본이나 중국을 정복하는 경우가 생기더라도, 열광하는 대신 단호히 반대 목소리를 낼 수 있는 민주시민을 기르는 것이다. 그게 바로 일제강점기를 극복하는 교육이다.

일본은 한창 자기들의 힘이 솟구쳐오르던 시절, 여기에 실패했다. 1942년 일본군이 자그마치 대영제국을 격파하여 9만 명을 포로로 잡고, 말레이시아, 싱가포르를 함락했을 때, "덴노 헤이카 반자이"(천황폐하 만세라는 뜻)를 외치며 선전영상물 앞에서 열광했던 일본인 중 3년 뒤 전 국토가 잿더미가 되고 400만 명이라는 엄청난 인명손실과 파멸이 있으리라 예상한 사람은 소수였다. 그마저도 두려워 감히 입을 열지 못했다.

일본이 우경화된다는 것은 그 길을 다시 갈 위험에 처해 있다는 뜻이다. 그 위험을 느끼고 경고하는 일본인도 있지만, 많지는 않다. 우리 아이들이 그들을 구해줄 수 있는 어른으로 자라도록 하자. 만약 일제강점기 만행에 대해 보복하고자 한다면 이보다 더 아름다운 복수는 없다. 만약 일본의 교과서가 전체주의가, 맹목적 국수주의가 얼마나 위험하고 무서운 것인지 가르쳐주지 않는다면 우리 아이들이 배워서 가르쳐주게 하자. 그게 바로 일제에 대한 가장 명예로운 응징이다. 이 모든 것이 교육을 요구한다.

내가 이런 생각을 하게 된 까닭은 일본과 관련된 언짢은 일이 일어날 때마다 늘 두 일본인을 떠올리기 때문이다. 그러면 가슴이 차갑게 가라앉으며 머리가 움직인다. 한 사람은 앞서 말한 노리코 상이다. 또 다른 한 사람은 수십 년 전 세상을 떠난 어느 일본 대학생이다. 그는 재학 중 징집당해, 다음과 같은 메모를 남기고 태평양 어딘가에서 원혼이 되고 말았다.

"지금은 새벽이다. 밤 3시다. 오전 3시다. 아아! 죽고 싶지 않다.
외롭다. 왜 이리 외로운 걸까."

다짐한다. 나는 우리나라를 저보다는 훨씬 나은 나라로 만들어 보이겠다고. 그런 한국인들을 키워내겠다고.(2019년)

선생님과 꼰대 사이

○

아무리 평등을 지향하는 교사라 해도 교육은 절대로 대칭적 행위가 아니라는 사실을 받아들여야 한다. 교육은 어떤 형태든 가르치는 쪽과 배우는 쪽이 있을 수밖에 없다. 아무리 열린 마음을 가진다고 하더라도 가르치는 쪽이 조금이라도 우위에 있을 수밖에 없는 행위다. 이건 팩트이며 심지어 교육의 조건이다. 교육은 선생과 학생의 불균등성, 비대칭성을 그 출발조건으로 한다. 이 비대칭성이 전혀 없다면 교육이 아니라 그냥 협력이다. 그리고 특별한 경우가 아닌 한, 가령 태어나자마자 "천상천하 유아독존"이라고 외친 석가모니 같은 어린이가 아닌 다음에야 대체로 선생 자리에는 어른이, 학생 자리에는 어린 세대가 자리 잡게 되어 있다.

문제는 그다음부터다. 독일 철학자 슐라이어마허가 말했듯이, 교육은 스스로의 조건을 부정하려는 변증법적 과정이다. 선생의 목표는 학생의 학습이다. 즉, 자신과 학생의 차이를 줄이는 것이다. 만약 선생과 학생의 차이가 거의 없어지거나 역전된다면 이는 선생에게 더할 나위 없는 성공이다. 물론 교육의 완전한 성공은 교육의 완전한 부정이기 때문에 더 이상의 교육이 필요 없다. 선생과 학생의 관계도 달라진다.

그런데 만약 선생이 교육에 실패했는데도 계속 그 자리에 버티면서 예우와 존중을 요구한다면? 혹은 이미 성공하여 더 이상 선생의 조건이 성립되지 않음에도 여전히 선생 노릇을 고집한다면? 전자는 학생의 성장과 발달에 아무 효과가 없음에도 자신의 무능을 인정하지 않는 것이고, 후자는 학생이 교사가 감당할 수 있는 범위의 성장과 발달을 이미 마쳤음에도 이를 인정하지 않는 것이다. 두 경우 모두 선생 자격이 없음에도 선생됨을 고집하는 것이다. 이렇게 자격 없는 상태에서 선생됨을 고집하면 학생들은 이들을 선생으로 인정하지 않는다. 이들은 그저 꼰대일 뿐이다.

이때 선생이 꼭 학교 교사만을 뜻하지는 않는다. 어린 세대에게 무엇인가를 가르치고자 하는 위치에 선 기성세대라면 누구나 선생이다. 반면 가르칠 능력이 없거나 더 이상 가르칠 것이 없다는 것이 확인되었는데도 그 자리에 버티고 있다면 누구나 꼰대다. 여기서 그 자리에 버티고 있다는 뜻은, 사표를 안 쓴다는 뜻이 아니라 학생을 대하는 마음과 태도를 바꾸지 않는다는 뜻이다.

그렇다면 그들은 왜 능력도, 필요도 없는 상태에서 선생질을 멈추지 않고 꼰대가 될까? 이는 젊은이가 자신과 동등해질 경우 '통제력'을 잃어버릴까봐 두려워하기 때문이다. 즉, 지배욕, 권력욕 때문이다. 애초에 그들이 가르쳤던 이유도 어린 세대를 자신과 같은 수준으로 끌어올리려한 것이 아니라, 자신과 그들 사이의 격차를 이용하여 통제하고 지배하는 권력을 즐기기 위해서였다. 즉, 스스로를 부정해야 하는 교육의 길을 거부하고 대신 권력을 택한 것이다. 그런 목적을 가지고 있다면 교사든, 부모든 누구든 그들은 선생이 아니라 꼰대다.

물론 매우 긴 시간, 심지어 학생의 평생 동안 계속 선생의 위치에 남아 있으면서도 꼰대가 아닌 선생도 있을 수 있다. 교육을 부정하면 할수록 오히려 교육의 조건이 강화되는 그런 선생이다. 교육이 스스로를 부정했지만, 부정하는 과정에서 새로운 교육 조건을 계속 창출하는 경우다. 가르치는 과정에서 선생 역시 성장한 것이다. 실제로 대부분 성실한 교사는 평생 공부를 놓지 않으며, 가르치는 과정에서 계속 성장한다. 따라서 학생이 자라더라도 그 격차는 상당 기간 유지된다. 이런 선생은 학생이 다 자라서 오랜 시간 뒤에 찾아뵈어도 여전히 배울 점이 많이 남아 있는 그런 존재다. 이쯤 되면 단지 선생이 아니라 스승이다.

그런데 역설적이게도, 꼰대가 아니라 스승이 되려면 오히려 기꺼이 가르치는 자리에서 내려오는 넓고 유연한 마음이 필요하다. 사실 가르치는 과정에서 배우고 성장한다는 것은 말처럼 쉬운 것이 아니다. 가르치는 과정에서 배움의 필요성을 느꼈다는 것은, 이미 자신의 부족함을 자각했다는 뜻이다. 가르치는 과정에서 선생에게 교육의 조건이 발생했다는 것은, 학생과 비교했을 때 자신에게 모자라는 부분이 있음을 발견하고 이를 기꺼이 인정했다는 것이다. 자신의 부족함을 자각하지 못하고, 자신의 부족함을 인정하지 못하고, 매 순간 선생의 자리를 고수하려는 사람은 기왕에 배운 것 이상의 배움으로 나아갈 수 없다. 따라서 어느 순간 학생이 그의 모든 것을 다 배우고 심지어 넘어섰음에도 계속 선생의 위치를 고수하려고 발버둥 치는 애처로운 처지가 된다.

꼰대가 아니라 계속 선생으로 남고자 한다면 배움을 멈추지 않아야 한다. 그렇게 어려운 일도 아니다. 경험의 폭을 넓혀가며 계속 공부하려는 마음이 있다면 그걸로 충분하다. 계속 공부하고자 하는 사람은 기회만 된다면 누구에게라도 배우려 할 것이며, 그때 그 상대를 연장자, 상급자로 제한하는 일 따위는 하지 않을 것이기 때문이다. 그런 마음을 가진 사람이라면 기꺼이 어린 세대, 젊은 세대와 대등한 눈높이에서 혹은 자신을 낮추고서 배우려 할 것이다. 여기서 선생됨의 역설이 발생한다. 선생 자리에서 내려와 어린 세대와 친교할 수 있는 만큼 더 오랫동안 선생으로 존경받는다. 선생이고자 하는 만큼 꼰대가 될 것이며, 선생이 아니고자 하는 만큼 선생이 될 것이다.

실제로 역사에 위대한 스승으로 기록된 사람들은 모두 선생됨을 기꺼이 부정한 사람들이다. 가령 작곡가 하이든은 자기 아들뻘인 모차르트—실제로 하이든은 그의 아버지와 동갑이었다—가 자기보다 높은 경지에 이르렀음을 기꺼이 인정하고 배우는 자세를 취했다. 젊은 모차르트가 이 대선배를 무시했을까? 기성의 권위를 무시하는 건방진 젊은이로 악명 높던 모차르트가 오히려 그를 '파파(papa)'라고 부르며 최고의 존경을 바쳤다. 만약 하이든이 관록과 경력을 내세우며 가르치려 들었다면 모차르트는 다른 궁정음악가에게 그랬듯이 그를 비웃고 조롱했을 것이다. 즉, 꼰대 취급 했을 것이다.

진정한 선생됨에 실패한 사람이 계속 선생 노릇을 고집하면서 되지도 않은 가르침을 주려고 추태를 부리는 것, 이것이 바로 '꼰대질'이다. 꼰대질은 어린 세대에게 가르치려 드는 것을 모두 지칭하는 것이 아니다. 가르칠 위치도 아니고, 그럴 자격도 없는 사람이 단지 나이가 많다는 이유로, 윗자리에 있다는 이유로 가르치려 드는 것을 말한다.

"꼰대"라는 말이 어디서 비롯되었는지는 아무도 모른다. 한때는 이 말이 일본어로 아버지를 가리키는 말이라고 알려졌지만 사실무근이며, 일본어에는 이와 비슷한 단어도 없다. 반면 전라도, 경상도 지역 사투리인 '꼰데기'(번데기)에서 왔다는 주장도 있다. 노인네 이마에 자글자글한 주름이 번데기 같다는 뜻에서 그렇게 불렀다는 것이다. 노인들이 주로 뒷방에서 곰방대로 담배를 피웠기 때문에 곰방대가 축약되어 꼰대가 되었다는 설도 있다.

다만 일제강점기에도 사용될 정도로 꽤 오래된 말인 것만은 분명하다. 원래 이 말은 주로 '아버지'의 비속어였다. 1960년대 어느 소설에는 불량스러운 아들이 어머니한테 "우리끼리 비밀로 하고 꼰대한테는 말하지 마슈", "아, 우리 꼰대는 워낙 구두쇠가 되어놓아서, 상속이 한 푼이라도 있을지 의심스럽소"라는 대사가 나온다. 또 금지된 사랑을 하는 도련님이 신분이 떨어지는 연인에게 "경아야, 혹시 우리 꼰대가 와서 뭐라고 하지 않던? 만약 그랬다면 내가 대신 사과할게" 등의 대사도 있다.

그런데 요즘은 아버지뿐 아니라 꼰대질하는 사람을 모두 일컫는 말이 되었다. 즉, 꼰대질하면 다 꼰대다. 아버지보다 젊더라도 학교 선생, 직장 상사 중에 꼰대가 나올 확률이 높으며, 심지어 나이 차가 그리 많지 않은 선배까지도 꼰대질할 수 있다. 특히 교사는 그 업무 특성상 나이와 무관하게 젊은 꼰대가 될 위험이 큰 직업이다.

그럼 자신이 꼰대질하고 있는지 자각할 수 있는 방법은 없을까? 우선 꼰대질의 가장 전형적인 특징인 다음 세 가지부터 조심하자.

첫째, 가치관을 강요한다. 세상이 바뀌었는데, 바뀐 세상에 맞지 않는 가치관을 고집하면 고루한 사람이며, 여기에 그치지 않고 나름의 가치관에 따라 살고 또 먼 미래의 가치관을 만들어가야 할 학생에게 옛 가치관을 강요하거나 가르치려 든다면 영락없는 꼰대다. 물론 옛것이 무조건 버려져야 하는 것은 아니고, 젊은이의 가치관이 반드시 더 올바르거나 신선할 거라는 보장은 없다. 하지만 옛것은 오늘날의 상황에 맞게 잘 다듬어지고 연구된 것이라야지, 다만 옛 시절을 살던 사람에게 익숙한 것이어서는 안 된다.

특히 스스로 진보적이라고 여기는 교사일수록 더 조심해야 한다. 교사가 학생에게 전해줄 것은 지식과 그 지식을 얻는 방법, 그리고 보편적인 삶의 지혜다. 구체적 삶의 방식은 학생이 배운 것을 응용하며 스스로 찾아나가야 한다. 그리고 살아갈 당사자보다 구체적인 삶을 더 잘 알 수 있는 사람도 없다. 만약 "이렇게 살아야 올바른 삶이다", "그런 행동은 옳지 않다" 등의 말이 자꾸 떠오르면 참자. 꼰대가 되는 지름길이다. 다만 올바르다고 생각하는 가치관, 그리고 거기에 대안이 되는 가치관을 제시하고, 학생들이 스스로 판단하게 하자.

둘째, 비판을 용납하지 않는다. 꼰대는 자기 말에 대해 젊은이가, 특히 그 젊은이가 여성이라면 말하는 것을 용납하지 않는다. 만약 비판이

들어오면 감정적으로 받아들여서 화내거나 보복하는 경우도 있다. 명심하자. 이럴 때 젊은이들은 그 꼰대가 성내는 말을 전혀 귀담아듣지 않는다. 다만 "빼애애액"이라는 의성어, "ㅂㄷㅂㄷ(부들부들)"이라는 의태어로 그런 모습을 표현할 뿐이다. 젊은이 입장에서 합리적 반론을 했는데, 감정적으로 받아들이고 화내며 떠들어대는 꼰대의 말이 내용은 하나도 안 들리고 아기들 떼쓰는 소리처럼 들린다는 뜻이다. 특히 나이만 먹고 실제 실력과 힘은 부족하여 자신에게 대드는 젊은이들을 제압할 능력이 없는 꼰대일수록 부들부들 떨며 '빼애액'할 것이다.

교사는 자기가 하는 말에 대해 학생이 이러쿵저러쿵하거나 비판적으로 말하는 것을 다행으로 여겨야 한다. 관심이 있고, 공부하려는 동기가 있다는 증거이기 때문이다. 악플보다 나쁜 것이 무플이라 하지 않는가? 오히려 고맙게 생각하고 기꺼이 토론하자. 그럼 60살이 넘어도 꼰대로 보이지 않을 것이다. 안타깝게도 현실에서는 그렇지 않은 경우가 너무 많다. 의외로 많은 교사가 학생의 비판은 물론, 질문에도 신경질적으로 반응한다. 어쩌면 두려운 것일 수도 있고, 자기 확신이 부족한 것일 수도 있다. 스스로를 믿지 못하는데 남을 가르친다는 것은 양심불량이다. 잘 들어야 한다.

셋째, 배우려 하지 않고, 사과하지도 않는다. 꼰대는 자신이 모르는 것, 할 수 없는 것을 젊은이나 소위 아랫사람이—특히 여성이라면 더욱—가르칠 수도 있다는 상황을 받아들이지 못한다. 이들에게는 나이가 곧 능력이다. 젊은이들은 이런 꼰대의 태도를 "나일리지만 쌓으셨다"라며 조롱한다. 물론 안 보이는 곳에서. '나일리지'(나이와 마일리지를 합한 말)에 충실할수록 자신이 뭔가 잘못을 저지르거나 실수를 하면, 행위를 돌아보는 대신 상대의 나이나 지위부터 확인한다. 그래서 상대가 어리거나 아랫사람이면 아무리 잘못을 저지르고 실수를 해도 절대 사과 따위 하지 않고, 말도 듣지 않는다.

학생들이 꼰대 선생을 가려내는 가장 중요한 지표이기도 하다. 학생들은 사과에 민감하다. 잘못했다고 느끼면 바로 사과하자. 불만과 불평의 소리도 기꺼이 듣자. 그것만으로도 학생들은 깊은 존경심을 보여줄 것이다. 선생이 아니고자 함의 역설이 발동하는 것이다.

결국 선생과 꼰대의 갈림길은 자리에서 내려설 수 있는가, 마음을 열 수 있는가에 있다. 기꺼이 내려서고 마음을 열면, 즉 선생됨을 고집하지 않으면 선생이다. 앙상한 윗자리를 고집하고, 학생을 지배하거나 통제하지 못하게 될까봐 두려워하고 있다면 꼰대다. 선생은 행복하고 꼰대는 불안하다. 당신은 어떤 삶을 살고자 하는가? 각자 선택할 일이다.(2019년)

'시험괴물'로 키우지
않겠다는 각오

○

한때 하늘 같은 권세를 누렸던 검찰 출신 정치인이 있었다. 법망을 요리조리 잘도 피해 다니던 그를 국민들은 '법꾸라지'라고 불렀다. 그의 악행이 하나하나 드러날 때마다 국민들은 분노했다. 특히 죄책감이라고는 전혀 느끼지 않는 그 오만한 모습을 보고 국민들은 그를 "괴물"이라고 불렀다.

이쯤 되면 누군지 짐작할 것이지만, 그래도 법적인 문제를 피하기 위해 이름은 밝히지 않겠다. 그런데 시험괴물이 그 사람만 있는 게 아니었다. 사상 유례없는 국정농단 행위에 직간접적으로 가담한 비뚤어지고 줏대 없는 엘리트들이 하나하나 드러나면서 국민들은 충격에 빠졌다. 다들 드러난 면으로만 보면 어느 하나 모자람 없는 훌륭한 경력을 가진 이들이었기 때문이다. 그렇게 많이 배운 사람들이 어떻게 그런 짓에 가담하거나 묵인했을까 하는 혼란스러운 생각에 빠질 수밖에 없었다. 결국 많이 배웠다는 것을 시험으로 증명하는 시스템이 그런 괴물을 길러 냈다는 데 여러 사람의 생각이 모였다. 따라서 다음 같은 진술에 대해 거의 합의가 이루어졌다.

"단지 시험 점수 높다고 중요한 자리에 앉히는 시스템 때문에 우리가 저런 시험괴물의 통치를 받았다."

결국 그 정권은 국민의 냉철한 심판을 받았다. 시험 점수만 높으면 인재로 평가받고 사회적으로 중요한 자리를 차지할 수 있는 그릇된 교육과 선발체제를 뜯어고쳐야 한다는 시대정신도 떠올랐다. 적어도 겉보기에는 그랬다.

학생들을 줄 세우는 학벌사회는 분명 잘못되었고, 단지 주어진 교재와 기출문제를 달달 외어서 얻는 시험 점수에만 특화된 비뚤어진 괴물을 길러낼 뿐, 이 사회의 지도층에 필요한 도덕성, 감수성, 창의성, 공감 능력을 지워버린다는 것을 누가 부정하겠는가? 감수성, 창의성, 도덕성, 공감 능력이 높은 사람을 인재로 평가하고, 그런 사람들이 중요하고 책임 있는 자리에 올라가는 사회를 만들어야 한다는 것에 누가 반대하겠는가? 그게 개혁이고 "사람이 먼저"인 세상 아니겠는가?

사실 이러한 목소리는 2016년 촛불시위뿐만이 아니라 지난 20여 년간 계속 이어졌던 목소리였다. 사장 하나 바뀌었다고 논조가 180도 바뀌던 기자들과 달리, 이명박·박근혜정권의 갖은 방해와 억압에도 뉴라이트 교과서 채택률 1% 미만이라는 굳센 기상을 드러낸 교사들의 끈질긴 목소리이기도 했다. 그래서 교사들은 믿었다. 저 비뚤어진 엘리트들을 응징하고 새로 수립된 정부가 내놓은, 시험 점수로 한 줄 세우는 교육을

2부_ 직업으로서의 교사, 존재로서의 교사

뜯어고치겠다던 약속을. 12년 공부를 단 하루 시험만으로, 그것도 단 한 문제 차이로 갈라놓는 수능을 절대평가로 돌리고, 이렇게 완화된 수능 압력을 바탕으로 고등학교 학점제 등을 통하여 학생들에게 폭넓고 다양한 학습경험을 제공하겠다는 대통령의 약속을.

그리고 2년이 지났다. 무엇이 달라졌을까? 아무것도 달라지지 않았다. 대통령은 자기 입으로 한 약속을 잊어버렸다. 지난 2년간 이루어진 것이라고는 유초중학교 다 건너뛰고 오직 대학입시제도를 놓고 국가교육회의니, 국민숙려제니 하면서 논란을 일으키다가 수능정시가 조금 확대된 것뿐이다. 이로써 교육개혁 시기를 놓쳤고, 동력도 소진되었다. 그래도 교사들은 실망하지 않았다. 적어도 현상유지는 되었으니까. 언제 우리가 정부 도움을 받고 교육혁신 했는가? 묵묵히 하던 일을 하면 되는 것이라고 생각했다. 힘은 빠지더라도.

그런데 놀라운 일이 일어났다. 느닷없이 대통령이 직접 나서서 수능정시를 확대해야 한다고 대놓고 요구했다. 약속을 잊어버린 정도가 아니라, 아예 반대 방향으로 퇴행하겠다고 선포한 것이다. 심지어 이 퇴행에 동조하지 않고 머뭇거리는 교육부장관을 불러 겁박하는 모습까지 보여주었다. 교육의 자주성과 전문성을 보장한다는 헌법 조항이 도대체어느 나라 헌법인지 알 수 없다. 분명 대한민국 헌법이지만 전혀 아랑곳하지 않았다. 덕분에 메가스터디 등 사교육기업 주가는 10% 이상 급등했고, 대치동 부동산은 통화가 불가능할 정도로 문의가 폭주했다.

교원단체 중에서는 현 정권 편이 아님이 분명한 한국교총만이 환영의 뜻을 보였고, 그 밖의 모든 교원단체, 교육시민단체가 일제히 반발했다. 자유한국당은 빛의 속도로 반응하면서 어서 빨리 수능정시를 확대하자며 지난 2년간 단 한 번도 보여준 적 없는 놀라운 여야협치의 자세로 임했다. 이미 이것만으로도 수능정시 확대가 누구를 위한 것인지 분명히 드러난 셈이지만 역시 개의치 않았다.

더 나쁜 것은 핑계를 댔다는 점이다. 차라리 수능정시가 옳다고 말했다면, 원래의 생각이 바뀌었다고 했다면 토론의 여지라도 있었다. 그런데 대통령은 수능정시가 가야 할 방향이 아니고, 수시학종이 미래교육이 지향할 길인 것은 인정하지만, 국민의 불신이 있고 공정성에 대한 요구가 커서 어쩔 수 없다고 애매하게 둘러대었다. 이건 교육자와 국민을 동시에 모욕하는 말이며, 정치인이라면 절대로 해서는 안 되는 말이다. 교육개혁 포기, 아니 퇴행의 핑계로 신뢰를 주지 못하는 교사, 혹은 올바른 교육의 방향을 알아보지 못하는 국민의 요구를 대고 있기 때문이다. 아무리 점잖게 말했다 해도, 이건 '국개론'(국민이 개○○라는 뜻의 줄임말)의 다른 버전에 불과하다. 더구나 공정이라는 이름으로.

덕분에 온갖 탄압과 방해를 무릅쓰고 일궈온 지난 20년간의 수많은 교육혁신 노력이 우스갯거리가 되었다. 지금 지난 5년간 혁신학교를 맹렬히 공격했던 수구보수세력은 표정관리하느라 정신없을 것이다. 게다가 마침 수능정시 확대를 발표하는 그날, 이와 정반대되는 교육을 주장한 OECD 교육국장 연설은 그야말로 우리나라를 블랙코미디의 무대로 만들어버렸다.

이제 법꾸라지가 국민을 비웃는다. 너희들이 나를 비뚤어진 엘리트, 시험 점수만 높았지, 인성이 황폐한 괴물이라고 부른 까닭이 뭐냐고 되묻는다. 괴물을 만들더라도 그 과정이 공정하면 올바른 것이며, 그게 과연 너희들의 선택이냐고. 이런 목소리가 들리지 않는가?

"나는 정정당당하게 공정한 시험을 통해 이 자리까지 왔다. 그런 나를 너희는 무슨 자격으로 끌어내렸는가? 그러니 너희가 개돼지 소리를 듣는 것이다."

이쯤 되면, 그동안 비뚤어진 엘리트들을 비판한 사람들의 생각이 의심스럽다. 그 비판이 비뚤어진 괴물이 엘리트가 되는 세상을 비판하고, 올바른 사람을 엘리트로 키우자는 생각이라고 믿은 교사들만 순진한 사람이 되었다. 그렇게 비판한 사람들이 권력을 잡았으니, 이제 제대로 된 교육을 할 수 있겠다고 희망에 부풀었던 교사들만 바보가 되었다. 오히려 자신들도 충분히 비뚤어졌다고 생각하는데 그 자리에 가지 못한 게 억울했던 또 다른 괴물들의 거짓말이었다는 게 이제야 보인다. 참으로 슬픈 세상이다.(2019년)

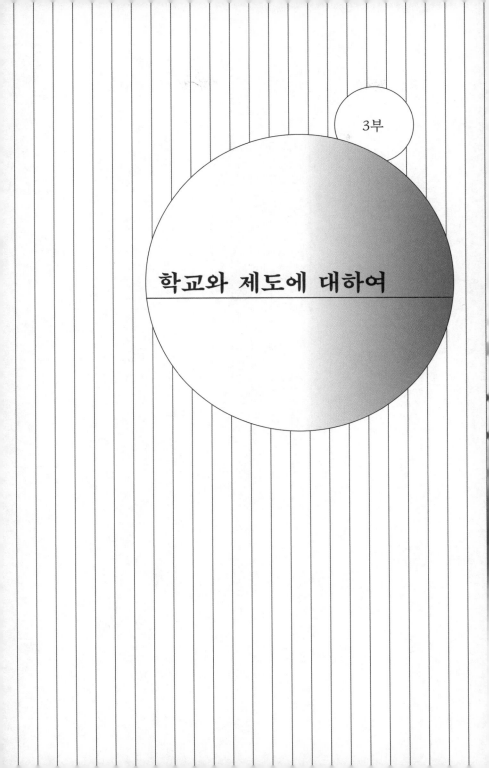

3부

학교와 제도에 대하여

어제의 촛불,
오늘의 적폐

○

1,100만 명 넘는 수많은 사람에게 감동을 안겨준 영화 〈택시운전사〉에서 가장 멋진 장면은 광주 장면이 아니다. 어쩌면 우리나라 민주화의 일등 유공자라고도 할 수 있는 김사복 씨가 자신을 애타게 찾는 힌츠페터 기자의 호소에도 불구하고 자신을 감추고 살다가, 어느 날 급히 차에 탄 승객을 모시고 "네, 광화문까지 모시겠습니다"라고 하며 택시를 몰고 가는 장면이다. 힌츠페터 기자에게 "내가 자네한테 고맙지"라고 말한 것으로 보아, 그는 자신들이 얼마나 중요한 일을 했는지 알고 있다. 그런데도 그는 끝내 자신이 민주화의 주역이라며 나서는 것을 거부했다.

왜 그랬을까? 아마도 이미 광주에서 수많은 학생, 노동자, 택시기사, 기자, 의료진, 시민 등이 각자의 자리에서 최선을 다하다 목숨까지 잃는 모습을 보았기 때문일 것이다. 민주화는 한두 사람의 영웅적 활약이 아니라, 모두가 나름의 자리에서 나름의 역할을 수행함으로써 이루어낸 것이기 때문이다.

그런데 영화와 달리 현실세계에는 김사복보다는 꼴불견 군상이 더 많다. 그건 바로 모두가 함께 이룬 민주화나 개혁의 과실을 탐하는 사람들인데, 그 과실은 결국 돈과 자리다. 그런 자들은 비유하자면 "내가 김사복의 택시 타이어 끼워준 사람이오", "내가 김사복의 택시 와이퍼 갈아준 사람이오", "나는 김사복에게 밥 한 끼 사준 사람이오" 하면서 그 한 자락 기여를 빌미로 한자리를 기대하는 자들이다. 그래도 명색이 "민주화"에 기여한 입장에서 대놓고 돈과 자리를 요구하기는 어려우니 뭔가 복잡하고 관념적인 말을 주절주절 늘어놓지만, 결국 돈과 자리, 아니 "돈 되는 자리"를 달라는 뜻이다.

그래서 김사복이 아름답다. 그는 민주화가 된 나라에서 자유를 누리고, '광주사태'의 원흉 전두환이 죄수복을 입고 법정에 선 모습을 본 것만으로도 충분한 보상을 받았다고 느꼈으리라. 바로 이것이야말로 세상을 더 좋게 만드는 운동에 헌신하는 사람들이 새겨두어야 할 미덕이다. 운동의 보상은 그 목표의 달성을 통해 세상이 더 좋아진 것을 보는 것이지, 운동가 개인의 입신양명이 아니다. 가령 적폐청산을 외친 운동가의 보상은 적폐가 청산되는 것이라야지, 적폐세력이 누리던 부와 명예를 자신이 누리는 것이 되어서는 안 된다. 민주화운동가의 보상은 민주화된 조국의 모습이라야지, 과거 군부독재세력이 차지하던 권력의 자리에 자신이 들어가는 것이 되어서는 안 된다. 그 순간부터는 그들 자신이 적폐로 전락한다.

지난겨울 '촛불'을 들었던 사람들도 예외는 아니다. 수많은 사람이 촛불을 들었다. 거기서 누가 더 주역이고 덜 주역인지 따지는 것은 의미 없다. 그리고 촛불을 든 사람들에게 주어지는 보상은 최순실과 박근혜가 구속되어 재판받고, 문재인이 대통령에 당선됨으로써 완료되었다고 봐야 한다. "정권이 교체되었으니, 그동안 나의 노고를 알아줘야 하는 거 아닌가?" 하는 순간, 그 사람은 적폐다.

교육계도 마찬가지다. 지난 이명박·박근혜 정권 9년 동안, 뜻을 바르게 품고 올바른 교육을 하고자 했던 교사들은 무수한 고초를 겪어야 했다. 아무런 금전과 인사상의 혜택이 없음에도 불구하고, 혁신학교를 하겠다고 수많은 교사가 조중동의 폭언, 극우단체의 패악질을 견뎌가며 그 길을 갔다. 수구우익 편향의 교학사 역사교과서, 그리고 거기서 한발 더 나간 국정교과서를 막아내기 위해 교장과 교장 편이 된 학부모에게 맞서 온갖 압박과 수모를 겪어야 했던 교사들도 있었다. 민주주의를 가르쳤다는 이유만으로 좌편향 교사로 몰리고 민원에 시달려야 했던 이들도 있었다. 또 교사 중 상당수가 촛불을 들고 나섰다. 물론 이들은 교육의 정치적 중립 의무를 위해 자신이 촛불을 들고 나설 뿐, 학생들에게 촛불을 요구하지 않았다. 다만 옳고 그름을 분별하고, 분별이 다 되었으면 행동할 수 있게 가르쳤을 뿐이다. 그 밖에도 수많은 교사가 그 어두운 시절에 자신의 몫을 다했다. 거리를 가득 메운 젊은이들의 촛불이 이들 교사의 헌신적 노력 없이 과연 만들어질 수 있었을까?

그리고 마침내 정권이 교체되었다. 그렇다면 이들에게 가장 큰 보상은 바로 정권교체이며, 부당한 권력의 압력, 박해, 훼방 없이 제대로 가르칠 수 있는 여건이 만들어지는 것이다. 실제로 교사 중에 자신이 촛불혁명에 기여했으니 자리를 달라고 나서는 사람은 거의 없다. 이들은 다만 교육을 제대로 할 기회를 원할 뿐이다. 만약 이들 중에 자신이 뭔가 기여했으니 자리를 달라고 요구하거나 은연중에 그런 뜻을 비치는 사람이 있다면 그는 촛불정신을 더럽히는 것이며, 적폐세력으로 스스로를 타락시키는 것이다. 더구나 교육일선에 있어본 적 없거나, 혹은 떠난 지 매우 오래된 사람들이 자신의 알량한 이념적 지향성을 내세우며 '진보'라는 이름으로 교사들을 자기 뜻대로 움직이고 자기가 옳다고 생각하는 주장을 교사들에게 강요한다면, 그리고 학교를 자신의 이념을 관철하는 도구로 만들고자 한다면, 이는 거의 '최순실 좌파 버전'이라고 불러 마땅하다.

박근혜정권의 수많은 폐단이 생긴 원인은 이념이 오른쪽이라서가 아니다. 오른쪽 역시 왼쪽만큼 존중받아야 할 다양한 관점의 하나일 뿐이다. 박근혜정권의 적폐 핵심은 바로 전문가의 목소리를 무시하고 전문성이 발휘되어야 할 부분까지 일부 세력이 마음대로 농단했다는 것이다. 가령 검찰에서는 수사 전문가가 박해받으면서 정권에 아부하는 능력이 발달한 '정치검찰'이 판을 쳤고, 진짜 미디어 전문가들이 무시당하면서 차은택 패거리가 수준 이하의 영상물을 만들었고, 진짜 스포츠 전문가들이 무시당하며 정유라에게 줄을 잘 댄 패거리가 승승장구하고, 역사교사들이 무시당하면서 어디서 되먹지 못한 뉴라이트 비전문가들이 교수랍시고 역사교과서를 만들어서 국정교과서로 강요하려고 했다. 바로 이게 적폐의 핵심이다. 그 방향이 라이트인지 레프트인지는 전혀 중요하지 않다.

3부 _ 학교와 제도에 대하여

그렇다면 진정한 적폐청산은 그동안 무시당하고 억압받은 검증된 전문가, 양심적 전문가들이 자신의 역량을 제대로 발휘할 판을 열어주는 것이다. 도리어 거기에 달려들어서 검증되지 않은 자신의 견해를 가지고 흔들어대며 자리를 요구한다면, "나라를 위해"라는 나름의 이념을 내걸고 잘 알지도 못하는 영역에까지 편협한 제 뜻을 관철하려 했던 최순실과 다를 바 없다.

촛불은 그 뜻을 이루었다. 이제 각자 생업에 종사하면서, 서로의 전문성을 존중하면서 조화로운 세상을 만들어가야 할 때다. 그렇지 않고 보기에 커 보이는 떡에 한자리 마련하려고 억지로 비비적거리며 민주를 논하고 진보를 논한다면, 그 촛불은 최순실보다 더 질 나쁜 적폐로 전락할 것이다. 특히 파이가 크고 전문가의 조직력과 발언권이 약한 교육계에 그런 무리가 많이 꼬이는 것 같아 던지는 말이다. "교육백년지대계"라는 말이 다만 수사법으로 보이는가? 공연히 나라의 백 년을 망치지 말고, 자기 생업에 종사하기를 바란다. 아울러 교사들이 어떠한 외압에도 흔들리지 않고 오직 전문성과 양심이라는 심판관에만 복종할 수 있도록 판을 제대로 만들어주기를 바란다.(2017년)

학교민주화,
일상의 작은 출발점

○

어느 음식평론가가 혼밥문화를 '사회적 자폐'라고 표현하여 많은 논란을 일으켰다. 직장 상사나 동료, 거래처처럼 원하지 않는 사람들과 억지로 식사하는 고역을 치러야 하고, 혼밥시간이 유일한 삶의 숨구멍인 직장인의 상처에 소금을 끼얹은 탓이다. 실제로 우리나라 직장인의 가장 큰 스트레스 원인이 야근이나 승진압박이 아니라, 억지로 함께하는 회식이라는 조사 결과가 있을 정도다.

회식의 취지는 좋다. 함께 술과 밥을 나눔으로써 직장 동료 간에 단합을 꾀하고, 그동안 맺힌 이런저런 응어리를 풀어준다는데 누가 나쁘다고 하겠는가? 그런데 오히려 회식이 직장생활을 더 고통스럽게 한다면 취지가 아무리 좋더라도 폐지하거나 개선하는 것이 당연하다. 이유는 간단하다. 우리나라 직장문화가 가부장적이고 억압적이기 때문이다. 그런 직장문화가 퇴근시간을 지나 저녁시간은 물론, 밤늦은 시간까지 끝도 없이 이어지니, 고역도 이런 고역이 없다. 딱딱한 격식을 지켜야 했던 직장에서 벗어나 자유를 즐길 수 있어 회식이 좋은 사람들이 없는 건 아니다. 문제는 이 즐거움이 직급이 높을수록, 그리고 여자보다는 남자에게 편중된다는 것이다. 대개는 한두 명이다.

회식뿐 아니라 단합대회, 연수, 워크숍 등의 이름으로 이루어지는 야유회나 1박 2일 이상 단체여행 역시, 휴일까지 길게 연장된 회식의 변종이라는 점에서 고역이긴 마찬가지다. 친목과 단합을 강요당하고, 직장 상사의 권력과 직장 서열을 직장 밖에서 근무시간을 넘어 휴일에까지 경험해야 하니 얼마나 고통스럽겠는가? 한두 사람만 즐겁고 모두가 피곤한 것이 회식이요, 연수요, 단합대회라고 하면 틀림없다.

교사도 직장인이라 회식과 단체 워크숍 고역에 시달리기는 마찬가지다. 특히 교사는 여성 비율이 높기 때문에 육아 등의 문제까지 겹쳐 고역의 정도가 더 크다. 하지만 일단 회식과 단체 워크숍 일정이 잡히면 당당하게 불참을 말하기 어렵다. 민주주의를 가르쳐야 하는 교사들이 속해 있는 학교라는 기관이 교장을 영주로 삼는 봉건체제하에 있기 때문이다. 교장의 한마디에 안 되는 것도 없고, 되는 것도 없는 곳이 학교다.

대다수 교장은 회식이나 워크숍에 교직원 대부분이 참석하기를 바라며, 빈자리가 많으면 권력누수가 발생한 것처럼 민감하게 반응한다. 그래서 회식, 워크숍 등도 업무의 연장이라고 강변하며 참석을 종용하는데, 아무리 자유의지를 보장한다고 해도 이를 거부하기란 쉽지 않다. 솔직하게 싫다고 말하고 불참하라는 조언 따위는 하나 마나 한 말이다. 학교뿐 아니라 대부분 직장인이 야근과 회식을 당당하게 거부하지 못하는 것이 우리나라의 풍토이고 현실 아닌가? 이 문제는 개인의 용기로 해결될 일이 아니며, 지침과 규정으로 정리해야 할 일이다. 최근 대기업에서는 1차로 끝내고 술을 강요하지 않으며, 문화행사를 권장한다는 등 회식 규정을 만들어 각 부서에 시달한다고 한다. 교육당국 역시 이런 일상의 작은 개혁에 소홀하지 않아야 한다.

　방법은 간단하다. 회식이나 1박 2일 행사의 명목은 협의회다. 그런데 술을 마시면서 협의한다는 것, 업무의 연장인 협의회를 근무시간 이후에 길게 가지는 것은 조리에 맞지 않는다. 따라서 교육당국이 "협의회비는 원칙적으로 근무시간 내에 지출하고, 부득이한 경우 저녁 7시 이내에 마치며, 술값 지출은 금지"라고 한 줄 써서 내리면 된다. 워크숍 등 1박 2일 행사의 경우, "휴일근무 강요가 되지 않도록 하고, 전체 교직원이 한꺼번에 움직이는 방식보다는 학습동아리 등과 연계하여 소규모 테마여행 방식으로 자율적인 진행 권장"이라고 지침 한 줄 내려보내면 된다.

　학교의 비민주적 문화는 학교장의 권력이 공문서와 절차를 넘어 일상생활까지 침투할 때 공고해진다. 그리고 회식과 전체 워크숍 등은 암암리에 이를 재생산하고 일상화하는 기제로 작동한다. 사소해 보이지만 학교민주화를 위한 큰 발걸음이 될 수 있는 작은 개혁, 전체 회식과 워크숍 폐지에서 의외로 크게 내디딜 수 있을 것이다.(2017)

승진가산점의 모순

○

해마다 11월이면 교사들을 난처하게 만드는 연례행사가 돌아온다. 다름 아닌 학교폭력예방 승진가산점 대상자 심사다. 말은 좋다. 학교폭력을 예방하자는데 누가 반대하겠는가? 그리고 학교폭력예방에 헌신한 교사가 보상을 받는 건 당연하지 않은가? 문제는 보상의 종류가 승진가산점이라는 것, 그리고 주어지는 방식이 경쟁이라는 것이다.

승진가산점이란 교사가 교감이 되기 위해 필요한 경력평정에 부여하는 것으로 10년을 부지런히 모으면 만점이다. 그런데 교감은 수업하지 않는 교원으로, 사실상 교육행정직에 가깝다. 그러니 이 승진이라는 말에는 교사에게 교육을 직접 담당하는 자리에서 교육에서 한발 비켜난 행정직으로 옮겨가기 위해 열심히 노력하라는 반교육적 메시지가 숨어 있다.

게다가 학교폭력예방 승진가산점은 전체 교사의 40% 이내에서 부여하게 되어 있다. 교사들더러 이 40% 안에 들어가기 위해 학교폭력예방 경쟁을 하라는 것이다. 그런데 그 경쟁의 보상이 승진가산점이기 때문에, 이는 마치 10년간 부지런히 학교폭력예방을 위해 경쟁하면, 그 보상으로 애들 안 가르쳐도 되는 자리로 보내주겠다고 말하는 것처럼 들린다. 교육에 대한 사명감이 높고 헌신적인 교사들에게는 상당히 모욕적으로 느껴질 수 있는 말이다. 교육당국이 아이들을 직접 가르치고 지도하는 교육행위를 마치 경쟁에서 탈락하거나 나태하기 때문에 받는 벌처럼 바라본다고 여겨지기 때문이다.

당연히 교육에 열의 높은 교사일수록 이 승진가산점이라는 유인에 별로 반응하지 않는다. 교육이 좋아서 교실을 지키는 교사에게 교실을 빨리 떠날 수 있게 해주는 것을 보상이라고 던져주면 누가 반응하겠는가? 결국 교실을 빨리 떠나고 싶은, 아이들 곁에서 한발 떨어지고 싶은 교사들이 여기에 반응한다. 그들이 전체 40% 미만이면 별문제가 없지만, 조금이라도 넘는다면 누가 거기에 포함되느냐를 놓고 학교마다 난감한 신경전이 펼쳐진다.

그래도 이런 경쟁이라도 있는 게 없는 것보다 낫지 않느냐 반문할 수 있다. 하지만 이건 차라리 없는 게 나은 경쟁이다. 학생들의 과도한 경쟁이 학교폭력 발생 원인이기 때문이다. 그런데 이걸 교사 경쟁을 통해서 해결하겠다고 하니 언어도단이 따로 없다.

학교폭력은 승진가산점을 놓고 경쟁하는 몇몇 교사의 헌신과 노력으로 예방 가능한 것이 아니다. 학교폭력 분야의 세계적 권위자인 노르웨이의 올베우스나 핀란드의 살미발리 교수 같은 학자도 학교폭력을 가해학생을 제재하고 피해학생을 치유하는 정도로는 해결할 수 없는, 복합적이고 사회적인 문제라고 입을 모은다. 학교폭력은 학생들의 경쟁 밀도, 스트레스, 빈부격차, 가정·학교·사회폭력에 대한 둔감성 같은 것이 모두 어우러져 발생하는 복합적인 현상이다. 따라서 학교폭력은 학교 전체가, 교육체제 전체가, 나아가 사회 전체가 협력해야 예방할 수 있는 것이다. 학교폭력이 적기로 유명한 북유럽 학교의 학교폭력예방 프로그램을 살펴보아도 가해학생, 피해학생뿐 아니라 모든 학생과 교원이 함께 참여하도록 되어 있다. 일부 가해자나 잠재적 가해자가 아니라, 학교와 학생의 상호작용 전체를 개선함으로써 학교폭력을 예방하려는 것이다.

이처럼 학교폭력예방에는 학교공동체 전체의 협력이 필수적이다. 그런데 교사 40%에게만 가산점 등 보상을 줄 테니 선생들더러 경쟁하라는 발상은 사실상 학교폭력예방을 하지 않겠다는 것이다. 학교폭력예방을 위해 교육당국이 노력하는 것처럼 보이기 위해 만든 전형적인 탁상행정에 불과하다.

교사에게 교육에서 멀어지는 것이 보상이라는 잘못된 신호를 주고, 교사를 무의미한 경쟁으로 몰아넣으며, 학교폭력예방에 필수적인 전체 학교공동체의 협력을 훼손하는 학교폭력유공교원 가산점은 백해무익하며 그 존재 자체가 폭력이다. 즉시 폐지되어야 할 것이다. 다행히 내가 근무하는 학교는 가산점 신청자가 전체 40%에 미달하여 난감한 장면은 나오지 않았다. 그런데도 지난 3년 동안 학교폭력이 꾸준히 줄고 있다.(2017년)

임용절벽이라는 기회

○

　안 그래도 유난히 더운 여름은 이른바 교원임용대란 때문에 더욱 끓어올랐다. 물론 학생 수가 급감하는 상황에서 교원임용 인원편성(TO)이 줄어드는 것은 당연하다. 하지만 단 1년 사이에 80%나 줄어들 정도라면 교육당국이 교원수급을 거의 관리하지 않았다는 뜻이다. 더구나 문재인 대통령은 여러 차례 학생 수가 줄어들어도 이를 학급당 학생 수 감축의 기회로 삼을 것이라고 공언한 바 있다. 이에 따라 현장에서는 교원임용 TO의 급격한 감소는 전혀 예상하지 않고 현상유지를 기대했으며, 최악의 경우에도 연착륙 정도로 생각하고 있었다.

　그러나 막상 뚜껑을 열자 일부 지역에서는 1/8 토막 난 참담한 TO가 발표되었다. 일부 교대생이 돌출행동을 하기도 했지만, 이런 패닉이 일어나도 신기할 것이 없는 상황에서, 그 정도 돌출행동과 발언은 차라리 온건하다고 할 정도다. 시도교육청은 교육부에 책임을 떠넘겼다. 교육부가 대통령 공약사항인 학급당 학생 수 감축분을 반영하지 않은 상태에서, 학생 수 감소분보다 교원정원 감축분을 더 크게 잡은 이전 정권의 수급 정책에 따라 교원 총정원을 할당했다는 것이다.

그런데 이 와중에 더욱 힘 빠지게 하는 목소리는 이른바 진보 진영에서도 심심치 않게 튀어나왔다. 학생 수가 줄어드는 만큼 교원 수도 줄어드는 것이 당연한 것 아니냐, 교육이 뭐길래 그렇게 "꿀을 빨아야" 하느냐고 따지는 것이다. 예를 들면 350명의 학생을 35명씩 10학급에 배당하여 15명의 교사가 가르치고 있었는데, 학생 수가 250명으로 줄어들었다면, 학급을 7개로 줄이고, 교사를 10명으로 줄이는 게 당연한 것 아니냐, 구태여 25명씩 10학급, 교사 15명을 유지할 이유가 뭐냐는 것이다.

얼핏 그럴듯하게 들린다. 하지만 이 말은 교육의 질은 생각하지 않는 얘기다. 걸핏하면 "19세기 교사가 21세기 학생을 가르친다"라고 비아냥대면서 19세기식 전통적 수업, 전통적 교실 상호작용이 계속 이루어진다는 전제에서 교원수급을 논하고 있으니, 모순도 이런 모순이 없다.

전통적 수업은 이랬다. 교사가 이미 정해진 교과 내용을 정리해서 설명하고, 학생은 그 설명을 받아 적고, 나중에 그걸 얼마나 기억 속에 많이 남겨놓고 있는가를 오지선다형 시험으로 확인하는 방식의 수업 말이다. 물론 이런 식의 수업이라도 25명 넘어가는 학급에서는 효과가 현저히 떨어지기 시작하지만, 그래도 꾸역꾸역 유지할 수는 있다. 심지어 50명, 60명이 넘어가도 가능한 수업이다. 물론 이런 식의 수업과 평가는 모든 학생이 교사의 설명과 지시에서 이탈하지 않고 일사불란하게 통제될 때 효과가 극대화된다. 그러니 과밀학급과 일제식 수업, 그리고 체벌 등

강압적인 제재는 삼위일체라고 할 수 있다.

실제로 현재 우리나라 학교 교실의 면적은 중학교를 기준으로 30명 정도의 학생이 책상 줄을 맞춰서 앉아 있기에 적당한 크기다. 그런데 아직 대도시에는 30명 넘는 학급이 수두룩하다. 그러니 소집단 탐구학습, 프로젝트학습, 역할놀이, 교육연극 등 다양한 수업방법은 물리적 한계 때문에 선택지에서 배제된다. 학생들이 꼼짝하지 않고 책상에 앉아 교사의 말을 듣고 책에 적힌 내용을 보고 적는 수업 외에는 별다른 선택지가 남지 않는 것이다. 또 학생 수가 일정 수를 넘어가면(경험칙에 따르면 25명 내외다) 교사가 학생 전체와 눈을 맞추지 못하며, 반드시 사각지대가 생긴다. 수업질서 유지가 어려워진다는 뜻이다. 학생 수가 많을수록 질서 유지가 어려우며, 결국 체벌의 유혹도 커진다. 한 교실에 60~70명이 들어가 수업하던 시절은 그야말로 가혹한 체벌이 횡행했는데, 최근 교실에서 체벌이 거의 사라진 일등공신은 학생인권조례나 진보교육감의 정책이 아니라 그나마 30명대로 줄어든 학급당 인원이다.

그런데 최근 들어 학교는 시험 잘 치는 학생이 아니라 참된 실력, 역량을 갖춘 학생을 키우라는 압력을 강하게 받고 있다. 주어진 지식과 정보를 많이 받아먹는 학생이 아니라, 문제 상황에서 스스로 학습전략을 세우고 문제해결 방법을 고안하고, 동료의 협력을 끌어낼 수 있는 그런 학생을 키우라는 것이다. 이런 학생들을 교사가 일방적으로 전달하는 방식의 수업으로 키울 수 없음은 당연하다. 이런 학생들을 키우려면 학생들에게 이런저런 것을 만들어보게 하고, 조사하고, 토론하고, 연극도 해야 한다. 평가방식 역시 시험이 아니라 이 과정에서 교사가 관찰한 내용을 근거로 정성적으로 서술하는 서술식 평가—학생이 서술식 답을 쓴다는 뜻이 아니라 교사가 학생에 관해 서술한다—를 해야 한다.

달라진 목표, 달라진 수업에는 달라진 수업환경이 요구된다는 것은 공리다. 학생 스스로 탐구할 수 있는 충분한 인터넷 검색도구, 발표할 때 필요한 장비와 공간, 그리고 무엇보다도 많아도 25명 미만의 학급당 인원수가 필요하다. 여러 연구 결과를 보면, 학급당 학생 수는 15~20명 정도 규모가 가장 좋으며, 무조건 적다고 좋은 것은 아니라고 한다. 이 정도 인원은 교사가 한눈에 파악할 수 있으며, 3~5명의 소집단을 3~4개 만들 수 있는 인원이다. 찬반토론을 한다고 해도 한 편이 7~8명 정도, 많아도 10명 정도 되기 때문에 무임승차자가 나오기 어려우며, 모든 학생이 골고루 학습경험을 할 수 있다.

무엇보다도 교사와 학생의 상호작용 질이 달라진다. 나는 운이 좋아 학급 인원이 20~21명인 학교에서 가르치고 있다. 2학년 역사를 가르치는데, 학년 전체 인원이 100명 정도에 불과하다. 따라서 나는 내가 수업하는 학생의 이름은 물론, 특성과 장단점까지 다 알고 있다. 심지어 목소리만 들어도 누군지 알 수 있을 정도다. 내가 특별한 교사라서가 아니다. 모든 교사가 모든 학생을 알고 있다. 따라서 학생들의 정서적 안정감과 학교에 대한 애착이 다른 어떤 학교보다도 높은 편이다. 이는 학교폭력 사건이 거의 일어나지 않는다는 결과로도 나타난다. 학생들은 교사가 자신을 다 알고 있으며, 자신의 문제를 어떻게든 해결해줄 것이라는 믿음을 가지고 있다. 이름이나 겨우 알거나, 심지어 이름도 몰라서 학생을 번호로 부르던 시절에는 이 정도 안정감과 믿음을 갖기 어려웠다.

학생이 20명으로 줄면서 교실의 공간활용법도 다양해졌다. 가령 책상을 교실 네 귀퉁이에 모둠별로 배치하고 가운데에 넓은 공간을 둔 뒤, 타운홀 미팅(의원이 주기적으로 지역구를 방문하여 주민의 자유로운 발언을 듣는 공개회의) 등을 할 수도 있다. 교실에서 넓은 공간을 활용한 연극 공연을 할 수도 있다. 교실에 세계 여러 나라를 소개하는 부스를 설치하고 세계문화박람회를 할 수도 있다. 이런 특별한 수업이 아니라, 심지어 강의식 수업조차 질적으로 달라진다. 가령 학생들을 둥그렇게 둘러앉게 한 뒤, 가운데서 옛날이야기나 동화구연을 하듯이 역사 수업을 할 수 있다. 모든 학생이 교사와 한두 걸음 사이에 있기 때문에 시선을 공유할 수 있으며, 현재 강의가 먹히는지 겉도는지 바로 파악할 수 있다. 물론 이렇게 가까이에서 수업을 진행하기 때문에 배움으로부터 도주한다거나, 잠을 잔다거나 하는 일은 원천적으로 불가능하다. 이러한 변화는 교사의 특별한 능력 향상에서 비롯된 것이 아니다. 교사의 능력 향상은 오히려 원인이 아니라 결과다. 그 원인 중 학생 수가 줄어든 것이 결정적이다.

우리는 교실에서 기적을 바라면 안 된다. 새로운 교육, 새로운 수업을 요구하려면, 새로운 교실, 새로운 여건을 조성해야 한다. 그 여건 중에 적정수준의 학급 규모는 기본 중의 기본이다. 마침 학생 수가 줄어들고 있다고 한다. 이때야말로 오히려 학급당 인원을 과감하게 줄일 기회다. 물 들어올 때 노 젓자고, 임용절벽이니 뭐니, 문제가 나온 김에 제대로 진단하고 제대로 고쳐야 한다.(2018년)

학교혁신의 역설

○

학교가 바뀌어야 한다는 드높은 목소리는 언제부터 들려왔을까? 이른바 열린교육, 수요자중심, 자율성, 정보화를 강조해 새로운 시대를 열겠다고 주장한 5·31교육개혁안에서부터 계산한다면 이미 20년도 더 지난 일이다. 교육의 질은 교사의 질을 넘을 수 없다는 진부한 격언과 함께, 교육이 바뀌기 위해서는 먼저 교사가 바뀌어야 한다는 목소리도 20년째 들려오고 있다. 교육부장관과 진보교육감들은 바로 그런 목적을 위해 이제 혁신학교의 실험을 학교혁신으로 보편화해야 한다고 말하기도 한다.

그런데도 학교가 정말 바뀌었는지, 과연 바뀔 수나 있는지 확신하는 사람은 적다. 학교혁신이 거스를 수 없는 대세임에는 분명해 보이는데, 그저 총론 수준에서만 대세일 뿐, 막상 일상의 구체적인 현장에서는 변화를 체감할 수 없는 것이다. 오히려 기존의 것이 그대로 남아 있는 상태에서 '혁신'이라는 또 다른 업무만 추가된 상황인 경우가 많다. 분명 뭔가 문제점이 있다. 이런 문제점을 찾아 제거하지 않고 혁신교육, 혁신학교를 절대선이자 신앙처럼 내세운다면, 학교혁신은 이른바 혁신선도세력의 힘이 소진되어 가면서 더불어 좌초할 것이다.

현재 학교혁신, 혹은 혁신교육의 가장 큰 문제점은 무엇일까? 바로 실천이 아니라 구호가 더 요란하다는 것이다. 충분히 실천으로 숙성되지 않은 설익은 용어가 기회주의자들의 입을 통해 구호가 되어 현장에 난무한다. 그들은 교육을 더 좋게 바꿀 의지보다는 대세를 타서 출세하고 싶은 사람들이다. 하지만 목소리 큰 사람이 이기는 이 나라에서는 그렇게 폼나는 혁신 구호를 잘 만드는 사람들이 교육혁신에서조차 중요한 자리를 차지하는 구태를 재연한다. 그리고 그런 구호는 현실과 전혀 어울리지 않는 '혁신을 위한 혁신'을 노래하면서 교육혁신을 희화화하고, 결국 교육혁신이 스스로의 모순 속에서 무너지게 만든다.

그런 구호 중 가장 '핫'해서 가장 문제 많은 구호가 이른바 '학생중심교육'이다. 이 말에는 그동안 학생이 교육의 중심이 아니라 주변부에서 소외되었기 때문에 학생을 중심에 두고 교육의 판을 다시 짜야 한다는 의미가 들어 있다. 그러면서 손쉽게도 이 구호는 교사(공급자)와 학생(수요자)의 위치를 바꾸어 수요자중심교육으로 가야 한다는 말로 바뀌었다. 이 수요자중심교육, 교사 위주의 교육이 아니라 교사가 제공하는 서비스로서의 교육이라는 구호는 지난 20년 동안 정권의 진보, 보수 성향을 가리지 않고 반복되어왔다. 그런데 이 말은 교육현장에서 거의 냉소와 혐오의 대상으로 전락하고 말았다. 그럴 수밖에 없는 것이 우리나라 교사 중 누구도 교육의 중심에 서본 적이 없기 때문이다. 본인이 중심에 서본 적 없는 교사들에게 학생을 중심에 둘 힘이 있을 리 만무하다. 심지어 중심이 어디에 있는지 알기도 어렵다. 사실 교육은 누구를 중심에 두느냐의 문제가 아니기도 하다. 교사중심교육이 틀렸다면, 학생중심교육도 틀렸다. 어쨌든 학생은 배우고 싶은 것만 배우는 게 아니라 배워야 하는 것을 배우기도 해야 하기 때문이다. 그리고 배움이라는 행위 자체가 이미 어느 정도의 권력불균등을 내포하기도 한다. 그것은 교육의 문제가 아니라 차라리 교육의 본질에 가깝다. 이러한 교육의 맥락을 무시하고 이분법적으로 교사중심 대 학생중심 구도를 그리고서 학교에 적용한다면, 결국 혼란 아니면 문서상으로만 남는 혁신밖에 얻을 것이 없다.

교육이 교육전문가의 전유물이 아니니, 시민과 지역사회와 협치해야 한다는 요구도 대부분 구호에 불과하다. 이것도 매우 당황스러운 요구다. 교사들은 대한민국 건국 이래 교육전문가로 대우받은 적이 없으며, 하물며 교육을 전유물로 가져본 적도 없다. 지난 정권에서는 역사교사 99%가 반대하는데도 국정교과서를 밀어붙였다. 결국 정권이 바뀌기 전에는 도저히 막을 방법이 없던 이 사례는 이 나라의 교육에서 교육전문가가 어떤 위치에 있는지 잘 보여준다. 애초에 무엇인가를 다스려본 적이 없는 사람들에게 협치하라고 하니 도대체 무엇을 내어주고 어디에서 협조를 구할지 막막하다.

'질문이 있는 교실' 역시 매혹적인 구호가 되어버렸다. 이런 말을 쓰면 마치 그동안의 교실에서는 질문이 금기시되었던 것처럼 느껴진다. 하지만 현실은 반대다. 학교에서 질문이 가장 활발하게 허용되는 곳은 그나마 교실이다. 학생들은 그래도 교사에게 질문할 수 있었다. 하지만 교사는 교장에게 질문할 수 없었다. 형식적 질문은 가능했다. 하지만 진정한 질문이란 피드백을 통해 효능감을 키우면서 문제가 완성되어가는 것일 텐데, 교사의 질문에 대한 교장이나 교육당국의 태도는 동문서답 아니면 마이동풍이었다. 심지어 우리나라 교사들은 질문하면 음으로 양으로 보복당하기도 했다. 교사들이 모인 연수 등에서 강의를 마친 뒤, 질문하라고 하면 대개 냉소적인 표정으로 박수를 치는 경우가 많다. 질문의 힘을 믿지 않기 때문이다. 교사들 스스로 질문을 믿지 않는데, 어떻게 학생들에게 질문을 가르칠 수 있겠는가? 이런 상황을 개선하지 않고 대뜸 교사에게 '질문이 있는 교실'을 만들라고 요구한다면, 이는 혁신이 아니라 폭력적 구호에 불과하다.

요즘 학교에 날마다 쏟아져 들어오는 민주시민교육 관련 공문도 마찬가지다. 민주시민교육을 누가 마다하겠는가? 하지만 우리나라 교사들은 민주시민에 관해 가르치는 것은 허용되어도, 민주시민으로 살아가는 것은 금지된 반쪽짜리 시민이다. 정치참여가 사실상 금지되어 있기 때문이다. 심지어 좋아하는 정치인에게 대가 없이 소액을 후원해도, 혹은 정치인의 페이스북 글에 '좋아요'를 달아도 처벌과 징계 위협을 받는다. 이런 반쪽짜리 시민에게 능동적으로 참여하는 민주시민을 기르라고 요구하고, 반쪽짜리 시민에게 학교를 모든 사람이 주인 되는 민주적 공동체로 만들라고 요구하니 제대로 될 턱이 없다. 정부나 교육청에 무슨 억하심정이 있어서가 아니다. 할 줄 모르고, 해본 적 없기 때문이다.

이렇게 우리나라 교사들은 자신도 있어본 적 없는 중심에 학생들을 옮겨놓으라고 요구받으며, 가져본 적 없는 권력을 다른 주체들과 나누어야 한다고 요구받고, 해본 적 없는 질문을 받으라고 요구받고, 자기도 누리지 못하는 민주시민의 권리를 가르치라고 요구받고 있다. 이런 상황에서 제아무리 훌륭한 혁신정책이 나와본들, 학교현장에 제대로 정착될 리 없다. 그리고 그럴 가망이 없다는 것은 그런 구호와 공문을 뿌리는 당사자들이 누구보다 잘 안다. 뻔히 알고 있으면서 개혁과 혁신의 바람에 편승하여 출세하고픈 욕망에 뻔한 구호만 주문처럼 외우는 것이다.

학교혁신은 별 게 아니다. 목표대로 바뀐 학교에서 학생들이 누릴 수 있는 삶을 교사들이 누릴 수 있게 하는 게 먼저다. 선생이 별건가? 먼저 살아봤기 때문에 선생(先生)이다. 살아보니 좋았고, 그래서 가르치는 것이다. 그런데 살아보지 못했고, 좋았음을 경험하지 못했는데, 그걸 가르치라고 하면, 이야말로 '바담풍 바담풍'이다. 중심에 있어본 적 없는 교사는 학생을 중심에 두고 사고할 수 없다. 스스로 주인이 되어본 적 없는 교사는 권력을 공유하고 나눌 수 없다. 21세기 학교가 학생들에게 훨씬 자유로운 공간이 된 것은 1990년대 전교조운동과 사회의 전반적 민주화 등으로 인해 교사들이 보다 자유로워진 것과 무관하지 않을 것이다.(2018년)

다양한 교원단체
설립의 자유

○

어느 나라에나 교사의 자주적 연합인 교원단체가 있다. 교원단체의
자유로운 활동은 그 나라의 자유민주주의를 가늠하는 척도다. 자유 없
는 나라는 교사를 통제하고 이데올로기 수단으로 쓰기 때문이다. 그런
나라에서는 교사에게 교원단체 결사의 자유가 없으며, 단 하나의 교원
단체만 인정된다. 마치 공산당 하나만 인정되는 중국이나 북한처럼.

그럼 아시아에서 민주주의의 선두주자로 꼽히는 대한민국에는 모
두 몇 개의 교원단체가 있을까? 보수 성향의 한국교원단체총연합(이하
교총)과 진보 성향의 전국교직원노동조합(전교조)이라는 양대 단체를 중
심으로 이런저런 군소단체가 있다고 알려져 있다. 언론사에서도 중요한
교육정책에 대한 교사의 반응이나 의견을 물을 때, 교총과 전교조에 각
각 물어본다. 보수와 진보를 대표하는 이 대형단체 두 곳을 중심으로, 그
밖에 좋은교사모임, 실천교육교사모임, 새학교네트워크 같은 다양한 작

은 단체가 포진하고 있으니 우리나라 교원단체 상황은 민주주의의 모범 사례처럼 보인다.

그런데 이건 착시현상에 불과하다. 우리나라에는 다양한 교원단체는커녕, 한국교총이라는 단 하나의 교원단체만 있기 때문이다. 교총이 정부와 교사의 전문성 신장, 교육의 발전과 관련한 각종 교섭, 정책협의 권리를 독점하고 있으며, 교원전문단체로서 권위를 가지는 각종 연구대회 등을 개최할 권리 또한 독점하고 있다.

그럼 전교조는 어떤가? 전교조는 교원단체가 아니라 교원노동조합(이하 교원노조)이다. 교원단체와 교원노조는 설립 근거와 기능, 역할이 다르다. 교원노조의 설립 근거는 '노동조합 및 노동관계 조정법'(노동조합법)의 특례 규정에 따른 '교원의 노동조합 설립 및 운영 등에 관한 법률'(교원노조법)이다. 기본적으로 노동조합법을 따르기 때문에 그 목적과 설립 절차는 다른 노동조합과 동일하다. 교원의 임금, 근무조건, 후생복지, 경제적·사회적 지위향상 등에 대해 교육부장관, 시도교육감, 각 사립학교 재단과 교섭하는 것을 목적으로 하며, 설립신고서는 교육부장관이 아니라 노동부장관에게 제출한다. 교육부장관이나 교육감은 교원노조에 대해 사용자로서 노사관계를 이루지, 정책 파트너나 전문적 자문과 협의의 관계를 이루는 것이 아니다.

그 역할은 교원단체의 몫이다. 교원단체는 교육기본법 제15조에 의해 규정된 단체로, 교원의 상호협동, 교육의 진흥, 문화창달, 교원의 경제적·사회적 지위향상 등을 목적으로 한다. 교원노조가 교원의 노동권과 복지를 위한 이익단체라면, 교원단체는 교원의 전문성 신장 및 보호,

교육진흥을 목적으로 하는 전문직 단체다. 따라서 교원단체는 정부나 시도교육청을 사용자가 아니라 정책 파트너 혹은 자문 대상의 위치에 두고 교섭하거나 협의할 수 있다. 임금이나 근로조건, 복지로 범위가 제한된 교원노조보다 훨씬 넓은 영역에서 교섭할 수 있는 것이다.

하지만 실제로 우리나라에서 교육부나 교육청을 상대로 교육정책을 놓고 교섭하거나 협의하는 주체는 사실상 전교조다. 명색이 교원노조인 전교조는 놀랍게도 설립 이후 지금까지 단 한 번도 임금인상이나 교원 후생복지 증진을 전면에 내걸고 교섭하거나 투쟁하지 않았다. 전교조는 교사의 노동권과 복지보다는 학생교육권, 교육 전문성과 자주성 침해에 주로 맞서 싸워왔다. 이름은 노동조합이라고 쓰지만, 교원노조보다 교원단체의 역할을 해온 셈이다. 그런데 사람들은 노동조합이라는 이름만 보고 지레짐작으로 교사의 철밥통을 지키는 이익집단이라고 생각한다. 억울할 만도 하다.

그런데 법적 지위가 노동조합이다보니 이 교섭이 쉽지 않다. 교사에 대한 통제권을 빼앗기고 싶지 않은 교육관료에게는 눈엣가시이기 때문에 교육부와 교육청은 어떻게든 전교조와의 교섭 내용을 축소하려고 한다. 교육관료들은 교원노조법을 휘두르며, 각종 교육정책 관련 사항은 교사의 권익과 복지에 해당되는 내용이 아니므로 '교원노조법상 교섭대상 아님'이라며 대화를 거부하기 일쑤다. 전교조 하면 떠오르는 장외투쟁은 바로 '교섭대상 아님' 때문에 빚어진 셈이다.

노동조합으로 등록된 전교조가 노동조합의 상징인 임금협상 한 번 안 하고 교원단체의 역할에 치중해왔다는 것 자체가 법적으로 교원단체

지위를 독점한 교총이 제 역할을 못했다는 증거다. 교총은 교사보다는 교장, 교감, 그리고 교장, 교감이 되고자 하는 교사의 목소리를 반영해왔으며, 군사독재정부와 그 연장선상에 있는 특정 정치집단의 입장을 노골적으로 지지해왔을 뿐, 교사의 전문성, 자주성에 대해서는 별 관심없었다. 심지어 서울시 교권보호조례조차 강력하게 반발하여 무산시키는 놀라운 일을 저지르기도 했다. 그런데도 교원단체가 이런 교총 하나밖에 없다보니, 승진 대신 교육을 선택하고 독재와 그 연장선상의 정치집단에 반대하는 교사들은 교원단체가 아니라 교원노조인 전교조를 통해 주장을 펼쳐야 했고, "비교섭 사항"('교섭대상 아님')이라는 법적인 장벽에 번번이 가로막혀야 했다.

그럼 투덜대지 말고 뜻있는 교사들이 교총을 대신할 교원단체를 만들면 될 일 아닌가? 자유민주국가인 대한민국에는 결사의 자유가 있지 않은가? 물론 교육기본법 제15조는, '교원은 교원단체를 결성할 수 있으며(1항) 그 조직에 필요한 사항은 대통령령으로 정한다'(2항)라고 되어 있다. 즉, 교사들은 대통령령이 정한 기준을 충족시키고 소정의 절차를 따르면 얼마든지 교원단체를 조직하고 활동할 수 있다. 교총이 교장, 교감 입장을 대변하고 정치적으로 치우쳤다면 박차고 나와서 새로 만들면 된다. 설사 법에 "한국교총 이외의 교원단체 조직은 금지된다" 따위로 되어 있더라도, 헌법소원을 하면 100% 위헌이다.

그런데 이게 대체 무슨 일인가? 아무리 찾아봐도 그 기준과 절차를 규정한 '대통령령'이 없다. 정리하자면 이렇다. 교사들은 교육의 자주성, 전문성을 목적으로 하는 교원단체를 설립할 법적인 권리가 있다. 그런데 그 설립 절차를 규정한 시행령이 없다. 그래서 이미 존재하는 한국교총이라는 보수교원단체 외에는 어떤 교원단체도 설립할 수 없다.

우리나라는 복수의 교원노조를 인정하고 있다. 교원노조법과 그 시행령의 절차에 따라 교사들이 설립 신고를 하면 누구라도 교원노조 설립이 가능하다. 현재 전교조가 법외노조임에도 불구하고 적어도 셋 이상의 교원노조가 활동하고 있는 것도 이 때문이다. 그렇다면 교원단체 역시 복수로 인정되어야 한다. 교총뿐 아니라 진보, 중도, 보수를 총망라한 다양한 교원단체가 활동하고 있어야 한다. 그게 자유민주주의에 맞다.

물론 교육기본법에는 교원은 대통령령이 정한 기준과 절차에 따라 교원단체를 조직할 수 있다고 되어 있다. 그렇다면 정부는 법률 집행을 위해 그 대통령령을 제정해야만 한다. 그건 행정부의 의무다. 권리는 있는데 그 권리를 이행할 법령이 없어서 권리를 행사하지 못하는 시민들이 있다면 이것은 정부의 직무유기이며, 그 덕분에 특정 단체가 교원단체의 권리를 독점하고 있다면 이는 부당한 이익이다. 정부는 조속히 임무를 수행해야 하며, 부당한 독점이익을 최대한 환수하여 골고루 나누어야 한다.

한 줄로 정리하자면 이렇다. 정부는 교원단체 조직에 관한 '교육기본법 시행령'을 조속히 제정하고, 그동안 근거 없이 교총이 누려왔던 모든 독점적 권리와 혜택을 회수하여야 한다.(2018년)

누더기가 된 교육정책

○

청와대 홈페이지에 설치된 국민청원 게시판이 인기를 끌고 있다. 청와대에서 국민의 생생한 의견을 직접 들어보는 소통창구를 만들었다는 것, 그리고 20만 명 이상이 동의하면 어떤 방식으로든 청와대가 공식적인 답변을 한다는 것이 특징이다. 여론에 대한 책임정치를 구현하고자 한다는 점에서 긍정적인 현상이다.

청원 게시판이 순기능만 하는 것은 아니다. 다수 대중이 언제나 올바른 판단을 하는 것은 아니며, 많은 사람이 호응하는 청원이 가장 중요하고 필요하다는 보장도 없다. 실제로 대중은 선정적이거나 선동적인 주제에 쉽게 휩쓸릴 수 있다. 특히 청와대 국민청원 게시판처럼 익명으로 동의를 표시할 수 있는 경우, 주제에 대해 충분히 숙고하지 않은 엄청난 동의가 몰려올 수 있다. 무책임한 대중선동도 가능하다.

그 결과 국민청원 게시판에서 20만 명 이상 동의를 받아 접수된 청원 중 상당수는 대통령 권한 밖의 것, 혹은 정부개입의 이유가 없는 것들이다. 하지만 약속은 약속이니 청와대는 대답해야 한다. 할 수 없는 일에 대해 답변해야 하는 청와대의 입장도 곤란하다. 이때 가능한 일이란 상식적이고 무난하면서, 비교적 반발 적은 답변으로 얼버무리는 것이다.

문제는 이 상식적이고 무난하고 반발이 적은 답변으로 교육이 자주 선택된다는 것이다. "교육백년지대계"라는 말은 대한민국에서만큼은 전혀 진실이 아니다. 대한민국에서 교육은 백 년은커녕 "백일지소책"도 못 된다. 교육은 정부가 대책을 세워야 할 문제가 생겼을 때, 그런데 딱히 대답할 만한 대책이 없을 때 내어놓을 가장 만만한 대답거리에 불과하다. 흉악범죄가 발생하여 국민의 공분을 사면 "인성교육을 강화"하고, 천안함 폭침이나 연평도 포격 사건이 발생하면 "안보교육을 강화"하고, 세월호 참사 같은 비극이 발생하면 "안전교육을 강화"하겠다고 대답하면 되는 것이다.

하지만 일선 학교의 시간표는 국가가 정한 교육과정으로 이미 꽉 차 있다. 국가교육과정은 적당히 교과목에 시간 수만 맞춰놓은 것이 아니다. 수많은 교육전문가가 짧게는 수개월, 길게는 수년간 연구하고, 현장 교사들의 검토를 거친 것이다. 여기에 무슨 일이 생길 때마다 "○○교육"을 급조해서 추가한다면, 애써 만든 교육과정이 누더기가 되거나 "○○교육"을 형식적으로 진행할 수밖에 없다. 둘 다 비교육적이긴 마찬가지다. 게다가 관료제의 철칙에 따라 "○○교육"을 추가하는 건 쉬워도 일단 추가된 것을 빼는 건 어렵다. 누더기 위에 누더기를 계속 기우는 꼴이 되니, 이러다가는 교육이 백일지소책도 아닌, 하루살이 임시방편으로 전락할까 걱정된다.

이렇게 교육을 하루살이 누더기로 만드는 데는 진보정권, 보수정권의 차이가 없다. 이번 정권에서 특별자문위원회까지 만들어 대책을 마련하고 있는 4차산업혁명 대책은 결국 학교에 '메이커교육', '코딩교육'을 추가하는 것이며, 저출산 대책은 초등학교 저학년 하교시간을 늦추어 학교를 저렴한 어린이집으로 활용하는 것이다. 연일 미투운동이 확산되고 있으니, 분명 학교에 '양성평등교육', '성폭력예방교육'을 강화하라는 공문도 날아올 것이다.

물론 이런 것은 다 중요하다. 하지만 교육은 중요한 것을 다 다룰 수 없다. 세상에 중요하지 않은 게 어디 있겠는가? 교육은 학생의 성장발달 단계에 맞는 적절한 수준과 적절한 분량을 고민해야 한다. 그리고 학년별 교육 내용과 교육 분량은 이러한 수준과 분량을 고려하여 배치된 것이다. 그런데 어떤 주장이 목소리를 높이기 때문에, 혹은 지금 쟁점이 되기에 그때그때 새로운 교육 내용이 추가된다면, 이렇게 세심하게 배치되고 구성된 교육과정의 기초가 흔들리며 결국 공교육 전체가 균형을 잃는다.

인간의 신경계는 유한하다. 중요하다고 주장되는 것을 한꺼번에 모두 학습할 수 없다. 특히 어린 학생의 신경계는 질적으로, 양적으로 아직 충분히 성숙하지 않았다. 인간의 신경계는 학습과정을 통해 성숙하면서 또한 구조화된다. 이 중요한 시기에 잘못 구조화된 신경계는 어른이 된 다음에는 바꾸기 어렵다. 나이가 어릴수록 새로운 교육요소의 도입이나 변경은 신중해야 한다. 작은 것 하나를 바꾸거나 도입하더라도 교사를 비롯한 교육전문가의 폭넓은 토론과 연구가 있어야 한다. 무슨 일이 터질 때마다 추가되는 "○○교육 강화" 대책은 제발 그만 보았으면 한다.(2018년)

공정한 수능 대 지름길 학종?

○

학종, 공공의 적이 되다

학종 논란이 뜨겁다. 특히 2018년 2월 조희연 서울교육감이 신문에 기고까지 하면서 논란에 불이 붙었다(참고로 조희연 교육감은 한 해 뒤인 2019년에 학종 자기소개서 폐지에 반대한다는 정반대 입장을 내놓았다). 조 교육감은 대학입시(이하 대입)를 논하는 것이 본인의 직무권한 밖이라는 점을 인정하면서도, "학부모의 학종에 대한 불신이 워낙 심해서 폐지 수준이라고 보일 정도의 대대적 학종개혁이 필요하다"라고 말했다. 그러면서 학부모 80%가 학종을 신뢰하지 않는다는 여론조사를 예로 들었다. 하지만 엄밀히 말하면, 이 여론조사는 학종에 대한 불신을 조사했다기보다는 학종에 대한 무지를 조사한 것에 가깝다. 학종이 어느 정도 체제가 갖추어진 것이 최근 2~3년에 불과하며, 아직도 상당수 학부모는 학종이 실제로 어떻게 이루어지고 있는지, 무엇이 반영되는지 모르기 때문이다. 간혹 언론에서 "금수저 전형"이라는 말을 퍼뜨리며 일부 특권층 학부모들이 많은 돈을 들여 자녀에게 화려한 스펙을 만들어주는 모습을 보도하면서 일반 학부모들의 분노를 조장하는데, 정작 그런 스펙이 학종에 전혀 반영되지 않는다는 것을 아는 학부모들은 많지 않다.

학종에 대한 불신은 대체로 다음 세 가지 방향에서 이루어진다.

첫째, 학생생활기록부에 기록되는 내용에 대한 불신이다. 학종은 교사가 생활기록부에 기재한 내용이 매우 중요하게 다루어지기 때문에 그 기재 과정이 공정하지 않을 것이라고 의심하는 것이다. 교사가 특정 학생(주로 부유층이나 특권층 자제)을 편애하여 생활기록부를 유리하게 기재할 것이라는 의심이다.

둘째, '자소설'이라는 비아냥까지 듣는 자소서(자기소개서)에 대한 불신이다. 일부 부유층 학생이 전문가에게 많은 돈을 들여 자소서를 대필하게 하거나, 컨설팅과 첨삭지도를 받는다는 뉴스가 이 불신에 불을 지폈다. 이는 부유층 자제가 돈을 주고 산 자소서로 손쉽게 명문대에 진학한다는 의심을 불러일으켰다.

셋째, 생활기록부와 자소서를 검토하는 대학의 입학사정관에 대한 불신이다. 대학의 입학사정관이 강남 지역이나 특목고, 자사고 학생들을 편파적으로 더 많이 선발한다거나, 면접에서 학생의 사회경제적 배경을 파악하여 부유층, 특권층 자제를 선발할 것이라는 의심이 강하다.

이 세 가지 불신은 결국 학종이 부유층, 특권층 자녀에게 더 유리한 이른바 '금수저 전형'이라는 것으로 모인다. 불공정에 특히 민감한 한국인의 정서를 감안하면 가볍게 넘길 일은 아니다. 문제는 이런 불신이 '점수가 숫자로 남는 수능정시가 더 공정할 것'이라는 주장에 무게를 실어 준다는 것이다. 얼른 보면 수능은 매우 공정하다. 점수라는 객관적인 수치가 있으며, 높은 점수를 받으려면 정답을 맞혀야 하며, 답안지에는 눈이 없기 때문에 특권층, 부유층 자제라 하더라도 특별한 대접을 받을 수 없기 때문이다. 그래서 공정한 수능 대 지름길 학종(부유층과 특권층이 이런저런 스펙으로 명문대에 들어가는)이라는 이상한 프레임이 만들어졌다.

그런데 수능은 정말 공정할까? 물론이다. 적어도 시험 당일에는, 시험 치는 그 순간에는, 채점하고 점수를 관리하고, 그 점수에 따라 합격생을 가리는 과정에서 수능은 다른 어떤 방법보다도 공정하다. OMR카드에는 눈과 귀가 없어서 마킹하는 학생이 누구인지, 출신이 무엇인지 알지 못한다. 오직 정답과 오답만이 있을 뿐이다. 일단 나온 수능 점수는 어떤 재력과 권력을 동원해도 바꿀 수 없으며, 점수별로 줄 세워서 정해진 합격자를 재력과 권력으로 뒤집을 수 없다. 특히 20세기에 대학을 다닌 세대에게는 이런 환상이 있다. 아무리 부잣집 자제라도 머리 좋고 노력하는 가난한 수재를 '시험'으로는 도저히 이길 수 없다는. 이건 소설이나 드라마 등에도 수없이 나오던 신화다.

그런데 이상한 일이다. 지금의 수능에 해당되는 학력고사 시험 한 방으로 대학생을 뽑고, 심지어 사교육조차 금지되었던 1980년대 대학입시 결과를 보면, 가난한 수재가 부유층 자제를 압도하지 못했다. 1987년 서울대학교 합격생 수를 기준으로 삼아보자. 당시 서울대학교 합격생 4,000명 정도를 인문계(일반계) 고등학교 수 1,500개로 나누면 학교당 2~3명이라는 기댓값이 나온다. 그런데 당시 강남구 소재 인문계 고등학교는 적게는 10여 명에서, 많게는 50여 명씩 서울대학교 합격생을 배출했다. 기댓값의 5~20배에 이르는 엄청난 수치니 따로 카이제곱 검증을 할 필요도 없다. 당연히 그 반대편에는 서울대학교 합격자를 한 명도 배출하지 못한 학교, 심지어는 시군구도 수두룩했다.

공정한 시험으로 뽑았는데, 심지어 사교육조차 없었는데 어째서 이런 결과가 나온 것일까? 바로 가정의 사회경제적 배경이 시험준비 과정에서 영향력을 발휘하기 때문이다. 넓고 쾌적한 집(자기 공부방이 따로 있는)에서 가족이 수험생을 보살펴주고, 필요한 참고서를 부담 없이 구입하며, 학업성취에 대한 높은 기대와 가치평가가 이루어지는 환경에서 공부하는 학생과 공부방이 따로 없는 비좁은 집, 학업성취에 관한 관심과 기대가 낮은 가정 분위기에서 공부하는 학생이 과연 공정하게 시험준비를 할 수 있을까? 이른바 시험의 공정성은 시험을 치는 그 시간부터만 작동한다. 하지만 그 불공정성은 고사장에 도착하기 전의 과정에서 이미 충분히 영향력을 발휘한 다음이다. 이미 불공정이 완료된 상태에서 아무리 공정한 절차에 따라 시험을 치른다 한들, 결과가 공정할 수 없다. 오히려 이 불공정은 절차적 공정성으로 위장하기 때문에 눈에 보이는 것보다도 더 나쁘다.

학종, 계속 개선해 나갈 출발점

그렇다면 학종은 어떨까? 물론 학종은 생활기록부를 기록하는 교사, 그리고 학생을 선발하는 입학사정관의 주관이 개입될 수밖에 없기 때문에 아주 공정하다고는 할 수 없다. 하지만 그렇다고 돈 많은 집 학생에게 특별히 더 유리하다고도 할 수 없다. 오히려 학종이야말로 부잣집 도련 님을 물리치는 가난한 수재에게 가장 유리한 전형이다. 이는 학종 선발의 구체적인 과정을 보면 바로 드러난다.

학종은 대체로 학생생활기록부, 자기소개서, 추천서 등을 검토하여 2배수 정도 선발하는 서류전형, 그리고 입학사정관이 학생을 직접 만나서 진행하는 구술면접으로 이루어진다. 서류전형에서는 학생생활기록부가 가장 중요하며, 자기소개서나 추천서는 미사여구가 아니라 학생생활기록부에 기록된 사항에 의미를 부여하는 정도의 역할을 할 뿐이다. 특히 생활기록부 내용과 무관한 미사여구로 가득한 자기소개서, 추천서는 오히려 불합격률을 높일 뿐이다. 생활기록부 내용 역시 구체적이고 입증 가능한 활동 내용이 중요하지, 그것에 대한 교사의 미사여구와 평가적 진술은 중요하게 고려되지 않는다. "~을 실시함"이 중요하지, "~한 ~을 실시하여 ~하고 ~한 성취를 보임" 식의 기술은 의미 없다.

따라서 생활기록부를 풍성하게 만드는 방법은 학교생활을 풍성하게 하는 것 외에는 없다. 내신성적 관리 잘하고, 학교생활 성실히 하고, 수업시간을 포함한 각종 교내활동에 적극적으로 참여하여 두각을 나타낸다는 식의 뻔한 것뿐이다. 특별한 요령이나 비법은 필요 없다. 돈이 드는 것도 아니다. 오히려 사교육을 덜 받을수록, 선행학습을 하지 않을수록, 학부모의 입김이 적을수록 교사와의 상호작용과 친밀감 형성에서 유리하며, 학교활동에 더 적극적으로 참여할 여지가 크기 때문에 유리할 수도 있다. 물론 일부 부유층 학부모가 컨설팅이다 뭐다 하면서 큰돈을 쓰고 있기는 하지만, 가성비를 생각해보면 낭비에 가깝다.

수능과 학종은 어찌 보면 그 본질상 크게 다르지 않다. 수능은 고등학교 과정을 성실하게 수학했다면 맞힐 것이라 기대되는 시험문제를 통해 고등학교 생활을 평가한다. 그런데 고등학교 생활은 생략하고 시험 점수만 높게 받는 각종 편법이 입시교육이라는 형태로, 또 돈을 주고 구입할 수 있는 사교육이라는 형태로 난무했다. 이 폐단을 해결하기 위해 도입된 것이 학종이다. 과정을 생략하고 결과만 평가하는 시험뿐 아니라, 과정까지 기록을 통해 평가하겠다는 것이다. 따라서 학종은 공부를 못하는 부잣집 자제를 위한 지름길이 아니다. 오히려 고등학교 과정을 충실히 하지 않아도 단기간 고액과외를 통해 고득점이 가능했던 수능시험이야말로 지름길에 가깝다. '천 리 길도 한 걸음부터'라는 속담에 비유하자면, 수능은 천 리 길을 한 걸음 한 걸음 걸어오든, 비행기를 타고오든, 마지막 골인지점에 누가 먼저 들어왔느냐만 보는 것이다. 그러니 '족집게 과외'식 편법이 난무할 수밖에 없다.

학종에 대한 불만도 바로 이 때문이다. 가장 자주 들리는 불만이 고등학교 3학년이 다 되어서야 정신 차린 학생에게 기회가 없다는 것이다. 하지만 반대로 생각해보자. 고등학교 2학년 때까지 불성실하게 학교생활을 한 학생이라면 그 대가를 당연히 어느 정도 치러야 하는 게 아닐까? 고등학교 2학년까지 학교생활을 불성실하게 하고서도 1년 반짝 공부해서 역전할 수 있는 길이 있다면, 그것이야말로 불공정한 지름길이 아닐까? 그들에게는 애석하게도 학종에는 그런 지름길이 없다.

패자부활전이 없다는 불만도 있다. 하지만 이는 대학입학을 공부의 종점으로 볼 때나 가능한 생각이다. 패자부활전은 일단 패배한 선수에게 다시 기회를 주는 것이다. 만약 고등학교 2학년 때까지 학교생활을 불성실하게 했다면 대학입시에서 패배할 수 있으며 그것을 받아들여야 한다. 패자부활전은 대학입시가 끝이 아니며, 명문대 입학이 반드시 인생의 성공이 아니고 언제든지 뒤집힐 수 있다는 의미에서 주어져야지, 대학입시 과정에서 주어지는 것이 아니다. 대학 입장에서도 천 리 길을 지금 당장 먼저 들어온 학생보다는 앞으로 천 리 길, 만 리 길을 잘 달려갈 학생이 더 필요하다. 그것은 출발지점에서부터 골인지점까지 달려온 과정이 어떠했는지도 살펴보아야 확인할 수 있다.

그동안 우리나라에서는 골인지점에서만 평가하는 방식, 즉 시험이라는 평가가 수십 년간 이어져왔다. 그렇게 시험에 익숙해진 사회에서 과정을 중시하는 정성평가는 낯설며, 때로는 미숙할 수 있다. 학종 역시 그 미숙함의 한계를 가진다. 결함도 적지 않다. 하지만 한 가지 확실한 것은 시험을 통해 줄 세우는 방식의 평가는 이제 타당하지도, 공정하지도 않다는 것이다. 학종은 뒤집어엎어야 할 것이 아니라 계속해서 개선해 나갈 출발점인 셈이다. 차제에 사회 전체적으로 모든 분야에서 골인지점만 주시하지 말고 달리는 과정에 더 많은 관심을 가지는 풍토가 정착되었으면 한다.(2018년)

교육에서 제일 사소한 문제, 대학입시제도

○

고등학교 학생들은 15개 대학 이름을 마치 주문처럼 외우고 다닌다. 서울대, 연세대, 고려대 등 이른바 '인서울' 대학교의 머리글자만 따서 15자 주문을 만든 것이다. 이 15자 주문의 제일 뒷부분에 나오는 학교라 하더라도 입학하기 위해서는 전체 학생 중 7~8% 이내에 들어야 한다. 즉, 규모가 큰 고등학교라면 한 학년이 300여 명이니 전교 25등 안에 들어야 갈 수 있다는 뜻이다. 학생 수 200명 내외의 중간 규모 고등학교 같으면 전교 10등 정도가 저 거명된 대학에 들어갈 수 있다. 즉, 소위 말하는 전교권에 들어야 갈 수 있는 대학들이다. 그리고 문제의 학종을 통해 전체 신입생의 40% 이상을 선발하는 대학 역시 저기 거론되는 정도의 대학이다.

그런데 학부모상담을 하면 매우 흥미로운 반응이 나온다. 이른바 전교권에 해당하는 학생들의 부모는 SKY 이외에는 별로 생각을 안 한다.

3부_ 학교와 제도에 대하여

그리고 저 대학 중 하위권에 해당되는 대학을 보통, 중간층 정도, 욕심에는 안 차지만 그럭저럭 만족하는 수준, 이만하면 무난한 수준으로 인식한다.

학종에 대한 학부모의 불만도 이와 무관하지 않다. 실제로 학종을 40% 이상 적용하는 학교는 저 15개 대학 중에서도 상위권 대학들이다. 즉, 한 학교에서 5명 정도나 바라볼 수 있는 대학들이다. 만약 학교에서 25명 정도 따로 생활기록부 관리를 해준다면, 이는 사실상 학종이 필요한 학생들은 모두 관리해주었다는 뜻이다. 그러니 20~30여 명만 생활기록부를 관리해준다는 불만을 되돌아봐야 한다. 이 과정에서 애초에 학종이 필요한 학생들만 따로 관리한다는 뜻인데, 달리 말하면 80%의 학생은 완전히 소외되고 있다는 뜻이다. 또한 이는 앞으로의 교육을 논의하는 의제에서도 다수가 소외되고 있다는 뜻이며, 학생뿐 아니라 학부모의 80%도 소외되고 있다는 의미이다.

공교육의 목표는 민주시민을 양성하고 미래사회의 주역이 될 역량을 길러, 장차 이 나라의 문화와 경제를 융성하게 하고 민주주의를 발전시키는 데 기여하기 위함이다. 따라서 제일 먼저 논의할 것은 대학입학제도를 어떻게 해야 공정한지, 누구에게 유리한지 불리한지 하는 문제가 아니다. 이러한 목적에 맞는 교육이 되는 데 필요한 교육 내용, 학교체제 논의가 우선적 과제이다. 또한 현재 교육과정과 학교체제가 그렇게 되기 위해 무엇을 어떻게 바꾸어야 하는가 하는 문제라 할 수 있다. 대입을 포함한 평가 문제는 이러한 교육의 목적이 수립된 다음, 거기에 맞게 바꾸어나가면 될 일이다.

그런데 이런 논의는 이미 교사를 비롯한 여러 교육전문가를 통해 충분히 이루어져 있다. 즉, 일방적인 주입식 교육, 주입된 것을 얼마나 머릿속에 많이 기억하는지를 측정하는 '시험'을 통한 줄 세우기 평가를 대폭 축소해야 한다는 것, 그리고 켜켜이 쌓여온 학교의 비민주적 관행의 온상인 제왕적 교장제도와 교육관료주의가 혁파되어야 한다는 것이다. 이에 따라 일선 학교에서는 주입식 교육을 창의적이고 융합적인 수업으로 바꾸어나가고, 평가 역시 기존의 시험을 탈피하여 수행평가와 논술평가로 바꾸어가는 흐름이 서서히 대세로 자리 잡고 있다.

수능정시 확대에 대해 현장 교사들이 강하게 반발하는 까닭도, 그것도 고등학교가 아니라 초등학교, 중학교 교사들이 반발하는 까닭도 바로 여기에 있다. 대입은 어차피 가고자 하는 대학의 자리는 한정되어 있기 때문에 합격자보다 불합격자가 훨씬 많은 게임이다. 어떻게 선발 방식을 바꾸더라도 불만의 목소리가 만족의 목소리보다 클 수밖에 없다. 그러니 불만을 줄이는 쪽보다는 정말로 대학교육이 필요하고 의미 있는 학생을 선발하는 쪽에 집중해야 한다. 그리고 그에 맞는 대입제도라면 불만이 있더라도 굳건하게 밀고 나가야 한다. 백년지대계라고 하지 않는가? 백 년을 내다보면서 당장 3, 4년의 이해관계자인 학부모나 사교육업자에게 휘둘려서는 안 된다. (2018년)

공정한 대학입시보다
교육적인 대학입시로

○

여러 번 논의했지만, '공정한 대학입시'라는 말은 모든 교육 쟁점을 집어삼켰다. 이 마법의 주문에 걸린 김상곤호는 아무것도 하지 못한 채 좌초했다. 대통령이 공약으로 내건 각종 교육혁신 정책은 '공정한 대학입시'라는 주문 앞에 한순간에 휴지 조각이 되었다. 전국의 모든 학생이 똑같은 문제로 평가받는 '수능정시'로 돌아가자는 목소리가 기승을 부린다. '공정성'이라는 이름으로.

문득 이 정권이 전국의 모든 학생이 똑같은 교과서로 공부하는 국정교과서와 전국의 모든 학생이 똑같은 문항으로 평가받는 일명 '일제고사' 반대에 핏대를 세운 이유가 궁금하다. 같은 교과서에 같은 시험이라면 그야말로 공정한 입시의 극치일 텐데, 단지 이명박정부 정책이라서 반대했던 것일까?

이유는 별것 없다. 이 정권은 교육에 관심이 없다. 다만 그때그때 정치적 관심만 있을 뿐이다. 사실 꼭 이 정권만의 문제는 아니다. 정치인들은 항상 사람들이 많이 몰리는 쪽으로 가기 마련이다. 그러니 결국 국민이 교육에 무관심하기에 정부도 교육에 무관심해진 것이다.

교육에 무관심하다고? 교육비가 부담되어 '에듀푸어(edu poor)'라는 신조어가 나오는 나라로 악명이 높은데, 교육에 무관심하다고? 의아하겠지만 사실이다. 교육이란 "환경에 적응하는 과정에서 자신과 환경을 능동적으로 개조하는 과정", 즉 변화의 과정이다. 진보적 교육자라면 환경이나 교육자까지 함께 변화하는 것을 강조할 것이고 보수적 교육자라면 학생의 변화를 강조하겠지만, 어느 경우에나 교육은 학생의 변화를 의미한다. 물론 이 변화는 인격적으로, 사회적으로 바람직한 변화라야 한다.

그럼 바람직한 변화란 무엇인가? 이건 철학의 문제이며 논란이 필요한 문제다. 어떤 사회를 지향하는지, 어떤 인간상을 지향하는지는 그 시대의 정신과 맥을 같이하기 때문이다. 그런데 우리나라에서 교육에 대한 논란이 어떤 인간상을 지향하는지 등의 주제를 놓고 일어난 적은 거의 없다. 즉, 교육에 대해 사회의 관심이 집중된 적이 없다.

이런 무관심의 원인은 교육을 학생의 바람직한 변화의 과정으로 보지 않고 남을 이기려고 하는 경쟁으로만 보기 때문이다. 물론 경쟁 그 자체를 목적으로 하는 교육이 나쁜 것이지, 교육 속에 들어 있는 경쟁적 요소가 모두 나쁜 것은 아니다. 적절하게 활용되는 경쟁은 학생의 분발을 끌어내는 유용한 동기다. 단, 이 경우 경쟁의 과정에서 무엇을 얼마나 얻고 학생이 어떻게 바뀌었는지가 중요하지, 승부 그 자체, 누가 이기고 졌는가는 부차적인 문제가 되어야 한다.

하지만 우리나라 사람이 가지는 교육에 대한 관심은 사실은 경쟁의 결과, 즉 승부에 대한 관심이 교육의 관심으로 포장된 것에 불과하다. 그 과정에서 학생이 무엇을 얻었는지에 관심을 가지는 학부모나 언론을 찾기란 어렵다. 오직 승자와 패자가 있을 뿐이다. 승자는 '승리'라는 변화를 얻은 것이며, 패자는 아무것도 얻지 못한 교육 실패자에 불과하다.

이렇게 승부에만 관심이 있기 때문에 당연히 모든 관심은 교육의 시작도 과정도 아닌, 승부를 가리는 제일 마지막 단계에만 집중된다. 모든 학생에게 주어진 12년이란 시간이 지난 뒤 종료 신호가 나왔을 때, 누가 가장 높은 득점을 했는가에만 관심이 쏠리는 것이다. 학생이 주어진 12년이라는 시간을 충분히 즐겼는지, 동료 혹은 상대방과 우정이 있는 관계를 만들었는지 등은 전혀 고려의 대상이 아니다.

이런 식으로 과정이 아니라 오직 승부만이 관심사일 경우, 공정성이 중요하다. 만약 프로농구 경기에서 선수에 따라 3점슛 라인이 5m에서 8m까지 들락날락한다거나, 23초 공격제한 시간이 어떤 팀에게는 17초, 어떤 팀에게는 40초가 주어진다거나, 어떤 선수는 5반칙 퇴장이 적용되고, 어떤 선수는 3반칙 퇴장이 적용된다면, 선수는 물론 관중석에서도 성난 팬들의 폭동이 일어날 것이다.

하지만 만약 이 농구 경기가 교육의 일환으로 이루어진 것이라면 이야기가 다르다. 교육에서 제일 중요한 것은 학생들이 이전/이후를 비교하여 얼마나 많은 것을 얻어갔느냐 하는 것이다. 이전/이후를 비교하려면 교육 이전 학생들의 상태부터 파악해야 한다. 당연히 학생들의 출발조건은 매우 다르다. 어떤 학생은 키가 아주 크고, 어떤 학생은 작고, 어떤 학생은 덩치가 좋아 힘이 세고, 어떤 학생은 왜소하고, 어떤 학생은 가정에서 농구 시합을 많이 해보았고, 어떤 학생은 학교에 와서 농구공을 처음 구경했고 등등 다양하다.

이렇게 서로 출발조건이 다른 학생들에게 똑같은 규칙을 적용해 경기를 한다면 공정하게 승패는 가려지겠지만 학생마다 교육효과는 천차만별일 것이다. 키 큰 학생과 작은 학생이 같은 규칙 아래서 농구 경기를 한다면 키 큰 학생이 승부에서는 쉽게 이기겠지만, 불리한 조건에서 분투하다가 패배한 키 작은 학생이 교육적으로는 더 많은 것을 얻을 수도 있다. 여기에 경기 매너, 동료를 배려하는 팀워크, 리더십까지 고려하면 최종점수나 승패는 별로 중요하지 않다.

교육에서 평가는 이렇듯 교육 이전/이후 학생의 긍정적인 변화 정도를 판단하는 것이다. 따라서 최종득점으로 평가를 대신하는 것은 대단히 비교육적이고 게으른 평가다. 키 크고 신체능력이 뛰어난 학생은 손쉽게 고득점을 올릴 수 있겠지만, 교육평가 측면에서는 변화가 거의 없는 0점일 수도 있다. 불리한 조건에서 패배한 학생은 득점은 얼마 못했지만, 교육평가 측면에서는 높은 평가를 받을 수도 있다. 그렇다고 점수가 전혀 의미 없는 것은 아니다. 다만 득점은 득점대로 인정하되, 경기에 임하는 태도, 자신의 불리한 조건에 대비한 경기 실적, 동료들과의 화합, 경기 상대에 대한 존중, 규칙에 대한 존중, 창의적인 플레이 등 득점 이외의 것들이 평가에서 다양하게 활용되어야 한다는 것이다.

이런 득점 이외의 것들은 수치로 정확하게 판단하기 어렵다. 득점,

파울 개수, 어시스트, 리바운드 등은 경기에 참가하지 않거나 관람하지 않은 사람들조차 분명하게 파악할 수 있는 것들이다. 하지만 득점 이외의 다양한 요소는 대부분 경기에 직접 참가하거나 참관하지 않으면 알수 없다. 경험 아니면 추체험이라도 해야 한다. 그리고 이 경험이나 추체험을 경험의 완전한 외부자, 제3자도 이해할 만큼 객관적으로 평가하기란 대단히 어렵고, 바람직하지도 않다. 따라서 이 평가는 제3자에게는 '불공정'해 보이기 쉽다.

사실 교육은 처음부터 불공정을 내포한 개념이다. 교육에서의 성취는 출발조건에 대비하여 얼마나 많이 향상되었는가 보는 것이지, 현재 시점 가장 많은 것을 알거나 할 수 있는가를 보는 것이 아니다. 따라서 여러 학생이 평가 수치상으로는 같은 득점을 했더라도, 학생 조건에 따라 서로 다른 성취로 판단해야만 한다. 특정 시점에서의 수치상 성취를 기준으로 한 줄 세우기는 교육평가의 목적을 완전히 벗어난 것이며, 교육평가라 부르기도 민망하다.

대학입시도 마찬가지다. 대학에서 평가하고자 하는 것은 지원자의 '교육적 역량'이지, 지원자가 당장 보유하고 있는 능력이 아니다. 대학은 지원자를 뽑아서 교육하는 곳, 즉 향상하게 하는 곳이며 당장 능력을 써먹는 곳이 아니다. 만약 기업이라면 과정이야 어떻든 지금 당장 가장 많은 능력을 보유한 지원자를 선발할 수도 있다. 물론 그런 기업은 바람직하지 않다. 직원을 성장시키기보다는 소모하겠다는 뜻을 보여준 것이니.

그러나 대학은 기업이 아니라 교육기관이다. 따라서 대학은 지금 얼마나 많은 것을 알고 있고, 얼마나 잘하는지가 아니라 지금으로부터 4년

이 지났을 때 가장 크게 향상할 가능성이 있는 지원자를 선발하고자 한다. 이는 지금 현재 득점만으로는 판단하기 어렵다. 학생이 처한 제반 조건과 이 득점에 이르기까지의 과정을 종합적으로 판단하지 않으면 안 된다. 당연히 이런 방식의 선발은 외부의 눈으로 보면 '불공정'해 보일 것이다. 하지만 바로 그 '불공정' 속에 교육이 있다.

그런 점에서 대학입시에 온통 교육 논의가 집중되는 것도, 다시 그 논의가 '공정성'에 집중되는 것도 모두 너무 비교육적이다. 대학입시를 '공정성'의 잣대로 논의한다는 것은 대학을 교육기관으로 보지 않는다는 뜻이다. 대학을 그 입학만으로 사회계층의 선을 긋는 계층상승의 입장권, 등용문으로 본다는 뜻이다. 실제로 1980년대에는 대학입시를 '등용문'에 비유했고, 서울대학교에 입학하는 것을 '개천에서 용 났다'라고 표현했다. 여기에는 개천에서 이무기를 선발하여 용으로 키우는 대학의 교육 가능성에 대한 고려가 전혀 없다. 하지만 대학이 교육기관이라면 개천을 뒤져 용을 골라내는 것보다는, 지금은 용이 아니지만 잘만 다듬으면 용이 될 이무기를 고를 것이다. 물론 이러한 선발은 이미 용인 학부모와 그 자녀의 눈에는 매우 '불공정'하게 보일 것이다. 하지만 대학과 교육당국은 여기에 대해 당당하게 할 말을 해야 한다. 이것이 바로 교육이라고.(2018년)

학종과 수능
그리고 사교육시장

○

우리나라 사교육시장 규모는 얼마나 될까? 적게는 16조에서 많게는 30조까지 본다는 말을 들었다. 굉장한 규모다. 그런데 문제는 이미 사양 길로 접어드는 산업이며, 앞으로 점점 축소될 시장이라는 것이다. 이유는 간단하다. 인구절벽으로 수험생이 줄어들고 있기 때문이다.

수험생이 줄어든다는 것은 두 가지 측면에서 사교육시장을 위축시킨다. 하나는 절대적 시장 규모의 축소다. 다른 하나는 입시 경쟁률이 떨어지는 데 따른 사교육의 유효수요 감소다. 그런데 이 정도로 끝나는 게 아니다. 사교육업계에 투하될 진짜 큰 폭탄이 있다. 이미 올해부터 나타나는 현상인데, 수능에 응시하지 않는 고3 학생이 늘어나는 것이다.

이건 이미 예고된 사태다. 우리나라 대학 상당수는 수험생을 가려 받을 처지가 아니게 된 지 오래다. 그러니 수능을 치기 전에 먼저 신입생부터 받고보자는 식으로 나서는 경우도 늘고 있다. 입시라는 과정을 거쳐

수험생을 가려 받을 배짱을 부릴 만한 대학은 얼마 되지 않는다. 아무리 크게 잡아도 상위 20%의 게임이다.

그동안에는 이 상위 20%의 게임에 비집고 들어갈 수 있다는 희망과 기대 때문에 많은 학생이 입시 레이스에 뛰어들었고, 수능에 응시했다. 하지만 이 게임이 그들만의 리그라는 것을 의식하는 학생들이 점점 늘어나기 시작했다. 나아가 그 20%에 들지 못한다면 대학졸업장이라는 것 자체도 별 의미 없다는 것까지 깨닫기 시작했다.

사교육업 입장에서는 큰일이 아닐 수 없다. 만약 20%만이 입시경쟁에 뛰어든다면? 수험생을 넉넉히 잡아 40만 명으로 보자. 그런데 만약 이 8만 명 이외에는 구태여 게임에 참가하지 않겠다고 선언한다면? 시장이 1/5로 줄어든다. 8만 명이 1년에 1,000만 원씩 쓴다고 하면 8,000억 원이다. 중고등학교 6개 학년을 감안하면 총 5조 원 정도다. 참으로 시장이 아담하다. 전국에 학원이 8만 개 정도인데, 그중 입시학원을 5만 개로 잡아보자. 그럼 학원 하나당 1억 원씩 돌아간다. 1년에 1억 원 매출을 가지고 학원이 과연 유지될 수 있을까? 전혀 각이 안 나온다.

학원업자 입장에서는 적어도 20만 명 정도는 이 게임에 달려들어야 뭔가 나눠 먹을 게 있다. 비록 달려든 학생 중 대부분이 꿈도 희망도 없이 갈려 나갈지라도. 그러면 20조 정도의 시장이 형성된다. 학원당 4억 원씩 돌아간다. 이쯤 되면 비용을 뽑고, 이익도 분배할 수 있다. 물론 20만 명보다 40만 명이 뛰어들면 더 좋다. 입시경쟁에 뛰어드는 학생이 늘어날수록 경쟁압력도 세지기 때문에 입시학원이 청구할 단가도 세지기 때문이다. 그럼 어떻게 해야 이 학생들을 입시경쟁에서 물러나지 않게 만들까? 학생들, 특히 학부모들이 절대 현실을 인정하지 않도록 만들어야 한다. 희망의 끈을 놓지 않도록 해야 한다. 설사 희망고문이라 할지라도 막판 한 방의 역전이라는 꿈을 꾸고 있어야 한다. 용한 학원 하나 잘 잡으면 10만 명, 20만 명을 따라잡을 수 있다고 꿈꾸게 만들어야 한다. 가령 이런 꿈 말이다. "비록 내신은 개판이고, 선생들 평가는 엉망이지만, 두고봐. 수능 한 방에 다 뒤집어버릴 테니까."

이 희망을 계속 품게 만들어야 한다. 시험 한 방의 기적, 수능정시는 계속 이 꿈을 꾸게 만든다. 실제 수능점수도 늘 꽤 높게 나온다. 사실 이는 EBS 연계출제 플러스 약간의 킬러 문항이기 때문에 최고등급 학생 몇 명 외에는 웬만하면 꽤 높은 점수가 나오도록 조작된 것이다.

하지만 희망의 불씨를 피우기에는 충분하다. 한두 개만 더 맞추면 되는데! 따뜻한 잔혹이라고 할까? 희망의 살인이라고 할까?

반면 학종은 끊임없이 서서히 절망시키는 방식이다. 고등학교 3년간의 누적 기록이기 때문에 학년이 올라갈수록 스스로 포기하는 학생이 늘어날 수밖에 없는 구조다(그나마 우리나라는 고등학교 3년의 기록이다. 타이완이나 싱가포르 같은 경우는 심지어 신입사원 면접에서 중학교 생활기록부도 달라고 한다). 자비로운 냉정함이라고 할까? 잔혹한 자비라고 할까?

사실 5%만을 위해 95%가 들러리 서는 입시는 어떤 방법이든 다 잔혹하고 괴롭다. 수능이든 학종이든 고통스럽기는 마찬가지다. 하지만 기왕 고통스러울 것이라면 5%들끼리만, 많이 잡아도 20%끼리만 힘들게 하자. 학종이 무슨 요술 방망이란 뜻이 아니다. 그나마 희망고문이라도 하지 않는다는 뜻이다. 희망고문을 하지 않으니, 사교육 마케팅도 덜

197

먹혀든다는 뜻이다. 입시 사교육업자들이 학종보다 수능 확대를 요구하는 이유를 파악해야 한다.(2018년)

헤드스타트의 힘

○

사람이 다른 동물, 심지어 영장류와 비교해도 가장 두드러지는 점은 지능이 미성숙한 상태에서 태어난다는 것이다. 다른 동물은 태어날 때 이미 지능 발달이 완료된 상태지만, 사람은 겨우 25% 정도만 발달한 상태에서 태어난다. 나머지 75%는 후천적으로 발달한다. 그 덕분에 인간의 지능은 다른 동물과 비교되지 않을 정도의 유연성, 가소성, 확장성을 가지고 있다. 이 유연성, 가소성, 확장성을 발휘시키는 과정이 바로 교육이다.

지능 발달은 뉴런 연결망이 복잡해지는 과정을 통해 이루어진다. 사람에 따라 개인차가 있지만, 태어나서부터 10세까지의 시기에 가장 활발하게 발달하며 12세를 전후하여 대체로 마무리되고, 이후 서서히 감퇴하기 시작한다.

그렇다고 12세 이후 점점 바보가 되어간다는 뜻은 아니다. 이는 주로 유동성 지능의 발달을 중심으로 두었을 때의 이야기다. 유동성 지능은 새로운 것을 익히는 데 사용되는 휘발성 강한 지능이다. 유동성 지능이 발달하는 시기의 인간 두뇌는 뉴런의 새로운 연결망을 활발히 만들며, 반대로 만들어진 연결망도 쉽게 바꾼다. 새로운 연결망의 생성과 변화를 무수히 거치면서 두뇌의 복잡성이 빠르게 증가하는데, 이것이 바로 지능의 발달이다. 그러니 어른이 보기에 아이들이 끈기가 부족하고 산만해 보이는 것은 사실 당연하다. 그들은 끊임없이 새로운 것을 배우고 익히고 잊어버린다. 결국 한 사람이 어떤 사람이 되느냐는 12세를 전후한 나이까지 얼마나 다양하고 복잡한 자극과 경험을 누리면서 두뇌의 복잡성을 발달시켜 왔느냐에 달려 있다.

이후 나이를 먹어가면서 사람의 지능은 유동성 지능보다는 결정성 지능 쪽으로 바뀐다. 이제는 새로운 것을 배우는 것보다는 배워둔 것을 굳건하게 자기 것으로 만드는 쪽으로 가는 것이다. 이렇게 전환되는 시기가 언제인지는 개인차가 있지만 대체로 14~15세 무렵이다. 그래서 이 나이가 지나면 사람들은 쉽게 바뀌지 않는다. 중요한 발달심리학자나 교육학자의 인지발달, 도덕성발달 이론이 항상 3~14세까지 다루는 까닭이 여기에 있다.

교육을 인간에 대한 체계적이고 의도적인 변화과정이라고 본다면, 결국 유동성 지능이 활발한 시기에 집중되어야 가장 효과가 크다. '바늘도둑이 소도둑 된다'라는 속담, '세 살 버릇 여든까지 간다'라는 속담 속에 깊은 진리가 숨어 있는 것이다. 세 살 때 바늘을 훔치느냐 마느냐는 아주 작은 차이지만, 열여섯 살 때 스쿠터를 훔치느냐 마느냐는 엄청나게 큰 차이다. 세 살 바늘 도둑은 가소성이 높아 바늘 장인으로 바뀔 수도 있지만, 열여섯 살 스쿠터 도둑은 교정하기 어려울 뿐 아니라 스쿠터 기술자로 발전시키기도 어렵다.

그러니 공교육은 무엇보다 학생이 어릴 때 가장 잘 이루어져야 한다. 그래서 국제학업성취도평가인 PISA 역시 15세 학생을 대상으로 치러진다. 공교육의 성과를 14세까지의 교육을 통해 확인하는 것이다. 16세부터는 성인문해력 등 국제성인역량조사(PIACC)의 대상으로 들어간다. 이때부터는 교육의 성과가 교육기관, 교육체제가 아니라 본인의 책임이 되는 셈이다. 심지어 16살 때 즐겨 들었던 음악을 결국 평생 듣는다는 연구 결과가 있을 정도다.

그렇다면 우리가 가장 관심을 많이 기울여야 하는 교육은 15세 이전까지의 교육임을 알 수 있다. 이미 고등학생쯤 된 나이의 학생들에게 아무리 관심을 기울이고 예산을 투입해도 이미 여든까지 갈 버릇이 몸에 새겨져 있기 때문이다. 미국에서는 이를 극단적으로 적용하여 3~5세의 극빈층가정 자녀에게 교육지원을 집중투입하는 '헤드스타트(Head Start)' 정책을 실시하기도 하였다. 오바마 전 대통령 역시 교육을 통한 빈곤탈출을 목표로 유치원과 초등학교 교육개혁에 많은 관심과 지원을 쏟아부은 바 있다.

하지만 미국의 헤드스타트 정책은 큰 성과를 거두지 못했다. 빈곤 지역의 유치원과 초등학교에 우수한 교사들을 골고루 배치할 만큼의 예산이 확보되지 않았기 때문이다. 미국은 교사 연봉이 다른 대졸 정규직 노동자의 70%에 불과할 정도로 열악하다. 그래서 상당수 교사가 부업을 하느라 수업에 지장이 갈 정도다. 그러니 우수한 교사가 확보될 리 없고, 우수한 교사가 없으니 아무리 인프라나 프로그램에 돈을 쏟아부어도 효과가 없다. 세금을 더 걷으면 되겠지만, 중산층 유권자는 자기들 세금을 빈곤층 학생들을 위해 쓰는 것에 반대했다. 그래서 오바마는 "교사들에게 높은 존경과 대우"가 주어지는 "동아시아 교육선진국"들을 부러워만 했다.

우리나라는 다행히도 초등교사 처우가 다른 나라에 비해 상대적으로 높은 편이다. 그래서 지난 20년간 뛰어난 인재들이 계속 유입되면서 현재 정책책임자들이 다녔던 초등학교 때와는 비교되지 않을 정도로 교사 수준이 높아졌다. 사실 이 과정에서 우리나라 정부가 초등교사 처우를 개선하기 위해 특별히 노력한 것은 없다. 1997년 IMF체제의 특수한 사회경제적 상황이 맞물리면서 다른 직종이 하향평준화 되었고, 마침 교사가 공무원인 관계로 혜택을 누렸을 뿐이다. 하지만 과정이야 어찌 되었건, 이는 우리에게 우연히 찾아온 절호의 헤드스타트 기회다.

그런데 이 좋은 조건을 가지고도 우리나라 정부는 헤드스타트는커녕 우연히 모여든 인재들을 자괴감에 빠뜨리는 일만 계속했다. 교육이 아닌 엉뚱한 행정 잡무로 진을 빼고, 이들을 초등교사로 유인한 직업상 특전이라고 할 수 있는 것들을 사회적 질시와 여론을 핑계로 지속적으로 축소해왔다. 이것이 진보라는 이름으로, 평등이라는 이름으로 자행되기도 했다. 그리고 교사들이 그렇게 무시당하면서도 일구어낸 수많은 교육혁신 성과를 슬그머니 정부나 교육감의 치적으로 가로채는가 하면, 각종 교육정책 결정에서 엉뚱한 사람들—주로 사교육업자나 직업이 운

3부_ 학교와 제도에 대하여

동가인 교육시민운동가—을 '교육전문가'로 초빙하고, 교사들을 철저히 무시했다.

게다가 정부의 교육 관심은 온통 이미 여든까지 갈 버릇이 거의 완성된 15세 이상 학생들에게만 집중되었다. 15세 이상 학생 전체도 아니다. 그중 이른바 인서울 대학진학을 목표로 하는 20% 정도의 학생에게만 집중되었고, 그들 부모의 목소리만 여론에 반영되었다. 그러는 동안 15세 이상 학생의 80%, 그리고 정작 가장 중요한 15세 미만 학생은 마치 버린 자식처럼 관심 밖에 방치되었다. 서울 시내 유초등학교를 모두 책임져야 할 교육감 선거가 다가오자, 정작 이들은 자기 권한도 아닌 대입제도를 놓고 분란을 일으키는 핵단추를 누르기도 했다. 어차피 유초등 학부모의 관심도 유초등교육 자체가 아니라, 그 최종목표인 대입일 것이라는 얄팍한 표 계산 때문이었을 것이다.

정치인이 그런 식으로 표 계산을 했다면, 이는 결국 그 표를 주는 국민 책임이다. 이 나라 국민들에게 교육문제란 거의 대입제도와 동일한 것으로 보이는 모양이다. 이들에게 어쩌면 유초등학교는 기껏해야 맞벌이 부부가 밤늦도록 일할 때 애 봐주는 곳 정도가 아닐까 의심스럽다. 특히 정책을 결정하는 위치에 있는 세대, 그중에서도 남자들에게는 더욱 그렇다.

혹시 "초등학교? 어린애들 봐주고 구구단이나 가르치는 거? 그거 아무나 하는 거 아니야? 뭐가 어렵다고 그래? 두어 시간 더 남아서 애나 봐주라고 해. 어차피 나랏돈 먹잖아?" 이런 식의 '아재이즘'에 빠진 사람들이 교육정책을 좌우하는 중요한 위치에 자리 잡은 것은 아닌지 걱정된다. 자주 언급하지만 현직교사가 단 한 명도 포함되지 않은 국가교육회의 위원 명단을 보면 절로 한숨이 나온다. 그리고 이런 천박한 교육관을 가진 사람들에게 이 나라의 미래를 맡긴다는 게 설마 실화는 아니겠지, 생각하며 자꾸 뺨을 꼬집어본다.(2018년)

'깜깜이' 교육감 선거

○

2018년 지방자치선거는 여당의 압승으로 마무리되었다. 일부 지역을 제외하면 전국이 푸른색으로 물들다시피 했다. 그와 함께 진행된 교육감 선거에서도 이른바 진보교육감이 2014년보다 오히려 늘어나, 대구, 경북, 대전을 제외한 14개 교육청에 진보교육감 깃발을 꽂았다. '혁신교육'에 대한 전 국민적 지지가 확인된 셈이다.

고무적인 성과임에는 분명하지만 한 가닥 찜찜함이 남는다. 이 결과를 인정하지 않으려는 사람들 입에서 주로 나오는 '깜깜이 선거'라는 말 때문이다. 깜깜이 선거란 후보자나 정책에 대해 아는 것이 너무 없어서 누굴 찍어야 할지 전혀 모르는 상태에서 치르는 선거를 말한다. 이렇게 될 경우 결국 유명한 사람이 유리하다. 이번 선거에서도 현직 교육감 중 낙선자가 단 한 명도 나오지 않았는데, 교육감 후보 중에서는 아무래도 현직 교육감이 이름이 가장 많이 알려진 사람이라는 점이 어느 정도 작용했을 것이다.

그런데 조금 생각을 달리해보면 깜깜이 선거가 교육감 선거의 전유물만은 아니라는 것을 알 수 있다. 다른 선거도 광역자치단체장 이하 단위로 내려가면 사실상 깜깜이 선거다. 시도의원이나 시군구의원 후보들에 대해 누가 누군지 알고 찍는 유권자가 얼마나 될까? 시도의원이나 시군구의원의 정책이 어떻게 다른지 비교해보고 누가 적격자인지 판단하고 찍는 유권자가 얼마나 될까? 많이 잡아도 10%를 넘지 않을 것이다. 그런데도 광역의원이나 기초의원 선거를 깜깜이 선거라고 하지 않는다. 누가 누군지 구별할 수 있는 강력한 지표가 있기 때문이다. 바로 소속 정당이다. 그래서 대부분 유권자는 후보가 누구인지, 무슨 주장을 하는지 살펴보지 않고 소속 정당이 어디인지만 보고 찍는다. "1번으로 통일", "2번으로 통일" 이런 식이다.

따라서 교육감 선거가 깜깜이 선거라고 불리는 까닭은 후보자에 대해 혹은 후보자의 정책에 대해 유권자들이 몰라서가 아니다. 그건 다른 선거도 마찬가지다. 교육감 후보자는 어떤 정당에도 소속할 수 없기 때문이다. 심지어 1년 전까지 소급해서 정당에 소속한 적이 없어야 한다. 그러니 유권자들이 교육감 후보자에 대해 알 수 있는 것은 이름 석 자뿐이다.

교육감은 일반적 업무를 담당하는 직책이 아니라, 지역의 유초중등 교육을 담당하는 전문적 직책이다. 그리고 이 영역은 상식을 가진 사람이면 누구나 이해할 수 있는 영역이 아니라, 상당한 이론과 숙련이 필요한 전문적 영역이다. 따라서 교육감 후보자들이 그 분야에서 훌륭한 경력을 쌓고 훌륭한 교육철학과 교육비전을 가지고 있다 한들, 그걸 식별할 수 있는 사람의 숫자는 매우 제한되어 있다. 유권자 대부분은 이해하지 못하거나, 더 나쁘게는 오해하기 쉽다.

심지어 더 큰 문제가 있다. 유권자는 물론, 교육감 후보자들조차 유초중등교육에 대한 전문성이 부족하다 못해 전무한 경우가 많다. 유초중등교육전문가인 현직교사들이 교육감 선거에 어떤 방식으로도 관여할 수 없게 막아놓았기 때문이다. 교사가 교육감 후보자가 되려면 무조건 교사직을 사임해야 한다. 당선이 보장된 것도 아닌데 그런 모험을 할 만큼 부유한 교사는 많지 않다. 반면 대학교수는 교육감에 출마하기 위해서는 휴직으로도 충분하다. 당선되면 좋고, 낙선하면 다시 복직할 수 있다. 무슨 근거로 이런 차이를 두는지 도저히 이해할 수 없지만 하여튼 그렇다. 교사는 출마도 못할 뿐 아니라 교육감 후보자를 도와 정책을 만드는 일에 참여할 수도 없고, 교육감 후보자에 대한 비평을 공개할 수도 없으며, 심지어 SNS에서 '좋아요'도 누를 수 없다. 대학교수는 이 모든 일이 얼마든지 가능하다.

결국 정작 교육감이 누가 되느냐에 따라 가장 큰 영향을 받고, 교육감이 해야 할 일을 가장 잘 알고 있는 교사들이 교육감 선거 과정에서 철저하게 배제된다. 정당 역시 절대 개입할 수 없다. 그 결과 교육감 선거는 대학교수와 이런저런 노동운동단체, 시민운동단체의 전유물이 되었다. 당연히 그들은 현재 유초중등교육의 현장에 대해 아무런 감이 없다. 교사 출신 후보라 하더라도, 현직과는 거리가 먼 왕년의 교사 경력이 있을 뿐인 이런저런 노동운동단체, 시민운동단체와 관련 깊은 인물들이다. 결국 유초중등교육에 관한 한 동네 아저씨나 다름없는 대학교수들이 역시 동네 아저씨들과 다름없는 운동가들과 모여서 후보를 선출하고 선거캠프를 차려서 이런저런 공약을 내거는 것이 교육감 선거다. 당연히 교육 발전에 도움 되는 공약과 교육현장과 동떨어진 엉터리 공약이 마구 뒤섞이지만, 이 옥석을 가려줄 수 있는 교사들은 자기 목을 걸지 않는 한, 어떤 정보도 알려줄 수 없다.

후보자도 교육을 모르고, 유권자도 교육을 모른다. 이해를 도와줄 전문가들은 공직선거법의 시퍼런 서슬에 눌려 새파랗게 질린 입술을 꾹 다물고 있다. 이렇게 무지의 삼각형이 완성된다. 답답해진 유권자는 결국 친인척이나 지인 중 아는 교사에게 물어본다. 대통령, 국회의원, 시장, 도지사를 뽑을 때 다른 사람들에게 물어보고 그대로 찍지는 않을 것이다. 하지만 교육감은 아는 교사에게 물어보는 경우가 많다. 그래도 교사의 입은 조심스럽다. 만약 "누구 뽑으세요"라고 대답했다가 선거법 위반으로 목이 달아나지나 않을지 걱정한다. 지금 대답하는 공간이 개인 톡인지 단체톡인지 따지게 된다. 이렇게 구차하게 따질 바에는 그냥 입 닫고, 눈 감는 게 속 편하다.

이게 바로 교육감 선거가 깜깜이 선거가 되는 까닭이다. 교육전문가의 손과 발을 사슬로 묶고 입에는 재갈을 채워놓은 선거. 후보자도 전문가가 아니며, 캠프도 전문가가 아니며, 유권자도 전문가가 아닌 선거. 유권자만 깜깜이가 아니라, 후보자도 캠프도 다 깜깜이다. 그나마 후보자와 캠프가 스스로 깜깜이라는 것을 인정하면 다행이다. 뭐든지 다 아는 우리나라 시민운동가나 노동운동가의 속성상, 주로 여성이 담당하는 교육 분야 따위는 이들 남성 활동가들에게는 마음만 먹으면 얼마든지 할 수 있는 맨스플레인(mansplain, 남자가 여자는 모른다고 생각하고 무조건 자신은 알고 있다는 식으로 설명해주는 현상을 일컫는 용어)의 대상에 불과하다. 이렇게 깜깜이 선거가 마무리된다. 그 해법이 무엇인지는 설명하지 않아도 능히 짐작할 수 있을 것이다.(2018년)

'공정한 수능'이라는 환상과
창의인성교육

○

　한국 특유의 사회적 건망증 덕분에 4월에 터졌던 어이없는 금융사고가 벌써 잊히고 있다. 삼성증권의 총자본보다 수십 배 많은 유령주식이 발행되었고, 그중 1,000억 원 이상이 거래소에서 대량으로 거래된 사건 말이다. 회사가 30여 분 만에 유령주식을 회수하여 대형참사는 면했지만, 조금만 늦었더라면 회사 총자본보다 더 많은 주식이 매각되면서 삼성증권이라는 거대금융사가 어이없게 부도를 낼 뻔했다. 하지만 국민연금을 비롯한 수많은 투자자는 엄청난 손실을 보았다. 가히 세월호 참사의 금융 버전이라 할 만하다. 아니, 세월호 참사보다 더 나쁘다. 이 사고 관련자들이 세월호 참사 관련자들보다 사회적으로 더 인정받는 위치에 있는 엘리트층이기 때문이다.

　사건을 복기해보면 세월호 참사 판박이다. 우선 담당자의 실수로 우리사주를 보유한 직원에게 주당 1,000원의 배당금 대신 주당 1,000주씩 배당했다. 조금만 신경 썼으면 하지 않았을 실수다. 배당받은 직원들은 자기가 보유한 주식이 1,000배나 늘었으니 깜짝 놀랐겠지만, 제정신을 가진 사람이라면, 더구나 엘리트라고 인정받은 사람들이라면 이게 착오나 실수라는 것을 금방 알았을 것이다. 그렇다면 회사에 이 상황을 신고해서 다음 날 주식시장 개장 전에 이를 바로잡는 게 직원으로서 당연히 해야 할 일이었다.

그런데 놀랍게도 누구도 개장 전에 이를 신고하지 않았다. 더구나 일부 직원은 회사가 착오를 알아채기 전에 이 유령주식을 재빨리 팔아치워 30분 만에 수억에서 수십억에 이르는 부당이득을 챙기기까지 했다. 심지어 일부는 이렇게 유령주식이 일거에 매도될 때 폭락하게 될 주식가격을 이용하여 그 차액으로 이득을 얻어내는 옵션거래까지 시도했다. 사고를 회사에 신고는 못할지언정 발각 나서 팔아치운 주식을 회수당할 경우를 대비한 헷징(hedging, 가격변동으로 인한 손실을 막기 위해 실시하는 금융거래행위)까지 한 것이다.

이런 사건이 터질 때마다 한국사회는 교육을 탓한다. 공부를 아무리 잘해도, 시험을 아무리 잘 쳐도 인성이 바탕 되지 않으면 헛것이라며 학교를, 입시를 비난한다. 이런 식으로 '줄 세우기 주입식 경쟁교육 때문에 인성교육이 뒷전으로 밀린 결과'라는 레퍼토리는 안 들어도 뻔하다. 한국교육개발원이 학부모를 대상으로 우리나라 교육이 가장 시급하게 다룰 문제가 무엇인지 물은 설문조사에서 압도적 다수가 '인성교육 부재'라고 응답했다.

진보 성향 시도교육감들이 함께 발표한 4·16교육선언에서도 '지식

위주의 줄 세우기 경쟁교육'을 지양하고 '협력적이고 창의적인 수업'을 통해 학생의 인성과 창의성을 함양하겠다고 약속했다. 심지어 박근혜정부도 초등학교 일제고사를 폐지하고, 중학교에 자유학기제를 시행하는 등 '창의인성교육'을 부르짖었다. 대입에서도 수능정시 비중이 점점 줄어들고, 다양한 수시전형 비율이 늘어난 까닭도 여기에 있다. 공교육 12년의 제일 마지막 단계에 버티고 서 있는 '줄 세우기 주입식 경쟁교육'의 끝판왕 수능을 그냥 두고서는 어떤 인성교육도, 창의교육도 공염불에 불과하기 때문이다.

그래서 문재인정부가 들어서면서 교사들은 희망에 부풀었다. 4·16교육선언의 내용이 전면화되고 교육개혁의 큰 그림이 마무리될 것이라 기대했다. 그런데 엉뚱하게 들려오는 목소리는 수능정시를 확대해야 한다는 강변뿐이다. 한목소리로 줄 세우기 경쟁교육을 비판했던 진보언론, 진보교육감, 민주진보정당 관계자들이 앞장서서 줄 세우기의 끝판왕인 수능정시 확대를 외쳐대고 있다.

학교현장의 교사들은 이제 정신분열에 걸릴 지경이다. 지식 위주의 주입식 경쟁교육을 지양하고 창의인성교육을 하라던 바로 그 입들이 곧바로 수능을 강화하고 그 비율을 늘려야 한다고 외친다. 창의인성교육이라 불리던 것이 금수저 교육으로 둔갑하고, 한 줄 세우기 경쟁교육이 갑자기 공정한 개천용 교육으로 둔갑한다. 어느 장단에 춤을 춰야 할지 알 수 없다. 아무리 교사더러 동그란 네모를 그리라고 떼쓰는 게 이 나라 풍토라지만, 그것도 정도껏 해야 하는 법이다.(2018년)

'공정성'에의 집착과 우민화

○

2022학년도 대학입학제도 개편을 위한 이른바 국민공론화위원회가 활동을 마쳤다. 대학생 뽑는 방법을 각 대학이 정하는 것도 아니고, 그렇다고 교육당국이 정하는 것도 아닌, 숙의민주주의라는 미명하에 국민여론조사로 정하는 나라가 지구상에 또 있을까 싶다. 미국이나 유럽은 물론, 우리나라만큼 대학입시 경쟁이 치열한 일본, 중국, 타이완, 싱가포르, 홍콩 등에서도 도무지 이와 비슷한 사례조차 들어본 적 없다.

물론 대입제도를 선발주체에게 일방적으로 맡기는 것이 아니라 국민참여의 방법으로 정하는 것 자체는 긍정적이라고 주장할 수도 있다. 문제는 그렇게 여론조사를 하는 이유가 미래지향적이고 더 나은 대안을 찾기 위해서가 아니라, 기껏 전 세계적으로 점점 퇴조하는 객관식 '시험' 만으로 선발하는 수능정시 비율 확대를 위한 요식행위가 되어버렸다는 점이다.

더욱 놀라운 것은 여기에 참여한 사람들의 표리부동한 정서다. 수능 정시 비율 확대의 손을 들어주었던 사람들조차 수능으로 대표되는 객관식 시험에서 점수 높은 학생을 인재라고 부르는 시대는 저물었다는 걸 인정했다. 그러면서도 수능을 늘리자는 이율배반적인 주장의 손을 들어주었는데, 그 이유는 오직 '공정성'뿐이었다. 학종 같은 방식의 평가가 미래지향적이고 공교육 정상화에 도움이 되는 것은 이해하지만, 불공정할 수 있기 때문에 객관적이고 공정한 시험인 수능으로 뽑아야 한다는 것이다.

이 '공정성'에의 집착이 보여주는 가장 큰 문제점은 교육 관심의 결여다. 교육이야 어떻게 진행되든 간에, 아무튼 마지막에 대학생 뽑는 과정의 공정성이 제일 중요하다는 것이다. 설사 그 공정성이 교육을 왜곡하고 시대에 뒤떨어지게 하더라도. 이는 어떻게 해서든 이른바 명문대에 들어가는 것만 중요하고, 그 대학에서 어떤 학생들을 뽑아서 어떻게 가르치고 어떤 사람을 만들어내는가는 따지지 않겠다는 것이다. 한마디로 교육에는 관심이 없고 선발에만 관심이 있다.

만약 교육에 관심이 있다면 장차 학생들을 어떤 사람으로 기를 것이며, 이를 위해 무엇을 어떻게 가르칠 것인가에 대해 먼저 토론했을 것이다. 어떻게 선발할 것인가는 이 문제가 정해지면 저절로 따라가는 문제다. 가르친 방식대로 뽑으면 된다. 지식 전수를 중심으로 가르쳤다면 시험을 쳐서 전수한 지식이 얼마나 남았는가를 측정하면 되고, 문제해결 능력 함양을 중심으로 가르쳤다면 거기에 맞는 과정평가와 정성평가가 이루어져야 한다. 이것을 정하는 것이 바로 교육과정이다. 그런데 우리나라에서 입시제도에 대해 여론이 우왕좌왕하는 것은 봤어도, 교육과정에 대해 여론이 형성되고 공론화를 요구하는 모습은 본 적이 없다. 사실 공론에 붙여야 할 것은 입시제도가 아니라 교육과정이며, 북유럽 등의 국가교육회의의 가장 중요한 역할도 바로 교육과정의 재개정을 연구하고 공론에 붙이는 것이다.

그런데 지금 이른바 공론화의 결과를 보면, 일선 초중고교사에게는 소위 4차산업혁명시대에 대비하여 창조적이고 다양한 교육 방법을 개발하라는 압력을 그대로 유지하는 상태에서, 제일 마지막 평가만큼은 객관식 시험으로 치르겠다고 선언하고 있다. 만약 객관식 시험을 그토록 고수하고 싶었다면, 객관식 시험과는 정반대 방향의 교육을 표방하고 있는 2015개정교육과정 자체의 고시 철회를 요구했어야 한다. 그러나 교육과정에 대해서는 아무 관심도, 언급도 없이 그저 마지막 시험, 대입평가만 놓고 설왕설래를 펼쳤다.

교사들이 고루하게 지식전수, 암기식 교육이나 하고 있다며 판에 박은 비판을 하는—이런 말을 하는 사람들이 일선 학교, 특히 초등학교나 중학교에 한 번이라도 와봤을지 의심스럽다—그 입으로 교육과정 제일 마지막에 버티고 있는 대입은 역시 공정하게 수능정시로 가야 한다고 말하고 있는 것이다.

교육과정과 입시가 서로 반대 방향을 달리면 사교육이 융성할 수밖에 없다. 교육과정을 준수해야 하는 학교는 당연히 입시와 거리가 먼 수업을 해야 하고, 결국 학생들은 사교육을 통해 입시를 준비해야 할 테니 말이다. 그래서 막상 사교육이 융성하고 사교육비에 허리가 휘면 저 여론이라 불리는 입들은 학교를 욕하고 교사를 비난할 것이다. 공교육이 경쟁력이 없어서 사교육이 융성하네 어쩌네 하면서 말이다. 그래서 할 수 없이 학교에서 야간자율학습, 보충수업을 편성하면 학생인권 유린이라고 또 비난할 것이다. 도대체 이 어리석은 원환운동을 대체 언제까지 계속할 참인가? 이렇게 교육에 대해 무지하고 무관심하며 표리부동한 사람들의 뜻을 모아 그것을 '공론'이라고 말한다면, 지하에서 키케로가 뛰쳐나와 가슴을 쥐어뜯으며 "너희 나라도 이제 참주의 압제가 멀지 않았다"라고 외칠 것이다.

키케로, 아우구스티누스, 마키아벨리에 이르기까지 공화주의의 터전을 닦은 위대한 사상가들은 한결같이 공화국이 성립되기 위해서는 '공의(公議)'가 서야 한다고 주장하고 있다. 공의가 있어야 인민이 있으며, 그럴 때 인민은 집합으로서 의미를 가진다. 공의를 가지지 않은 사람들은 아무리 많은 숫자가 모여서 떠들어댄다고 하더라도 다만 군중에 불과하다. '공론(公論)'이란 '공의'를 가진 시민이 모여 '공공(公共)'의 문제를 논의하는 것이지, 군중이 모여 마구잡이로 자기 생각을 떠들어대는 것이 아니다. 공의는 단지 공화국 시민으로 태어났다고 해서 저절로 머릿속에 장착되는 것이 아니다. 공의를 갖추기 위해서는 적절한 교육과 경험이 있어야 하며, 그 공의를 공론에 부치는 '토의'의 방법 역시 적절한 교육과 경험을 통해 획득해야 한다.

숙의민주주의란 이런 과정을 거쳐서 충분히 토의할 수 있는 충분한 숫자의 시민들을 전제로 하는 것이지, 무작위로 선발한 시민 샘플들에게 중요한 문제를 결정하도록 하는 것이 아니다. 적어도 숙의민주주가 가능해지려면 만장일치가 될 때까지 토론해야 하며, 그게 불가능하다면 투표를 하되, 토론의 전과 후에 제 생각이 어떻게 달라지거나 유지되었는지를 토론과정에 제시한 각종 자료와 논거에 근거하여 정당화할 수 있는 상태에서 해야 한다. 그 정도 준비가 되어 있지 않은 사람들을 모아놓고 떠들어대다 투표하는 것은 공론이 아니라 다만 소란에 불과하다. 그리고 이런 소란의 결과에 따라 나라의 중요한 정책을 정하는 것은 숙의민주정치가 아니라, 우민정치에 불과하다. 지금 우리나라는 우민정치의 길을 가고 있다.

여기에 모였던 사람들이 공의가 없었다는 것을 어떻게 아느냐고? 교육과정에 대한 고민, 교육이 나아갈 방향에 대한 고민은 진지하게 논의되지도 못하고, 그저 공정한 입시제도에만 관심을 기울이는 모습만으로 충분하지 않은가? 사실 공정한 입시제도야말로 가장 불평등한 입시제도가 될 수 있다는 문제제기가 한 번도 나오지 않았다는 것만으로 충분하지 않은가?

실제로 교육학에서는 공정성(fairness) 개념보다는 형평성(equity)이라는 개념을 더 중요하게 생각하며, 이 둘이 때로 충돌하는 경우가 많다. 또한 교육평가에서 가장 중요한 개념은 타당성(validity)과 신뢰성(reliability)인데, 이런 개념들은 증발하고 공정성만 소리 높여 외쳐댔다는 것만으로 충분하지 않은가? 그리고 이런 논의가 밥 먹듯이 익숙한 교사 등 교육전문가를 배제하고, 사교육업자 출신 정체불명의 교육전문가의 목소리가 울려 퍼졌다는 것만으로도 충분하지 않은가?(2018년)

교육과정 따로, 대학입시 따로

○

    다시 묻는다. 교육평가에서 제일 중요한 것은 무엇일까? 대학입시제도 때문에 교육부장관이 경질되고 정부의 교육개혁 정책이 사실상 좌초되는 등 혼란을 겪고 있는데, 이 혼란을 지배하는 주문 같은 단어는 한결같이 '공정성'이다. 공정성 때문에 절대평가를 인정하지 못하고, 공정성 때문에 정성평가와 그에 기반한 학종을 인정하지 못하고, 오지선다형으로 치러지는 수능 중심으로 돌아가자는 퇴행적 목소리가 난무했고, 결국 정부가 이에 굴복했기 때문이다.

    하지만 교육평가에서 가장 중요한 것은 공정성이 아니다. 공정성은 스포츠 경기에서 중요한 것이지, 교육 용어가 아니다. 교육평가에서 가장 중요한 것은 '타당성'과 '신뢰성'이다. 타당성이란 평가해야 할 것을 평가했느냐 하는 것이고, 신뢰성은 그 평가를 제대로 했느냐 하는 것이다. 물론 평가가 공정하면 좋겠지만, 공정성과 타당성 중 하나를 선택해

        3부_ 학교와 제도에 대하여

야 한다면 공정성을 포기하고서라도 지켜야 하는 것이 이 타당성이다.

교육평가의 타당성은 평가목표와 실제 평가방법이 얼마나 일치하느냐로 판단한다. 그렇다면 가장 중요한 것은 당연히 국가교육과정의 교육목표다. 우리나라 학부모는 교육과정의 존재만 알아도 관심 있는 축에 속한다. 평가는 교육의 제일 마지막 단계이기 때문에 '교육이 달성하고자 한 것'을 평가해야 한다.

교육과정의 목표는 학생이 이 과정을 다 마쳤을 경우, 되어 있기를 바라는 '인간상'의 방식으로 제시된다. 우리나라 교육과정을 살펴보면 이렇다.

> 가. 전인적 성장을 바탕으로 자아정체성을 확립하고 자신의 진로와 삶을 개척하는 자주적인 사람
>
> 나. 기초능력의 바탕 위에 다양한 발상과 도전으로 새로운 것을 창출하는 창의적인 사람
>
> 다. 문화적 소양과 다원적 가치에 대한 이해를 바탕으로 인류문화를 향유하고 발전시키는 교양 있는 사람
>
> 라. 공동체 의식을 가지고 세계와 소통하는 민주시민으로서 배려와 나눔을 실천하는 더불어 사는 사람

이러한 사람이 되려면 부지런히 갈고 닦아야 할 능력이 있을 텐데, 이를 교육과정은 핵심역량이라고 부른다. 결국 학교는 학생이 이 핵심역량을 함양하도록 교육활동을 배치하여야 한다.

가. 자기관리 역량: 자신의 삶과 진로에 필요한 기초능력과 자질을 갖추고 자기주도적으로 살아감

나. 지식정보처리 역량: 문제를 합리적으로 해결하기 위하여 다양한 영역의 지식과 정보를 처리하고 활용함

다. 창의적 사고 역량: 다양한 전문 분야의 지식, 기술, 경험을 융합적으로 활용하여 새로운 것을 창출함

라. 심미적 감성 역량: 인간에 대한 공감적 이해와 문화적 감수성을 바탕으로 삶의 의미와 가치를 발견할 수 있음

마. 의사소통 역량: 자신의 생각과 감정을 효과적으로 표현하고 다른 사람의 의견을 경청하며 존중함

바. 공동체 역량: 공동체의 구성원에게 요구되는 가치와 태도를 가지고 공동체 발전에 적극적으로 참여함

이러한 역량을 길러주려면 여기에 맞는 여러 가지 교육 내용과 교육 활동이 세심하게 선정되고 효과적으로 배열되어야 한다. 그동안 우리가 '공부'라고 생각한, 교사가 가르쳐주고 학생이 열심히 받아적고 시험 치는 '전수형' 수업 방식으로는 한계가 있음이 한눈에 드러난다. 다른 역량들의 함양을 위해서는 학생이 다양한 협력적, 융합적 활동을 경험해야 한다. 교과를 넘나드는 주제를 학생들이 공동체를 이루어 협력적으로 탐구하고 그 결과를 심미적으로 표현하고 토론하고 답을 찾아나가는 방식의 수업이 필요하다.

수업이 바뀌면 평가도 달라져야 한다. 교육학의 제1원리는 교육목

표-수업-평가의 일치다. 전통적인 수업방식이 달라져야 한다면, 전통적인 평가방법 역시 달라져야 한다. 특히 선택형 문항으로 이루어지는 객관식 시험은 운이 좋으면 정답을 맞힐 확률이 20%라는 한계는 있지만, 나머지 80% 중 얼마나 맞추었는지를 측정하면 학생의 지식을 평가하는 데 매우 효과적이었다. 하지만 평가할 목표가 심미적 감성 역량, 창의적 사고 역량, 의사소통 역량이라면 이런 시험은 단번에 그 한계를 드러낸다. 이러한 역량들은 활동 결과물인 각종 프로젝트, 포트폴리오, 발표자 학생들이 실제로 수행해나가는 과정을 관찰하지 않으면 온전히 확인할 수 없다. 게다가 이러한 역량들은 숫자로 환원되지 않는 부분이 많기 때문에 정성평가, 즉 교사의 서술로 상당 부분 보충되어야 한다.

이러한 정성평가는 수업을 직접 담당한 교사 이외에는 그 누구도 평가할 수 없다. 시험은 외부 문항을 가져와서 치를 수 있지만, 정성평가는 다양한 수업을 직접 진행하고 그 과정에서 학생의 활동을 관찰하고 기록한 담당교사가 아니면 거짓말이나 소설을 쓸 수밖에 없기 때문이다. 문제는 정성평가에서는 평가자의 주관이 개입될 수밖에 없다는 점이다. 이른바 주관식 평가이다.

이것이 불공정 논란의 원인이다. 사람들은 누구나 자기 나름대로 자신을 평가한다. 또 부모는 자기 나름대로 자녀를 평가한다. 학생이 주관적으로 평가한 자신, 학부모가 주관적으로 평가한 자녀, 그리고 교사가 주관적으로 평가한 학생 사이에는 괴리가 발생할 수밖에 없다. 유교적 전통이 강하던 시절에는 자신이나 자기 자녀에 대한 평가가 오히려 박한 경우가 많았지만, 최근에는 정반대다. 본인이나 자기 자녀에 대한 평가가 실제보다 훨씬 과장되는 경우가 대부분이다. 반면에 수많은 학생을 함께 평가하는 교사는 비교적 냉정하게 평가한다. 결국 많은 학생과 학부모가 자신이나 자기 자녀가 불공정한 평가를 받았다는 불만을 느끼게 된다.

하지만 이게 번거롭다고 정성평가 중심의 평가개선 방향을 멈출 수는 없다. 이미 교육목표가 그렇게 바뀌고 있기 때문이다. 목표를 저렇게 잡고, 수업을 저런 방식으로 하면서 막상 평가는 정량적 시험으로 시행한다면, 교육은 물론 학생을 기만하는 것이다. 이 경우 수업과 평가의 괴리가 심하기 때문에 학생들은 수업은 등한시하고 온통 시험 준비에만 몰두할 것이다. 학교는 학생과 학부모의 희망을 마냥 방치할 수만은 없다. 그러니 교육과정상의 목표가 뭐가 되건, 그저 시험 대비 중심으로 수업할 수밖에 없다. 그런데 교육부나 교육청은 교육과정을 파행적으로 운영하지 말라고 학교에 압력을 가할 것이므로 노골적인 시험 대비 수업을 하기도 어렵다. 반면 학원은 교육과정 그런 건 무시하고 노골적으로 시험 대비 수업을 할 수 있다. 그러면 학부모들은 말할 것이다. "사교육이 공교육보다 낫다."

교육과정을 개혁했으면 평가도 같이 개혁해야 한다. 교육과정만 경천동지할 변화를 일으키고 평가는 그대로라면, 결국 평가만 대비하는 사교육의 배만 불려주고, 학교를 교육과정과 평가 사이에 낀 처량한 신세로 만들어버릴 것이다. 대체 이 슬픈 코미디를 언제까지 반복할 셈인가? 이럴 거면 차라리 교육과정을 바꿔달라고 하고 싶다. 일방적인 지식 전수를 교육목표로 삼는 1960년대식으로 말이다.(2018년)

지금 교단을 지배하는 정서

○

문재인정부 중간평가를 할 시점이다. 그런데 보나 마나 낙제 영역이 있다. 바로 교육이다. 교육은 처음부터 걱정스러웠던 영역이다. 흔히 예전의 참여정부가 경제와 교육에 약했다고 하지만, 진짜 약한 구멍은 교육이었다. 사교육비 대란, 대학등록금 대란, 교실붕괴, 교원평가, 일제고사 등등 키워드 몇 개만 뽑아보면 혼돈 그 자체였다. 그 와중에 사립학교법이나 교장승진제도 개혁 같은 것은 국회 과반을 차지하고서도 해내지 못했다.

이명박정부 초기, 촛불의 시발점이 되었던 중고등학교 학생들의 "밥 좀 먹자, 잠 좀 자자!"라는 절규를 기억한다. '촛불소녀'라는 신조어가 등장하기도 했다. 그런데 그때는 이명박이 취임한 지 석 달도 되지 않았을 무렵이다. 그렇다면 그들을 절규하게 만든 교육은 이명박정부가 아니라 참여정부가 만들었다고 봐야 한다. 최악의 정책은 수능, 내신, 논술·본고사의 3:3:3 황금분할을 만들어버린, 이른바 '죽음의 트라이앵글'이다.

결국 수능, 내신, 논술 전문 사교육이 영역별로 창궐했고, 특기적성 교육이라는 이름으로 초등학생마저 방과후에 학교에 붙잡아둘 근거가 마련되었다. 이미 지옥문은 이때 열리기 시작한 것이다. 이렇게 되자 사교육비 부담에 불만에 찬 학부모 앞에서 그 책임을 교사에게 떠넘기는 행동까지 했다. "공교육이 부실하여 사교육이 창궐하니, 공교육 수준을 높여 사교육비를 잡겠다"라는 논리가 등장한 것이다. 이때부터 학교는 학원과 경쟁해야 하는 서비스업이 되었고, 학부모는 자녀교육을 책임지는 1차 교육자가 아니라, 돈을 내고 교육을 구입하는 고객이 되었다. 참여정부의 교육실패사는 쓰기 시작하면 책 한 권이 나올 정도니 이만 생략한다.

문재인정부가 출범할 때 참여정부의 실패를 잘 복기하여 다시는 그 전철을 밟지 않을 것이라 기대하면서도 한편으로는 걱정했다. 그래도 다행한 것은 이명박·박근혜정부 시절에도 현장에서 꾸준히 교육혁신을 시도해온 교사들이 어느 정도 세력을 이루었고, 그들의 성과에 힘입어 전국 대부분 지역에서 진보 성향의 교육감이 세워졌다는 것이다.

그런데 어이없게 지난 1년여간 정부는 교육 분야에서 아무것도 이루어내지 못했다. 교장승진제도 개혁의 출발점이 될 내부형 공모교장제도 정상화는 교총의 반발에 막혔다. 일선 초중등학교의 수업혁신에 가속도를 붙여줄 대입제도 개혁은 오히려 수능정시 확대로 귀결되면서 후퇴하였다. 학종을 보다 내실 있고 공정하게 만들어줄 생활기록부 개혁은 반년째 관료의 사보타주에 밀려 제자리걸음 하고 있다. 역사 국정교과서 만들기에 앞장섰던 반민주 부역자 문제는 조사만 하고는 없던 일로 덮어버렸다. 이런 분위기를 틈타 '개돼지' 발언의 교육부 관료 나향욱이 보무도 당당하게 복직했다.

이 와중에 모든 교육문제의 블랙홀이라는 대입제도 문제에 빠져 반년이라는 황금시간을 허비했다. 더 나쁜 것은 결정 과정에서 교육의 자주성과 전문성, 정치적 중립성을 무시하고 이른바 공론화라는 명분으로 여론투표를 했다는 것이다. 대입제도가 초중등교육에 엄청난 영향을 주는 것을 뻔히 알면서도 초중등교육을 담당하는 교사는 철저히 배제했다. 이제 적폐 교육관료들은 그동안 눈엣가시였던 '전문가 간담회'를 대놓고 무력화하고 있다. 교육부의 교사 패싱에 항의하면서 교원단체가 각종 협의회 참석을 거부하겠다고 하자, "전문가는 많으니 당신들이 알아서 해라" 수준의 답변이 올 정도다. 단언컨대 지금 교육부 관료들은 국민은 물론, 교사도 개돼지로 보고 있으며, 자기들 위에 앉아 있는 장관이나 청와대는 청맹과니로 보고 있다.

그러더니 초등학생을 학교에 오래 붙잡아두겠다는 정책을 '저출산 대책'이라며 들고나왔다. 차라리 '맞벌이 부부 지원책'이라고 솔직히 말하고, 현실적 어려움을 들어 협조를 구한다면 이해할 구석이나 있다. 그런데 저출산대책위원회 관료는 이것을 '초등교육개혁'이라는 이름으로 들고나왔다. "그동안 중고등학교에는 상당한 변화가 있었는데, 초등학교에는 아무 변화가 없었고, 그래서……"라면서, 초등학교가 보육 기능도 담당하는 게 교육개혁이라고 주장한 것이다. 중학교의 자유학기제, 고등학교의 학종을 가능하게 한 수업방법 혁신, 그리고 이제는 일반명사가 되어버린 혁신학교가 어디에서 출발했는지 전혀 모르는 게 틀림없다. 우리나라의 모든 교육혁신, 혁신학교의 출발점은 초등학교다. 이러한 사실을 국민들은 잘 모른다. 그럼 그걸 널리 알려야 마땅한 교육부가 외부기관인 저출산대책위원회에서 "변화 없는 초등학교에 보육 기능까지 떠넘김으로써 개혁하겠다"라고 망발을 늘어놓는 것을 멍하니 듣고만 앉아 있는 것이 이 민주진보정부의 교육 현실이다.

어디 그뿐이랴? 교육감을 여러 해 역임한 교육부장관조차 전공이 부동산인 청와대 일개 수석의 서슬에 눌려 뜻하던 바를 대통령에게 제안조차 못하고 결국 물러나야 한다. 의미 있는 교육개혁안이 번번이 '부동산 전문가'에 의해 커트 당한다는 소문이 나돌고 있다. 교사 전문성을 전혀 인정하지 않고, 학교 공무직이나 다를 바 없이 취급하는 것이, 그래서 틈만 나면 전문성의 유지와 함양을 위해 주어진 다소간의 시간을 부당한 특혜라고 부르면서 교사 처우를 학교 공무직 수준으로 끌어내리려는 시도 역시 이 민주진보정부의 교육 현실이다. 교사의 숙원인 교육에의 전념, 교사인지 행정직원인지 모를 이 정체불명의 업무로부터의 해방은 꿈도 꿀 수 없는 지경이 되었다. 오히려 복지노동, 돌봄노동까지 떠안을 판이다.

지금 교사의 사기는 땅굴을 파고 지하로 들어가고 있다. 그까짓 교사 사기가 땅에 떨어진들 뭐가 대수냐, 이렇게 생각할지도 모르겠다. 그러나 하늘이 쪼개질 정도의 교육개혁이라도 실제로 교사가 신나게 수행하지 않으면 문서상으로만 남는다. 아무리 교사에게 개혁의 실행을 강요해도 맥빠진 교사들은 그렇게 하고 있다는 공문서만 생산할 것이다. 지금 교사들은 학부모에게 매나 안 맞으면 행운이며, 밤새도록 문자폭탄에 안 시달리면 운이 좋은 거라고 생각하며 하루하루 위태롭게 출퇴근한다. 그러면서 정부를 불안하게 바라본다. 뭘 잘해주기를 기대하는 게 아니다. 그저 아무것도 하지 말고 그냥 있었으면 하는 것이다.

지금 언론은 끊임없이 교사에게 뭇매를 날리고 있다. 만약 진보 진영이 그토록 짝사랑하는 핀란드나 독일이었다면 이런 시기에 교육부장관이나 책임 있는 인사가 나서서 "우리나라의 교원 선발과 양성은 훌륭하게 작동하고 있으며, 일부 불미스러운 사태에도 불구하고 우리는 세계에서 가장 우수한 교사진을 보유하고 있습니다. 우리 정부는 교사의 자질과 자정 능력을 전적으로 신뢰합니다"라고 발표했을 것이다. 가계동향지표, 고용지표가 엉망일 때는 경제당국이 "경제는 아직 튼튼합니다. 일시적인 현상입니다"라고 국민을 안심시키는 것과 같다. 그리고 우리나라 교사는 적어도 경제 펀더멘털보다는 더 믿을 만하다. 소방점검 나가서 뒷돈 받는 소방관도 우리나라 소방관이며, 자기 돈으로 장비를 사가면서 구조에 나서는 소방관도 우리나라 소방관이다. 소방관에게 대는 잣대나 교사에게 대는 잣대가 다를 수 없다.

그러나 우리나라의 교육당국은 단 한 번도 그런 지지나 신뢰를 교사에게 보여준 적이 없다. 그런 상황에서 학교와 교사를 지배하는 정서는 오직 우울과 냉소뿐이다. 우울과 냉소에 빠진 교사에게 뭔가 신바람을 일으키기 전에는 어떤 교육정책도 백약이 무효다. 이 와중에 초등학교에는 방과후 학생들이 어디서 무엇을 하고 있는지 30분 단위로 집계하여 보고하라는 공문이 "저출산대책위" 명의로 내려왔다고 한다.(2018년)

교육정책을 읽는
세 가지 키워드

저물어가는 한 해를 공교육을 중심으로 되돌아본다. 당황스럽다. 되돌아볼 것이 없다. 농담이 아니다. 정말 아무것도 없다. 그래도 설마 정부가 직접 책임지는 공교육이니 돌아볼 것 없는 이유라도 따져볼 필요는 있겠다. 올해 현 정부의 교육정책은 다음의 세 가지 키워드로 정리할 수 있다.

대입 매몰

대학입시를 흔히 '교육 쟁점의 블랙홀'이라 한다. 일단 빨려 들어가면 중요한 다른 교육 쟁점을 다 묻어버리기 때문이다. 대학입시를 바꿔서 교육개혁을 하겠다는 생각은 무모하다. 오히려 교육개혁이 무르익어서 대학입시에 대해 진취적인 생각을 하는 학생과 학부모가 충분히 늘어나야 대학입시개혁이 가능하다.

대입제도는 어떻게 바꾸어도 항상 찬성보다는 불만의 목소리가 높기 마련이다. 전체 10% 정도밖에 안 되는 명문대에 들어가기 위해 다투는 경쟁이기 때문이다. 그런데 이 정부는 대뜸 대입제도 논란부터 불을 지폈다. 90%가 원하는 대학에 갈 수 없는 상태에서 현행 입시제도에 '불공정성' 논란을 일으키면 당연히 들불처럼 불만의 목소리가 퍼져나올 수밖에 없다. 이걸 여론이라고 착각하면 안 된다. 결국 항상 불만과 논란만 가득할 수밖에 없는 대입제도 논란에 매몰되어 교육개혁의 골든타임을 고스란히 날려버렸고, 야심 차게 임명한 김상곤 장관만 빈손으로 물러났다.

사실 대입이라는 쟁점은 '그들만의 리그'다. 실상 우리나라 학생의 2/3 이상은 대입에 관심이 없다. 대학진학률이 70%를 넘나드는 상황에서 10%의 명문대 외에는 가도 그만, 안 가도 그만이다. 실제로 일선 고등학교 교실에서 아무리 대학입시를 가지고 옥박질러도 2/3의 학생들이 책상 위에 의욕 없이 엎드려 있는 것을 막기 어렵다. 대입에 모든 쟁점이 빨려들면서 이 2/3의 학생들, 그리고 일반고나 특목고, 자사고가 아닌 특성화고 학생들은 완전히 소외되었다. 무엇보다도 실제로 국가가 책임져야 하는 의무교육기관인 초등학교와 중학교 개선 방향은 논의를 시작하지도 못하고 동력이 사라져버렸다.

비전 부재

공교육은 국가가 모든 비용을 대서 모든 국민에게 의무적으로 받게 하는 교육이다. 공교육은 국가가 미래의 국민에게 이 나라의 국민이 되려면 반드시 갖추어야 할 지식과 소양을 요구하는 과정이다. 공교육과정을 보면 이 나라가 어떤 나라가 되고자 하며, 이를 위해 어떤 국민을 필요로 하는지가 보여야 한다. 이것이 바로 교육의 비전이다. 정부가 해야 할 일은 바로 이 비전을 제시하는 것이다.

이 비전은 세 가지 축을 통해 만들어져야 한다.

첫째, 사회나 국가 등 공동체의 요구다. 민주공화국이 원하는 시민과 절대왕국이 원하는 신민(臣民)의 교육은 전혀 다를 것이다. 둘째, 학생의 요구다. 사람은 저마다 재능과 기질이 다르며 이는 학생의 흥미와 적성을 통해 드러난다. 학생은 장차 국가가 요구하는 자질을 갖춘 시민으로 성장해야겠지만, 그것이 타고난 흥미와 적성을 억압하는 방식이 되어서는 안 된다. 이 둘 사이에서 적절한 교집합을 찾아야 한다. 그런 점에서 '수요자중심교육'이라는 천박한 용어가 '학생중심교육'으로 바뀐 것은 다행스러운 일이다. 셋째, 교육방법상의 요구다. 공교육은 국가가 요구하는 바와 학생이 요구하는 바 사이에서 이루어지기 때문에 자칫 잘못하면 억압과 방종 사이에서 이루어져야 한다. 공교육은 저절로 이루어지는 일이 아니며, 이론을 바탕으로 많은 경험을 축적한 전문가의 도움을 받아야 한다. 바로 교사다.

따라서 정부는 국가의 요청과 학생의 요구, 교사의 전문성 사이에서 이들 교육 당사자 간의 다양한 이해와 관심을 조정하여 공교육이 나아갈 바를 제시해야 한다. 이는 정부의 독단으로 이루어질 일도 아니며, 일반 국민의 여론으로 정할 일도 아니다.

그러나 지난 한 해 동안 정부가 이런 공교육의 비전을 만들기 위해 노력한 흔적은 보이지 않는다. 오히려 쟁점에 따라 이리저리 흔들렸다. 사립유치원 부패가 문제가 되자 유치원 개혁이 주된 쟁점이 되고, 여기에 유치원이 폐원으로 맞서 신입생이 갈 곳이 없어지자 초등학교 학급을 줄여 유치원을 증설했다. 유명한 고등학교에서 시험문제 유출사고가 일어나자 '학사비리'를 무려 9대 적폐 중 1번으로 거론하는 식이다. 4차 산업혁명, 창의융합형 인재 등 구호나 다름없는 말은 난무했지만, 이 나라는 학생들이 어떤 사람으로 성장하기를 바란다는 비전은 보이지 않았고, 교사에게 어떤 학생을 길러내라는 요청도 보이지 않았다. 비전도 목표도 없는 가운데 '공정성'이라는 단어만 난무했다. 그런데 공정성은 교육이 이루어지는 과정, 그중에서도 일부분인 '선발'에 필요한 가치이지, 그 자체가 교육의 목표가 될 수는 없다.

교사 패싱

적폐청산은 이 정부의 핵심구호다. 교육도 예외가 아니다. 무엇보다도 군사독재와 개발독재 시절, 교육을 독재에 순응하는 병사와 산업역군으로 키우고자 했던 병영교육의 잔재부터 청산해야 한다. 1차시 단위로 촘촘하게 짜인 교육과정과 이를 교육관료의 지시·감독을 통해 내려 먹이는 체제, 이것이야말로 가장 먼저 청산되어야 할 적폐다. 자유 없는 교사가 무슨 민주시민을 길러내며, 촘촘한 교육과정의 그물망에서 시수 맞추기에 바쁜 교사가 무슨 창의융합형 인재를 길러내겠는가?

촛불혁명으로 민주정부가 들어섰을 때 뜻있는 교사들이 기대한 것은 바로 교육관료의 간섭과 동료의 몰이해에도 불구하고 묵묵하게 미래

지향적이고 창의적인 수업을 이끌어온 자신들의 노력이 빛을 보는 것이었다. 교육적폐세력에 맞설 힘은 현장 교사의 목소리가 모여서 실질적인 힘을 가질 때의 일이다. 교사회 법제화가 그 첫째며, 교장선출보직제가 그 둘째다. 이것은 고 노무현 대통령 시절부터 중장기 과제로 거론되던 것들이다. 10년이면 충분히 중장기가 지난 셈이 아닌가? 그러나 아무것도 이루어지지 않았다. 교육부의 권력은 전혀 약해지지 않았으며, 생활기록부의 점 하나까지 지적하는 관료의 통제는 오히려 더 강해지고 있고, 초·중등교육법의 조항 대부분은 주어가 장관, 교육감, 학교장으로 남아 있다. 교사와 학생은 실종되었다.

특히 교사의 존재감이 사라졌다. 참여정부가 전교조와 잘 조율되지 않던 트라우마 때문인지, 현 정부는 교사와는 아예 대화하려고 하지 않는다. 교사가 단 한 명도 포함되지 않은 국가교육회의가 논란거리가 되자, 그 산하 전문위원에 몇 명 집어넣었을 뿐이다. 교사와 대화하려고 하지 않는 대신 질책만 한다. 학사비리 때문에 '교육신뢰'가 떨어져서 혁신의 걸림돌이라고 한다. 교사의 목소리는 대통령에게 가서 닿지 않는데, 대통령의 질책은 곧 수많은 공문이 되어 교사에게 던져질 판이다. 이 정권의 교육 화두는 한마디로 '교사 패싱'이다.

교사가 교육주체가 아니라 이렇게 패싱이나 당하는 맥없는 존재라는 것이 알려지자, 교권붕괴는 기정사실이 되었다. 이제 교사는 교육자가 아니라 가장 만만한 민원 대상으로 전락했다. 분노가 가득 찬 사회에서 화풀이 대상이 되었다.

그동안 어려운 여건 속에서 알아주지 않아도, 수당 한 푼 더 안 나와도, 승진에 아무 도움 안 되어도 묵묵히 아이들을 위해 헌신하던 교사들이 무수히 많았다. 학사비리를 저지르는 교사보다 수십 배, 수백 배 많다. 그런데 현 정부는 그들의 헌신과 연구와 실천을 정책으로 끌어올리고 뒷받침하기는커녕 교사 전체를 비난하고 패싱함으로써 그들의 심장을 깨뜨렸다. 현 정부가 올바른 방향에 서서 실천하는 교사들의 편일 것이라 생각했던 신뢰가 무너졌다. 교육혁신이 잘되지 않는 이유가 신뢰 문제인 것은 맞다. 공교육에 대한 국민의 신뢰가 문제가 아니라 정부에 대한 교육자의 신뢰가 무너진 것이다. 지금 교단을 지배하는 정서는 거대한 우울과 냉소다.

사실 국민이 공교육을 믿지 못한다는 말을 믿어선 안 된다. 학부모들은 저도 모르게 공정한 교육, 공정한 입시라고 말하고 '내 아이에게 유리한 교육, 내 아이에게 유리한 입시'를 생각하기 쉽다. 공교육에 대한 불신 역시 "훌륭한 선생님은 왜 꼭 다른 학교에 계시느냐?"라는 우스개 속에 함축되어 있다. 공교육 전반에 대한 불신이 아니라 '내 아이 성적'이 불만인 것이다. 게다가 그들이 정말 학부모 전체를 대변하는지 혹은 몇몇 목소리 큰 계층만을 대변하는지도 따져야 한다. 어쩌면 20%의 목소리가 그들의 영향력 때문에 100%로 확대되어 들리는 것일지도 모른다.

다 쓰고 나니 너무 박한 평가를 한 것이 아닐까 한다. 하지만 아예 할 말이 전혀 없는 것보다는 박한 평가가 낫다. 적어도 개선의 여지가 있을 것이라는 마지막 믿음은 남아 있다는 뜻이니까. 아무리 못 미더워도 교육에 대해서는 교사가 제일 잘 안다. 화재에 대해 소방관이, 치안에 대해 경찰관이 가장 잘 아는 것과 마찬가지다. 부디 다음 해에는 정부가 교사들과 열린 마음으로 대화하고, 단기적인 대증요법, 인기몰이 정책에 휘둘리지 말고 공교육의 먼 비전을 차곡차곡 세워나가기를 바랄 뿐이다.(2018년)

3부_ 학교와 제도에 대하여

무엇이 기초학력인가?

○

　지난 정권까지만 해도 교육 담론은 주로 4차산업혁명시대에 걸맞지 않은 주입식, 암기식 교육을 어떻게 창의적으로 혁신할 것인가 하는 것이었다. 그런데 민주진보정권이 수립되자 오히려 교육 담론 수준이 떨어졌다. 갑자기 입시 공정성이 논란의 중심이 되더니 수능정시가 확대되었다. 그리고 이제 그 불똥이 입시와 무관한 초등학교까지 튀었다. 이른바 '기초학력부진'이라는 쟁점이 그것이다. 무엇이 화두나 쟁점이 되고 있나를 기준으로 보면, 우리나라 교육당국 수준은 지금 틀림없이 퇴행 중이다.

　그런데 2017년부터 1년 이상 허송세월하게 만든 학종 불공정 논란과 2019년을 벽두부터 달군 이른바 기초학력저하 논란은 동일한 현상의 다른 얼굴이다. 그것은 바로 '시험'이라는 오래된 평가방법에 대한 집착에 다름 아니다. 학종에 대한 공격이 수능정시 확대로 이어진 것과 마찬가지로, 기초학력저하 논란은 바로 일제고사 방식의 학업성취도 전수검사 입법으로 이어지고 있다. 마치 '시험확대'를 강령으로 내건 특정 세력이 미리 짜놓은 로드맵이라도 있는 것 같다.

여기서 놀라운 사실은 누구도 기초학력이 대체 무엇인지 정확하게 말하지 않는다는 것이다. 정치인, 관료뿐만이 아니다. 교육자, 교육학자 마저도 그렇다. 논문을 검색해도 우리말로는 기초학력이라고 써놓고, 영어로는 'basic scholastic avility, basic academic achievement, basic academic ability' 등등 제각각의 의미로 이 용어를 사용한다. 이 중 일부는 해당 학년을 이수하기 위해 요구되는 최소한의 학습능력을 의미하며, 다른 일부는 해당 학년을 이수했다면 달성했으리라 기대되는 학업성취를 의미한다. 교육학은커녕 우리말만 정확히 이해해도 학습능력과 학업성취가 전혀 다른 뜻이라는 것 정도는 알 것이다.

도대체 기초학력이 무슨 의미일까? 최소한의 3R(읽기, 쓰기, 셈하기)을 말하는 것일까? 실제로 그렇게 말하는 사람도 상당수 있다. 그런데 기초학력을 이렇게 정의한다면 기초학력저하 논란은 무의미해진다. 우리나라는 3R 기초능력 미달 인구가 세계 어느 나라보다도 적은 고학력 국가다. 또 최근 초등학생의 3R 능력이 떨어지고 있다는 어떤 증거도 확인된 바 없다.

그렇다면 매 학년 국가교육과정에서 지정해놓은 성취수준이 기초학력일까? 좀 더 공신력 있어 보이긴 하다. 문제는 우리나라 교육과정이 세계 어느 나라에도 유례없을 정도로 성취수준을 상세하게 정해놓았다는 점이다. 각 학년, 각 교과, 각 단원, 소단원별로 성취수준을 미주알고

주알 정해두어, 한 학년의 성취수준만 모아도 수백 개가 넘는다. 이 많은 성취수준을 하나하나 따져가며 기초학력부진 여부를 판정하면 어떤 학생도 기초학력부진이란 딱지를 못 면할 것이다. 그럼 한두 개 정도 부진한 건 무시하고 성취수준 중 적어도 2/3 이상 이수하지 못하면 부진하다고 판정한다면, 나머지 1/3(이것만도 100개가 넘을 것이다)은 무슨 근거로 포기하는가의 문제가 생긴다. 국영수사과 다섯 과목의 성취수준만 따지는데, 그럼 음미체실도는 성취하지 않아도 된다는 뜻인가? 그럼 애초에 왜 교과를 설치해서 수업시간을 할애하는가?

이렇게 문제점이 꼬리를 무는 까닭은 애초에 성취수준이라는 것 자체가 잘못되었기 때문이다. 이건 역량중심 교육과정이라고 써놓고는 과거의 패러다임에 사로잡혀 '학습목표'를 '성취수준'으로 둔갑시킨 조악한 혼종에 불과하다. 이렇게 잘못 설정된 성취수준을 근거로 기초학력을 판정할 수는 없다.

단순한 3R을 넘어 주어진 자료에서 의미 있는 내용을 파악할 수 있는 실질적 문해력이 문제라는 주장도 나온다. 주로 기초문해력이 부족한 학생이 대학에 들어와 대학 수업이 불가능하다고 푸념하는 경우다. 미적분도 모르는 학생들이 경제학과에 입학한다는 등의 이야기 말이다. 그런데 이 수준까지 기초학력을 높여버리면 학생은 물론 성인 절반 이상이, 심지어는 그렇게 푸념하는 교수 중에서도 상당수가 기초학력부진 낙인을 받을 것이다. 좀 잔인하더라도 냉정히 말하면, 미적분도 못하는 학생이 문제가 아니라 미적분도 못하는 학생이라도 받아야 정원을 채우는 그 경제학과의 처지가 문제다.

더욱 황당한 경우는 PISA(국제학업성취도평가)에서 수학, 과학 순위가 지난 회보다 다소 떨어진 것을 기초학력 문제로 둔갑시키는 일부 교육전문가다. 이들은 곧 발표될 PISA 결과에서 대참사가 예견된다면서 혁신학교, 혁신교육을 공격하는 데까지 나아간다. 그러나 PISA는 기초학력을 측정하는 평가가 아니다. PISA는 기초학습이 아니라, 교육을 마친 젊은 청년이 장차 부딪칠 변화무쌍한 세상에서 스스로 학습을 조직하고 수행할 학습소양(literacy)을 평가하는 도구다. 그리고 지금까지 20년간 PISA 보고서는 우리나라에 대해 기초학력부진이 아니라(이 문제에서는 완벽에 가깝다), 최상위권 학생층의 상대적 부족을 일관되게 문제로 삼아왔다. 그래서 토론, 프로젝트, 포트폴리오 등 일부 세력이 백안시하는 이른바 혁신교육이 도입된 것이다.

이렇게 저마다 자기들이 중요시하는 관점에 따라 교육의 서로 다른 측면에서 기초학력을 정의하고 그에 따라 기초학력이 부진하다고 주장해대니, 기초학력부진 학생 수는 여러 측면의 최대공약수가 아니라 최소공배수로 산출되어버린다. 중학교 수학만 배워도 알 것이다. 최대공약수 대신 최소공배수를 취하면 어떤 결과가 나오는지.

따라서 기초학력이 떨어졌다는 것을 논란거리로 삼으려면 먼저 '기초'와 '학력'을 제대로 정의해야 한다. 무엇이 학력이며, 그중 어느 정도 수준이 기초인지 말이다. 그런데 이러한 것에는 정해진 답이 없다. 학력은 자연에 속하는 것이 아니라 문화에 속하는 것으로, 그 시대와 사회적 맥락에서 합의되어야 하는 것이다. 물론 가장 기초적인 수준 역시 상황에 따라 달라진다. 가령 요즘 학생이 『논어』는커녕 『천자문』도 모른다면서 기초학력이 부족하다고 말하는 사람은 없다. 하지만 300년 전이라면 이건 큰 문제였다.

그런데 우리나라에서 그동안 이 논의가 매우 부족했다. 무엇이 학력이며, 어느 정도가 기초 수준인지 진지하게 논의하고 합의해가는 과정도 찾기 어려웠다. '국가교육회의'라는 것도 바로 이러한 장기적인 철학과 비전을 세우자고 만들었을 텐데, 엉뚱하게 대학입시제도라는 지엽적인 문제로 시간만 허비했다. 기초학력저하를 주장하는 사람도 자기들이 전제하는 기초학력의 개념을 제출하고 이를 공론에 붙이는 대신, 자기들 마음에 들지 않는 교육방식, 한마디로 '시험'의 위상이 점점 축소되는 교육을 공격하는 용도로만 이 용어를 사용했다. 사교육 학원 원장이 마이크를 잡고, 수능정시 확대를 주장하는 정체불명의 교육시민단체가 목소리를 높였다.

기초학력이 무엇인지 제대로 된 합의를 시도한 적도 없는 나라에서 이렇게 저마다의 기준으로 기초학력이 떨어졌다고 주장하는 것은 아무 의미 없다. 단적으로 이는 사실상 진영 갈등에 불과하다. 심지어 지난 12년간 PISA나 TIMSS(수학과학성취도 추이 변화 국제비교 연구) 등 국제학력평가에서 우리나라 학생의 학력이 떨어졌다고 볼 수 있는 어떠한 실질적 증거도 없다.

만약 순위가 조금 떨어졌다는 것을 근거로 삼는다면 그게 학력저하로 보이는 눈부터 교정해야 할 것이다. 그동안 진영을 막론하고 교육에는 석차가 아니라 실력이 중요하다는 데 다들 동의해오지 않았던가? 더구나 순위가 조금 내려간 것으로 보이는 이유는 2000~2006년까지는 PISA에 참가하지 않았던 싱가포르, 타이완 등 동아시아 교육강국이 2009년부터 참가한 데 따른 효과일 뿐이다. 이 나라들은 PISA 이전부터 각종 국제학업성취도 평가에서 늘 우리나라와 어깨를 나란히 하거나 앞섰던 나라들이다. 더구나 도시국가인 싱가포르와 우리나라를 일대일로 비교하는 건 의미 없다. 차라리 서울만 따로 떼어서 비교하는 것이 더 타당할 것이다. 실제로 OECD 회원국 사이에서 우리나라 학생의 위상은 거의 변하지 않았다. 우리 학생들의 성취도는 여전히 OECD 평균에서 표준편차 범위보다 더 높은 위치를 지키고 있다.

만약 해마다 교육부가 실시한 학업성취도 표집검사 결과를 가지고 문제 삼는다면, 먼저 눈을 들어 '수능'을 볼 일이다. 평가에는 타당도와 신뢰도가 생명이다. 타당도는 평가할 것을 평가했느냐 하는 것이며, 신뢰도는 반복해서 평가할 때 들쑥날쑥하지 않고 같은 결과가 나오느냐는 것이다. 일단 기초학력에 대한 합의를 시도한 적도 없는 나라에서 평가 타당도를 거론하는 것 자체가 우스운 일이다.

일단 21세기에 거론되는 학력은 갈수록 표준화된 시험으로 측정할 수 있는 능력과는 거리가 점점 멀어지고 있다. 즉, 시험은 학력 중 극히 일부분만을 측정할 수 있는 제한된 도구다. 게다가 우리나라의 시험은 신뢰도가 떨어진다. 난이도를 평탄화한 문제은행이 없고, 해마다 새로 출제하기 때문이다. 따라서 지난해 70점과 올해 70점이 같은 학업능력을 대표한다고 말할 수 없다. 그 중요하다는 대입수능조차 신뢰도가 안정되지 않아 해마다 물불을 오가지 않는가? 그러니 해마다 치른 표집검사 점수를 가지고 기초학력저하 운운하는 것은 올바른 해석이 아니다.

당연히 그 대책으로 전국 단위 일제식 시험을 치자는 주장은 옳고 그르고를 넘어 무식한 발상이다.

이 제한된 지면에서 기초학력에 대해 많은 논의를 하긴 어렵다. 다만 다음 몇 가지만 분명히 하고, 앞으로의 과제로 남겨둘 것을 제안한다.

첫째, 오늘날 우리에게 요구되는 기초학력 정의를 내리기 위한 전국적 논의가 필요하다.

둘째, 새로운 기초학력에 맞는 교육 및 평가방법에 대한 교육자의 논의, 연구, 합의가 필요하다.

셋째, 성급하게 저마다의 기준으로 기초학력저하라는 진단을 내리고 그 대책으로 시험 확대를 대대적으로 요구하는 퇴행적 주장을 접고, 좀 더 창조적이고 미래지향적인 대책을 함께 강구해야 한다.(2019년)

교원 능력을 계발하는
진정한 평가를 위하여

○

    말도 많고 탈도 많던 '교원능력계발평가'의 시효가 다 되었다. 그런데 교육부는 이 제도를 없애는 대신 더 강화하려는 기색이다. 물론 이 제도가 긍정적 효과를 보여주었고, 더 큰 효과가 기대된다면 강화가 답이다. 하지만 이렇다 할 효과 없이 부작용만 드러나고, 그 과정에서 행정력 낭비까지 상당했다면, 일단 폐지하고 원점에서 다시 생각하는 것이 답이다. 이름만 그럴듯한 교원능력계발평가는 명백히 후자에 속한다.

    이 제도의 부작용은 언론에 드러난 것만으로도 긴 목록이 만들어질 정도다. 일부 사학에서 재단의 눈 밖에 난 교사를 골탕 먹이는 수단으로 남용된 사례, 학생생활지도 담당교사 혹은 엄격한 교사에게 이른바 '노는' 학생이 보복하는 수단으로 전락한 사례가 대표적이다. 일부 몰지각한 학생과 학부모가 익명을 방패 삼아, 특정 교사에게 묻지마 식의 보복성 응답이나 차마 입에 담을 수 없는 모욕적인 악플이나 욕설을 적어넣는 사례는 너무 흔해 기삿거리도 안 될 정도다. 반면 그 이름이 무색하게 이 평가를 통해 교원의 능력이 계발되었다는 미담 사례는 거의 알려진 바 없다.

더구나 우리나라의 여론이나 언론은 교사에게 결코 호의적이지 않은 기울어진 운동장이다. 교원능력계발평가라는 제도에 대한 부정적인 견해와 사례가 자주 노출되고 있었으며, 이를 상쇄할 만한 긍정적인 사례는 거의 보도되지 않았음에 유념해야 한다. 한마디로 득은 없고 실만 많았다.

애초에 이 제도가 충분한 고민과 설계 없이 여론에 떠밀리듯 도입된 배경과 이는 무관하지 않다. 교원능력계발평가라는 이름만 해도 능력, 계발, 평가라는 결코 가볍지 않은 개념이 셋이나 붙어 있다. 하지만 이 제도를 도입한 교육부, 이 평가에 응답한 학생과 학부모 중 그 누구도 이 세 개념에 대해 진지하게 고민하지 않았다. 적어도 다음 세 물음에 대한 충분한 고민이 있어야 했지만 생각하지 않았다.

"계발해야 할 교원의 능력은 무엇일까?"

"이 능력을 계발한다는 것은 무엇이며, 이를 북돋는 방법은 무엇일까?"

"평가가 능력계발에 적합한 도구일까? 만약 그렇다면 어떤 방법으로 이루어져야 할까?"

교원능력계발평가라는 제도가 개발되고 도입되는 과정에서도, 시행하면서 갖가지 문제점을 드러내는 과정에서도, 이 근본적인 물음에 대한 답을 구하는 움직임은 거의 없었다. 아니, 우리나라 역사상 '교원 능력'이 무엇인지 진지하게 논의와 합의를 시도한 적이 과연 있기나 했을까?

그 평가방법이라는 것이 정량적 방법, 즉 점수를 매기는 방식으로 이루어졌다는 것 자체가 이미 이 제도를 처음 도입한 사람들이 교원 능력에도, 능력계발에도 관심이 없었음을 보여준다. 이들의 목적은 오직 교사들에게 수치화된 점수를 매기는 것, 그리고 이 점수 매기는 과정에 학생과 학부모(특히 학부모)를 참여시킴으로써 교육을 '백년지대계'가 아니라 고객만족도조사 대상인 '서비스 상품'으로 만드는 것뿐이었다. 이 평가를 통해 교사를 점수경쟁으로 내몰면 훨씬 통제하기 쉬워진다는 권력욕구도 분명 작용했을 것이다.

여기에 정치적인 동기까지 작용했다. 당시 참여정부의 입시정책이 '죽음의 트라이앵글'이라 불릴 정도의 실패작이었음은 모두 아는 사실이다. 사교육비가 사회문제로 대두된 것도 이때 일이다. 참여정부는 "공교육 부실론"이라는 유체이탈 화법으로(공교육의 운영주체가 정부가 아니면 누구인가?) 그 불만을 정부가 아니라 교사에게 돌렸다. 입시제도가 잘못 디자인된 것이 아니라, 교사가 무능하고 게을러 공교육이 부실해서 사교육비가 증가한다는 것이다. 이때 "사교육은 경쟁하지만 교사는 철밥통이라서" '부적격 교원'이 득실거린다는, 즉 "교사의 철밥통을 깨야 공교육이 정상화된다"라는 논리로 이어졌다.

이게 바로 교원능력계발평가 도입의 배경이다. 애초에 이 제도는 능력계발이 아니라 교사 중 일부를 부적격 교원으로 낙인찍어 잘라냄으로써 교직사회를 의자뺏기 싸움으로 만들고, 그럼으로써 정부가 잘못 짠

입시정책에 대한 불만을 교직사회에 전가할 목적으로 도입된 것이다. 다만 교직사회의 저항이 예상보다 거세지자 "능력계발"이라는 타이틀을 붙여 일단 '평가'를 도입한 것이다. 즉, 교사에게는 '능력계발'에 방점을, 학부모에게는 '부적격 교원 퇴출'에 방점을 찍어 도입했다. 물론 이 제도로는 능력계발도, 퇴출도 되지 않는다. 일종의 여론몰이용 꼼수에 불과했고, 정권이 바뀌면서 목적도 이유도 없이 지금까지 이어져왔을 뿐이다.

애초에 능력계발과 부적격자 퇴출은 같이 가기 어려운 목적이다. 능력계발은 잠재성이며 미래형이지만 부적격 판정은 과거완료형이기 때문이며, 능력계발은 현재 교사의 능력이 우수하다는 전제하에 이를 더 효율적으로 극대화할 수 있는 방향을 찾는 신뢰의 과정이지만, 부적격 판정은 현재 교원의 능력이 기껏해야 보통 수준이라는 전제하에 거기에도 미치지 못하는 자들을 색출하는 불신의 과정이기 때문이다. 따라서 능력계발을 위한 제도와 부적격자 퇴출을 위한 제도는 전혀 다른 종류의 것이 되어야 한다.

물론 이는 '부적격'의 기준이 무엇인지 정하고 난 뒤에야 가능한 일이다. 즉, 부적격의 자격을 정해야 한다. 우선 무능한 교사(탁월하지 못한 교사)와 부적격 교사는 다르다는 점을 인정해야 한다. 무능한 교사는 교사로서 수행해야 할 최소한의 책무는 담당할 수 있지만, 그 이상의 탁월한 성취는 기대하기 어려운 사람이다. 그런데 우리나라는 상위 10% 이내에 드는 학생들이 치열한 경쟁 끝에 교사로 선발되는 역사가 이미 20년이 넘었다. 교사에게 얼마나 탁월성을 기대하는지는 모르겠지만 적어도 우리나라 학교에 무능한 교사는 드물 것이며, 지금 학부모세대, 혹은 정책입안자들이 기억하고 있는 그 무능한 교사들은 대부분 퇴직한 지 오래다. 만약 현재 재직 중인 교사들이 여전히 무능하다면 '유능한' 인재를 선발하여 '무능하게' 전락시킨 구조적, 제도적 문제를 찾아야 할 일이지, 무능하다며 퇴출하고 새로 유능한 인재를 충원하여 다시 무능하게 만드는 악순환을 반복할 일이 아니다. 류현진급 선수를 스카우트해서 운동장 줄긋기, 유니폼 세탁, 야구장비 구입이나 손질 따위 일을 몇 년간 시킨 뒤에 경기력이 떨어진다며 방출한다면 얼마나 우스울까?

부적격 교사는 능력을 불문하고 정신적, 도덕적으로 큰 문제가 있어 교사라는 책무를 맡기기 곤란한 경우다. 하지만 이미 기존 제도로도 부적격 교사 퇴출은 얼마든지 가능하다. 오히려 지나칠 정도다. 금전, 성적, 생활기록부, 성범죄 관련 비리는 엄격하게 불관용 원칙이 적용되어 사실상 즉시 퇴출이다. 더구나 성범죄의 경우는 진위가 가려지기도 전에 단지 고발이나 진정만으로도 직위해제이며, 징계 양형도 파면, 해임뿐이다. 옛날처럼 여학생 어깨를 슬슬 쓰다듬거나 집적거리는 교사는 발붙이기 어렵다. 6개월 이내에 그 직은 물론 연금까지 박탈당하기 때문이다. 아동보호법은 더 엄격하여 어떤 이유로든 아동학대 혐의를 받으면 파면은 물론, 이후 5년간 학원 등 다른 업종에도 취업할 수 없다. 이 정도면 부적격 교사는 물론, 적격 교사, 심지어 탁월한 교사조차 잘못하면 목이 달아날 수 있다.

그렇다면 우리에게 필요한 평가는 상위 10% 이내에서 충원된 교사(이는 세계적으로 우리의 큰 장점이다)를 제대로 활용하고 키워나가도록 하는 진정한 능력계발평가다. 여기서 평가의 교육학적 의미를 다시 돌아봐야 한다. 평가는 피드백이다. 교육학에서 피드백이란 고객의 목소리를 듣는 따위가 아니다. 자신의 행위, 작업의 결과를 점검하고 이를 통해 개선할 점을 찾아 발전하는 것이다. '급할수록 돌아가라'라는 속담이 괜히 나온 것이 아니다.

이제 그 시효를 다한 교원능력계발평가를 시간에 쫓기듯 땜질하지 말자. 일단 실패한 정책임을 인정하고 완전히 그 숨을 끊어버리자. 그리고 교원의 능력, 평가의 목적 등 가장 기본이 되는 지점으로 돌아가 다시 차근차근 제대로 된 길을 밟아보자.(2019년)

코로나시대,
교사의 일과 교육

안전한 나라와 공교육

○

신종 코로나바이러스로 온 세계가 불안에 떨고 있다. 이럴 때마다 한국인들은 고개를 높이 들고 "역시 한국은 안전한 나라"라는 자부심을 느낀다. 한때 조국을 '헬조선(지옥)'이라고 부르는 일에 거리낌 없던 한국인들이 안전에 대해 '자뻑'에 가까운 자긍심을 가지는 것이다. 카페 의자에 가방을 올려두고 화장실에 다녀와도 아무 문제 없는 나라, 사람 많은 곳에서 배낭을 앞으로 얼싸안고 다니지 않아도 되는 나라 등등 말이다.

이른바 선진 지역이라고 생각했던 미국이나 유럽에서조차 어이없는 경험을 한 한국인들이 늘어나면서 "역시 한국은 안전한 나라"라는 믿음이 점차 강화되고 있다. 만약 이 믿음이 근거가 있다면 '신뢰'일 것이고, 근거가 없다면 다만 '신화'에 불과할 것이다.

일단은 신뢰에 가깝다. 글로벌 클라우드 데이터베이스인 넘비오(Numbeo)에 따르면, 2016년 기준 서울의 범죄율은 14.28로, 베이징(36.58),

하노이(49.50), 방콕(45.27)은 말할 것도 없고, 싱가포르(15.81), 타이베이(19.75), 도쿄(20.30)보다 낮았다. 세계 여러 나라의 관광안내서에 서울은 타이베이, 도쿄, 싱가포르 등과 더불어 여성이 안전하게 여행할 수 있는 도시로 손꼽힌다. 범죄율이 낮을 뿐 아니라 보건(health care)지수도 높다. 우리나라의 보건지수는 2019년 기준 84.51로, 타이완(86.22)에 이어 세계 2위다. 그나마 2018년에 역전당한 것으로, 2017년만 해도 우리가 1위였다. 의료강국의 대명사로 알려진 일본(3위), 사회보장제도의 대명사 덴마크(4위)보다 앞선다.

우리나라는 예기치 않은 범죄를 당하거나 질병에 걸릴 위험이 낮으며, 설사 걸리더라도 훌륭한 치료를 받을 수 있는 나라다. 이쯤 되면 도대체 무슨 근거로 '헬조선'이라고 부르는지 고개가 갸우뚱해진다. 그럼 우리나라의 안전을 책임지는 훌륭한 치안과 보건의 원천은 무엇일까? 물론 경찰관과 의료진의 능력과 헌신일 것이다. 하지만 안전은 그것만으로 이루어지지는 않는다.

우선 치안의 경우, 경찰력이 강함에도 불구하고 범죄율이 높은 나라가 비일비재하다. 베트남이나 필리핀 같은 나라의 경찰력은 막강하지만, 범죄율은 우리나라나 타이완에 비해 현저히 높다. 심지어 경찰이 먼저 부패하여 범죄를 저지르거나 범죄자와 결탁하기도 한다. 시민들의 준법의식도 낮다. 경찰을 두려워하기 때문에 보는 앞에서는 법과 질서를 잘 지키는 척할 뿐, 조금이라도 시야에서 벗어나면 갖가지 불법이 횡행한다. 범죄가 일어난 다음에 단속하고 처벌하는 것도 중요하지만, 애초에 범죄를 저지르겠다고 마음먹는 사람을 줄이는 것, 즉 시민의 도덕성이 관건인 것이다. 우리나라, 타이완, 일본 같은 나라의 범죄율이 베트남, 필리핀보다 현저히 낮은 까닭은 경찰력이 더 강해서가 아니라 범죄를 저지르려고 마음먹는 사람 자체가 더 적기 때문이다. 준법정신, 동정심, 이타심, 공공의식, 예절 등이 잘 갖춰졌다고 하겠다. 시민의 도덕성 차이가 관광안내서에 "대로변으로만 여행하고 혼자 골목길에 들어가지 말라"라는 주의사항이 나오는 나라와 골목길 탐방이 "여행의 참맛을 주는 특별한 경험"으로 소개되는 나라의 차이를 가른다.

이는 보건도 마찬가지다. 병에 걸렸을 때 치료를 잘하는 것도 중요하지만 더 중요한 것은 발병 가능성 자체를 줄이는 것이다. 그래서 의료(medical treatment)보다 폭넓은 보건(health care)이라는 말이 사용되는 것이다. 발병 자체를 줄이는 데 중요한 역할을 하는 것이 각종 공공위생과 개인위생, 그리고 식습관과 생활습관 등 개인보건활동이다. 물론 발병했을 경우 정확한 의사의 지시를 정확하게 따르는 태도 또한 중요하다.

그런데 각종 개인위생이나 식습관, 생활습관 등은 철저한 자기관리 능력 없이 유지되기 어렵다. 잠깐의 편안함이나 즐거움을 억제하고 장기적인 건강을 위해 불편을 감수하는 일은 결코 쉬운 일이 아니다. 공공위생도 마찬가지다. 아무리 정부가 나서서 공공위생을 강화하더라도 "내 한 몸 불편하더라도 전체를 위해 불편함을 감수하는" 시민들의 마음가짐 없이는 성과를 이룰 수 없다. 결국 이 역시 도덕성이다. 도덕이 치안과 보건의 바탕이다.

그럼 도덕성은 어디에서 비롯될까? 당연히 타고난 것이 아니다. 원래부터 더 도덕적인 민족이 있다는 생각은 인종주의로 돌 맞아 마땅한 생각이다. 그렇다면 도덕성은 결국 태어난 뒤에 받은 교육의 결과다. 어떤 교육일까? 가정교육, 공교육, 아니면 사교육 셋 중 하나다. 수능은 자학자습으로 준비할 수 있어도 도덕성은 자습으로 길러지지 않는다.

삼지선다형이니 하나씩 지워가보자. 먼저 가정교육이다. 우리나라에서 가정교육이 무너지고 있다는 개탄은 벌써 반세기 넘도록 잦아들지 않고 있다. 중상층 학부모는 입시압박을 하느라, 중하층은 생계를 위해 일하느라 가정교육을 할 여유가 없다고 한다. 그렇다면, 사교육? 사교육이 어떤 방식으로 이루어지고 있는지 조금이라도 안다면 사교육이 도덕성을 키운다는 건 삶은 소대가리가 웃을 일임에 동의할 것이다. 결국 남은 것은 공교육이다. 아무리 마음에 들지 않아도 나머지 가능성을 다 제거하고 나면 남은 것이 원인이다.

다른 나라의 경우도 비슷하다. 우리나라와 더불어 치안·보건의료에 관한 한 세계 4강권을 이루는 일본, 타이완, 싱가포르는 공교육 성과지표인 PISA에서도 강세를 보이는 나라들이다. 역시 PISA에서 강세를 보이는 핀란드, 덴마크도 유럽의 다른 나라보다 치안과 보건의료에서 높은 수준을 자랑한다. 이들 나라는 일정 수준 이상의 공교육 혜택이 모든 계층에 골고루 주어진다는 공통점이 있다. 우리나라 공교육에 만족하지 않는 사람들은 교육이 무상으로 제공되는 공립학교에 상위 5% 이내에서 선발된 교사들을 골고루 배치하는 나라는 세계적으로 매우 드물다는 점을 명심해야 한다.

그러나 박수치기에는 이르다. 앞으로도 계속 공교육이 이런 중요한 역할을 해낼 것이라는 믿음이 무너지고 있기 때문이다. 교권은 추락하고, 교사의 사기는 떨어지고 있으며, 국민들은 공교육에 대한 막연한 불신을 키워가고 있다. 물론 공교육을 믿지 않는 것은 자유다. 다만 그 이유가 공교육의 목적인 민주시민의 덕성을 키우지 못해서가 아니라, 입시 점수를 올려주지 못해서라는 것이 문제다. 심지어 정부가 나서서 공교육 교사와 국민 사이를 가르고 있다. 설사 일부 몰지각한 교사가 큰 사고를 저지르더라도, 상식적으로 생각해도 정부가 "잘못한 교사들은 철저히 처단하겠지만, 대다수 교사는 성실하게 책무를 다하고 있으니 국민 여러분은 믿어달라"라고 말하는 게 정상이다. 그런데 최근 우리나라는 대통령이 나서서 "공교육에 대한 불신이 높아 교육개혁을 할 수 없습니다"라고 말하는 사례까지 있었다. 공교육의 최고책임자부터 믿지 못하겠다는데 도대체 어떤 국민이 공교육을 선뜻 믿을 것이며, 신뢰받지 못하는 교사가 어떻게 도덕성을 갖춘 시민을 양성할 수 있을까?

이렇게 그 토대가 무너지고 있지만, 공교육의 열매 격인 치안에 대한 한국인의 자부심은 여전히 높다. 근거 있는 믿음은 신뢰지만, 그 근거가 과거의 영광에 불과할 경우에는 신화가 된다. 안전한 대한민국에 대한 믿음은 신뢰일까, 신화일까?

명심하자. 길 가다 마주치는 낯선 사람이 당신을 공격하거나 당신의 돈이나 물건을 훔쳐갈지 모른다고 걱정하지 않는 까닭은 그 사람의 자비심 때문도, 무서운 경찰력 때문도 아닌, 다름 아닌 그 사람이 어느 정도 받았으리라 기대하는 공교육 때문이라는 것을. 낯선 사람을 두려워하지 않는다는 것이 이미 공교육에 대한 신뢰라는 것을.(2020년)

개학에 앞서
진짜 준비해야 할 것들

○

　중국발 신종 코로나가 온 세계로 퍼져나가 마침내 세계대전 급 재난이 되었다. 감염의 고통은 물론, 경제침체의 고통에서 자유로운 곳이 지구 위에 하나도 남지 않은 상황이다. 세계대전조차 이렇게 지구 전체를 멈추지는 못했다.

　우리나라는 처음 두 달 동안 타이완, 싱가포르와 함께 철벽방어를 선보이는 나라에 속했다. 그러나 방역망이 단숨에 뚫리면서 확진자가 기하급수적으로 늘어났다. '신천지'라는 특정 종교단체의 예배에 참석했던 사람들을 중심으로, 또 대구와 경북 지방을 중심으로 감염이 급속도로 확산하였다. 이 교단이 이단인지, 사이비인지는 개신교 내부의 일이니 여기서 거론하지 않겠다.

　다행히 방역당국과 의료진의 헌신적인 노력으로 환자가 갑자기 늘어났음에도 불구하고 이탈리아나 스페인처럼 의료붕괴 사태에 이르지 않았고, 1.3% 정도의 낮은 사망률을 기록하며 가장 힘든 파도는 넘어선 모습이다. 방역에 대해서는 더 이상 말할 필요도 없다. 우리나라 방역당국은 메르스 사태 이후 심지어 '과할' 정도로 역량을 계속 비축해왔고, 의료체계 역시 우리나라 1% 안에 드는 최고의 인재들이 모여 있으니 뛰어날 수밖에 없다.

다만 방역 이외의 것들, 감염이 확산하는 과정에서 드러난 교육적인 걱정거리를 몇 개 짚어보고자 한다. 휴교를 마냥 연장할 수는 없으니 언제고 학교 문을 다시 연다면, 이 걱정거리는 당장 현실적인 문제가 될 가능성이 크다. 미리 준비해두어야 한다.

첫째, 감염병이 유행하면서 두드러지게 나타난 반응이 공감과 연대가 아니라, 배제와 혐오였다는 점이다. 병에 걸리고 싶어 걸리는 사람은 없다. 병에 걸린 것도 서러운데 확진자가 공공의 적, 사회의 오물 취급을 받는 경우가 많았다. 확진자가 속한 집단, 확진자가 지나다닌 지역 전체가 혐오라는 말의 칼날을 받았다. 처음에는 곳곳에 '중국인 출입금지' 팻말이 붙었다. 중국인으로 오해받아 차별받은 타이완 관광객들이 국기를 들고 다니는 일까지 벌어졌다. 그 혐오는 신천지라는 교단으로, 대구라는 지역으로, 그리고 이제는 개신교라는 거대종교에까지 번지고 있다.

둘째, 인권 감수성이 둔해지고 있다. 이 상황이 일종의 국가비상사태라는 이유는 있지만, 이런 식의 둔감성이 감염이 종료된 다음에도 남으면 곤란하다. 가령 확진자 동선 공개의 목적은 감염 우려가 큰 핫스팟을 알려주어 그 장소에 자주 가는 사람 중 증상이 의심되는 사람이 스스로 신고하라는 것이다. 확진자의 사생활을 공개하고, 확진자 혹은 그가 다닌 지역을 비난하거나 배척하려는 것이 아니다. "혹시 당신이 전파자가 될지도 모르니 신고하라"의 관점이지, "당신도 당할 수 있으니 조심하라"의 관점이 아니다. 그러나 많은 사람이 "절대 저기 가면 안 된다", "저기 가면 걸린다", "저곳은 위험한 곳이다"라는 식으로 반응했고, 확진자는 "감염된 주제에 뭘 저렇게 사람 많은 데를 쏘다니냐?"라는 암묵적인 비난은 물론, 동선에 나오는 몇몇 지명이나 업소를 바탕으로 상상력이 가미된 모욕적인 소문에 시달려야 했다.

이미 이 질병은 단기간에 완전한 퇴치가 불가능하다. 아무리 조심해도 학생은 물론, 교사 중에서도 확진자가 나올 수밖에 없다. 개학하더라도 학교와 교육당국은 확진자가 당연히 나온다는 전제하에 해야 한다. 그런데 배제와 혐오, 그리고 인권침해에 대한 둔감성이 유지된 상태에서 개학하면 어떤 일이 일어날까?

확진자는 "얼마나 아플까? 조심히 쉬고 와라"라는 공감과 위로를 기대하고 있을 것이다. 그리고 그것이 인간다운 모습이다. 하지만 확진자가 "더러운 녀석", "혹시 신천지 아니야?" 따위의 혐오와 비난을 걱정해야 한다면 어떨까? 미리 생각해봐야 한다. 현재 분위기에서 과연 어느 쪽에 더 가까울까?

교육자 입장에서는 이게 제일 두렵다. 감염보다도 감염 이후의 혐오와 배제, 그리고 여기서 비롯되는 인권침해가. 그동안 고통과 감염력에서 결코 만만하지 않았던 신종 플루(학생의 1/3이 결석한 경우도 있었다), 치명률이 엄청나게 높아 전국을 공포에 떨게 했던 메르스가 유행했을 때도 이렇게 '환자'가 공격과 혐오의 대상이 된 경우는 없었다. 학생과 교사가 만약 감염되더라도 병은 의료기관에서 고쳐줄 것이며, 가족, 동료 등 공동체로부터는 위로와 격려를 받을 것이라고 "안심"할 수 있어야 공동체가 유지되며, 방역의 기본인 빠른 신고와 격리도 가능하다. 하지만 확진자가 비난과 혐오를 걱정해야 한다면 증상이 심해지지 않는 한 감추고 숨기려 할 것이며, 결국 방역에도 나쁜 영향을 줄 것이다. 더구나 학교와 교사가 학생의 건강보다도 확진자가 발생할 경우에 쏟아질 비난과 혐오, 문책 따위를 더 걱정해야 하는 분위기라면 개학은 시기상조다. 그런데 4월 6일 개학에 대한 찬성과 반대 주장 어디에도 이런 교육적인 고려가 보이지 않는다.

덧붙여 이 사상 초유의 감염병 사태를 인류가 연대해서 돌파해야 할 어려움으로 보는 대신에, 국가끼리 순위를 다투는 올림픽처럼 보는 경쟁심리 역시 걱정거리다. 일본과 타이완에 대한 과도한 비교와 관심 같은 것이 그렇다. 감염 초기에는 일본보다 확진자가 많은가 적은가에 관심을 기울였고(이때는 숫자가 적으면 이긴다), 우리나라 확진자 수가 폭발적으로 증가하여 일본을 한참 넘어서자 확진자를 발견해내는 진단 능력에서 앞섰다며 우쭐해 했다(이때는 숫자가 많으면 이긴다). 우리보다 확진자 수가 적은 일본은 뭔가 숨기는 것이라는 의혹성 기사도 쏟아졌고, 도쿄올림픽 취소가 거론되자 이를 인류의 축제가 미뤄지는 아픔으로 보기보단 일본의 손실로 보면서 '고소해 하는' 톤의 기사도 쏟아졌다. 일본을 보며 성적을 조작하는 경쟁자 보듯 얄미워하며, 타이완을 보며 전교 1등 못해서 분해하는 전교 2등처럼 반응했다.

우리나라는 무역으로 살아가야 하는 소국개방경제다. 쇄국정책을 펼치며 북한처럼 하지 않을 다음에야 이런 식의 분위기가 교육적으로 무슨 이득이 있을지 걱정된다. 국민의 건강, 나아가 인류의 건강을 지키려는 방역이지, 다른 나라를 이기고 미국과 유럽의 칭찬을 받자고 하는 방역이 아니지 않은가?

개학을 준비할 때 학생의 위생관리, 감염방지 노력도 중요하지만 이런 교육적인 것들도 미리 생각하고 준비해두었으면 한다. 말하자면 지적, 정신적 방역이다. 바이러스는 감염되더라도 2주 정도 지나면 대부분 치료되지만, 배제, 혐오, 인권침해로 인한 상처는 매우 오랜 시간 사람을 괴롭히며, 이 사회를 아래로부터 멍들게 하기 때문이다.(2020년)

온라인시대, 파발마 날리고 봉화 올리는 교육행정

○

　온라인개학이 어느새 자리를 잡았다. 1주일도 되지 않는 짧은 준비 기간에, 와이파이도 없고 이렇다 할 장비도 없는 학교에서 경험도 없는 교사들이 각자 보유한 스마트폰과 노트북을 동원하여 그야말로 맨땅에 헤딩하듯 온라인수업을 스스로 익혀가며 했음에도, 세계에 유례가 없는 전면적인 온라인개학을 완수해냈다. 방역 못지않게 세계를 놀라게 할 일이다. 당장 일본만 해도 엄두도 내지 못할 일이며, 유럽 역시 마찬가지다. 단언컨대 지금 우리나라에서는 현시점에서 세계 최고 수준의 온라인수업이 이루어지고 있다. 하지만 오해하지 말자. 이건 우리나라 정부가, 교육당국이 적절히 대응한 덕분이 아니다. 단지 교사들이 열악한 조건에도 불구하고 창조성과 열정을 발휘한 덕분이다. 오히려 정부와 교육당국은 이런 교사들의 노력에 걸림돌이 되거나 사기를 떨어뜨리기까지 했다.

문제는 그다음이다. 이 코로나시국이 마무리된 다음, 이때의 경험을 바탕으로 우리 교육을 새로운 단계로 업그레이드하느냐, 아니면 한바탕 고생만 하고 처음으로 돌아가느냐 하는 것이다. 안타깝게도 교육부, 교육청, 교장, 교감 등 이른바 관리자 그룹의 현재 모습을 보면 이 시국만 끝나면 원점 회귀하여, 모처럼 선두에 나선 이 기회를 허무하게 날려버릴 가능성이 크다. 어려움 속에서 새로운 역사를 만들어가고 있는 이 온라인개학 실험을 도와주기는커녕, 오히려 방해만 하는 낡은 교육행정에 기대어 연명하는 집단이 기득권을 내려놓을 생각이 없기 때문이다.

낡은 행정의 진면목을 보여준 사건이 있었다. 3월 말, 교육부 고위관료가 "교사들이 재택근무를 하고 있어, 공문 전파가 늦어져 업무 진행이 어렵습니다"라는 식의 발언으로 물의를 일으켰다. 그 발언이 실수라며 사과하기는 했지만, 여기서 눈길을 끄는 단어가 있는데, 바로 '공문 전파'다. 즉, 교육부는 긴급한 시기, 창의적인 문제해결이 필요한 시기에도 공문을 작성하여 단계별로 확산하고 다시 단계별로 수합하는 의사소통 방법에 의존하고 있었던 것이다.

이런 공문 전파, 수합 방식의 의사소통은 놀랍게도 거의 7~800년 전 역참제도(파발)와 봉수제도에서 비롯된 것이다. 그때는 혁신적인 기술이었다. 왕이 전국에 흩어진 수천 명의 실무자에게 수천 건의 공문서를 작성하여 수천 필의 파발마를 달리게 할 수는 없는 노릇이었다. 또 그렇게 하면 공문 접수 여부, 그리고 지시사항 이행 여부를 확인하는 것도 보통 일이 아니었다.

하지만 왕이 문서를 8부만 작성하여 8도 관찰사들에게 보낸다면, 말

8필만 필요하다. 관찰사는 그 문서를 받아서 부사, 목사(편의상 계속 8명이라고 하자)에게 보내고, 부사, 목사는 다시 8부씩 더 작성하여 군수에게 보내면, 군수가 이걸 받아 담당자 8명에게 분배함으로써 전파가 완료된다.

이런 식으로 전파하면 왕의 지시가 관찰사-부사/목사-군수/현감-실무자 네 단계를 거치면서 무려 4,096명의 실무자에게 빈틈없이 전달되는 것이다. 도성에서 5,000필의 파발마가 마치 전쟁이 난 것처럼 몰려나갈 필요 없이, 단위마다 8필씩의 파발마만 동원하면 된다.

전파된 문서의 시행 결과는 보고라는 방식으로 수합된다. 실무자가 군수, 현감에게 보고하면, 군수, 현감이 이를 수합하여 부사, 목사에게 보고하고, 부사, 목사가 관찰사에게, 그리고 관찰사가 왕에게 보고한다. 그렇게 최종적으로 8필의 파발마가 왕궁에 도착하면 전파한 문서의 시행 결과가 확인되는 것이다. 이렇게 4,096명 실무자의 보고가 빈틈없이 왕에게 도달한다. 아울러 단순하지만 긴급한 지시나 보고에는 봉화를 사용했는데, 전파 원리는 역시 동일하다. 다만 보낼 수 있는 신호의 종류가 제한되어 있을 뿐이다.

당시로선 이보다 더 빠르고 효율적인 전달체계를 찾기 어려웠다. 몽골제국이 세계제국을 이룰 수 있었던 원동력 역시 단지 군사력에 있었던 것이 아니라 이러한 지시·보고 전달체계를 활용했기 때문이다. 칸이 1만 명을 지휘하는 투멘(만호장)에게 지시하면, 만호장은 천호장, 천호장은 백호장, 백호장은 십호장에게 전달하고 보고는 그 반대로 올라가는 방식으로 편성되었다. 그래서 몽골군은 10만 대군이 마치 한 몸처럼 움직이며 다양한 작전을 펼칠 수 있었다.

이러한 방식의 지시·보고 전파 방식은 중간 마디 역할을 하는 관리자가 매우 중요하다. 이 마디 중 일부만 기능하지 못해도 경우에 따라서는 전체 전파망의 1/3이 마비될 수도 있다. 그래서 몽골군은 천호장들을 매우 중하게 여겼다.

그런데 지금 우리나라 교육행정이 바로 이 시스템으로 움직이고 있다. 문서를 파발마에 태워 전달하지 않고, 전자적으로 전송하는 차이만 있다. 최고책임자가 중간관리자에게 공문으로 지시하면, 중간관리자가 이걸 바탕으로 이첩공문을 만들어 다음 단계 관리자에게 전파하는 방식이다. 말이 달려가는 것보다 전자문서가 날아가는 속도가 훨씬 빠르긴 하지만, 전자문서는 처음부터 최고책임자가 실무자에게 바로 뿌릴 수 있고, 실무자로부터 바로 피드백을 받을 수 있다. 설계만 잘하면, 중간 수합단계를 거치지 않고, 실무자가 실무 결과만 입력하면 즉시 통계처리된 보고서가 최고책임자에게 전달될 수도 있다. 구태여 여러 단계의 중간관리자를 경유해가며, 이첩공문을 작성해가며 시간 허비할 이유가 없다. 이 경우 가장 효율적인 조직은 단계별 중간관리자를 생략하고, 실무자와 책임자가 서로 거미줄처럼 엉킨 네트워크 방식이다.

그런데도 교육부와 교육청은 기존의 문서전달·보고 체계를 고집했고, 이는 시시각각으로 급변하는 상황, 새로운 기술과 아이디어가 계속 만들어져야 하는 상황에서 무력함을 넘어 심각한 장애물이 되고 말았다. 이미 교사들은 새로운 상황에 적응했는데, 번번이 뒷북치는 공문이 날아오거나, 앞뒤 안 맞는 공문이 날아오고, 다시 수정공문이 날아오는 일이 반복된 것이다.

교육부 관리들조차 이를 깨달았다. 그리하여 4월 6일로 예정된 등교 개학의 강행 여부를 긴급히 조사하기 위해 4월 3일 저녁, 교사들의 휴대폰에 문자로 구글 설문을 날렸다. 그런데 공문도 없이 느닷없이 날아온 구글 설문 링크를 본 교사 중 상당수가 이걸 스미싱 툴이라고 생각하여 바로 삭제해버리는 웃지 못할 해프닝까지 일어났다. 그런데도 몇 시간 만에 7만 명 이상 의견이 접수되어 바로 통계처리되고 보고서까지 자동으로 작성되었다. 공문 전파 방식으로 처리했다고 생각해보자. 과연 4월 6일이 될 때까지 교사들에게 전달이나 되었을까?

21세기 네트워크 사회다. 실무자인 교사들에게 더 많은 판단의 자율권을 주고, 교사네트워크에서 다양한 의견 교환을 통해 집단지성을 발휘하게 하며, 최고책임자가 이 네트워크에 접속하여 바로바로 피드백을 제공하고 필요한 지원을 결정한다면, 우리나라 교육은 빛의 속도로 발전할 것이다. 위에서 내려오는 문서를 받아 가공해 전달하는 마디 역할을 하던 중간관리자들 역시, 이러한 시스템이 오히려 발전을 방해하고 있음을 인정하고 자신의 위상과 역할을 성찰하고 재구성해야 한다. 온라인개학은 교사들에게 다양한 새로운 도전을 안겨주었다. 교사들이 이 도전에 응하여 분투하고 있을 때, 교육행정가들이 옛 방식을 부지런히 고수하고 있다면 이는 직무유기일 수밖에 없다. 지금이 몇 세기인데 아직도 파발인가?(2020년)

어린이집 교사가 신종 코로나에 걸린 날

○

2020년 3월 8일 포항의 어느 어린이집 교사가 신종 코로나 확진 판정을 받았다. 더구나 증상 있는 상태에서 6일간 계속 근무했다고 하여 더욱 큰 파문을 일으켰다. 해당 어린이집은 즉시 격리처분되고, 6일간 해당 교사의 지도를 받은 어린이들이 격리되었다. 여기까지는 이미 각종 뉴스와 신문을 통해 다 알려진 사실이다. 하지만 보도되지 않은 사실이 있다. 바로 그 뉴스에 붙은 댓글들이다.

댓글들은 비난 일색이었다. 20대 중반의 젊은이를 거의 산 채로 매장할 기세였다. 그런데 그 악플들이 한결같이 어린이집 교사가 아니라, '젊은', '여교사'를 공격하고 있었다. "아이고, 이 아가씨야, 제정신이냐?"라는 베스트 댓글은 그중 압권이었다. 그 밖에도 "신천지지?", "사회 혼란을 위해 일부러 바이러스 배달한 거다. 마녀 바이러스 배달부", "20대 여자면 일단 신천지" 등과 같은 종류의 악플이 거의 1초 간격으로 몇 개씩 붙었다. 물론 그 어린이집 교사가 잘한 것은 없다. 그 시시비비는 다른 데서 따지기로 하고, 설사 잘못했다 하더라도 그 잘못에 해당하는 합당한 법적 처벌 이외에, 인터넷상에서 인격살해에 해당하는 린치를 받을 이유가 있는지 생각할 필요가 있다.

물론 네티즌 중에는 양식 있는 사람들도 많았다. "확진자를 공격하기 전에, 증상이 있는데도 출근해야 하는 사정이 뭔지 따져야 하는 것 아니냐?", "사회적 거리두기를 위해 휴교까지 하는데, 돌봄교실을 계속하면 차라리 개학하는 게 낫지, 이게 뭐냐?", "긴급돌봄이면 긴급인력도 충원해야 하는 거 아닌가?" 등등 상식적인 댓글도 붙었고, 그게 대중에게 더 설득력이 있었는지, 교사 개인을 공격하는 악플은 줄어들었다.

하지만 여기서 반전이 일어났다.

"전염병이 도는데 엄마가 애들을 데리고 있어야지, 왜 내보내?", "애들은 공짜 도시락 먹이고 자기네는 어디 가서 수다나 떨겠지", "하여간 요즘 엄마들 약아가지고선, 애를 안 챙겨" 등등 비난의 대상이 이제 어린이집 교사에서 엄마들에게 넘어갔다. "아니 원장X은 뭐 하는 X길래 아픈 직원을 계속 출근시켜?" 이런 친노동성 악플까지 붙었다. 악플의 공격대상이 바뀌었지만, 본질은 그대로였다. 그건 바로 '여자'에 대한 공격이었다.

하지만 정작 그날은 코로나와의 전쟁에서 상당히 평온한 날에 속했다. 날마다 500명 이상 늘어나던 확진자 수가 현저하게 줄었다. 그러자 보건복지부장관이 마이크를 잡고 이제 코로나19의 기세가 꺾였다며 희망의 목소리를 내면서 "우리나라의 방역대응이 다른 나라의 모범사례가 되고 있으며, 세계적 표준이 될 것입니다"라고 자화자찬했다. 어쨌든 열심히 했고, 헌신적으로 막았고, 실제로 확진자 증가 추세가 꺾였으니 박수를 쳐주자.

그런데 박수를 치다보니 뭔가 이상하다. 확진자가 하루에 500명 이상 쏟아지고, 국민들이 마스크 대란으로 부글부글 끓어오르던 기간에 늘 마이크 앞에 서서 난감한 상황을 전하고, 기자들의 까다로운 질문 공세에 대응했던 분은 저분이 아니었기 때문이다. 그때 그분의 얼굴이 갑자기 언론에 노출되는 빈도가 줄어들었다. 그러고보니 지난달에도 그랬다. '코로나 사태 종식'이라며 축포 분위기로 전환하던 2월 15일경부터 늘 보던 얼굴이 아닌 다른 얼굴들이 너도나도 튀어나와 우리나라의 훌륭한 방역에 대해 자화자찬했다.

절대 그것 때문은 아니라고 믿고 싶지만, 그분은 여성이고 다른 분들은 남성이다. 어려울 때 난감한 말을 전하기 위해 카메라 앞에 선 것은 여성이었고, 어려움이 끝난 것처럼 보여 공치사하고 자화자찬할 자리에 선 것은 남성인 건가?

3월 8일. 포항의 어느 어린이집 교사가 아픈 상태로 출근하다 마침내 신종 코로나 확진 판정을 받은 날, 아픈 상태로 출근한 한 여성이 차마 다시 인터넷에 접속하지 못할 정도의 린치를 당하고, 그게 너무하다는 공감대가 형성되자, 이번에는 '요즘 엄마들'이 그 욕을 대신 받았던 날. 코로나 전선에 대한 보고는 '적의 기세가 꺾였고 이제 우리가 승기를 잡았다'라는 식으로 올라갔다. 그동안 전선을 지휘하며 악전고투한 여성 사령관 대신 남성들이 다시 나타났다. 그들이 마이크를 잡고 외친다.

4부_ 코로나시대, 교사의 일과 교육

"보라, 이 위대한 승리를! 세계에 자랑할 승리를."

그냥 억측이기 바란다. 억측일 것이다. 그날이 바로 그날이니만큼 그냥 최악의 상황을 한번 가정해봤다.

포항 어린이집 교사가 코로나 확진을 받은 날, 남성들이 코로나전쟁의 승리를 장담하며 자화자찬하던 날. 3월 8일.

그날은 세계 여성의 날이었다.(2020년)

학교의 봄을
기다리며

○

2019년에는 험악해진 한일관계 때문에 "이 시국에"라는 말이 유행하더니, 지금은 코로나19 바이러스 때문에 "코 시국에"라는 말이 유행하고 있다. 이 시국이 생각보다 오래가더니, 코 시국도 도무지 끝이 보이지 않는다. 한두 달 정도일 줄 알았는데 반년이 넘도록 이어지고 있으며, 심지어 내년까지도 계속될 것이라는 우울한 전망이 나오고 있다.

어느새 일시적이라고 생각했던 것들이 일상으로 자리 잡았다. 당장 마스크만 해도 이제는 이슬람 문화권의 카피예, 히잡처럼 일상복장이 되어버렸다. "조만간 얼굴 좀 봅시다"라는 말이 인사가 아니라 실례가 되었다. 문화는 전체성을 가지기 때문에 이렇게 사회의 몇몇 부분이 변하면, 사회의 다른 영역도 모두 바뀌게 되어 있다. 이제 코로나19는 단지 시국이 아니라 사회변동의 원인이 되고 있다. 면대면 접촉을 최소화하는 '비대면 사회'라는 용어도 등장했다.

　　　　　　　　　　　　　　　　　　4부_ 코로나시대, 교사의 일과 교육

그래서인지 요즘 '뉴노멀(new normal)'이라는 말이 유령처럼 여기저기서 출몰한다. 이전까지의 사회에서 면대면 접촉과 오프라인이 정상적인 것, 표준적인 것이고, 비대면과 온라인이 예외적인 것이었다면, 앞으로는 표준과 예외의 위치가 바뀐다는 것이다.

직접 하는 일은 없이, 그럴듯한 신조어 만들어서 선전물 배포하기 좋아하는 교육부가 이 기회를 놓칠 리 없다. 어느새 "교육의 뉴노멀을 만들겠습니다" 따위의 문구가 들어간 선전물이 나오고 있다. 이 말만 들으면 교사들은 미리부터 한숨이 나온다. 저들이 말하는 뉴노멀은 결국 온갖 종류의 "교육의 뉴노멀" 정책사업이 되어 공문으로 뿌려지고, 학교 잡무만 잔뜩 만들어 수업에 들일 시간을 빼앗아갈 것이기 때문이다. 다만 저 뉴노멀 사업과 관련된 몇몇 업체의 프로그램사업, 몇몇 선도교사의 강연사업만 활황을 이룰 것이다.

너무 비관적이라고? 천만의 말씀. 교사마다 붙들고 물어보라. 열이면 아홉은 다 이렇게 대답한다. 왜 그렇게 부정적이고 냉소적이냐고? 그건 그동안 우리나라 학교는 뉴노멀을 말하기 이전에 노멀해본 적이 별로 없었기 때문이다. 지금까지 교사들은 기존의 노멀조차 누리지 못했다. 우리나라의 학교는 애브노멀(abnormal)이 횡행하는 곳이었다. 오히려 우리나라 교사들은 이 코로나 시국이라는 비정상적 기간 덕분에 비로소 학교가 마땅히 그래야 할 '정상 상태', 즉 노멀을 경험했다. 그런데 인제 와서 또 뉴노멀이라고?

그럼 코 시국 덕분에 이제야 겨우 경험한 학교의 노멀이 무엇일까? 지난 4월부터 두 달간, 교육부와 교육청은 온라인수업 준비를 위해 교육청에서 공문 발송을 자제하고, 각종 보고업무 등을 6월 이후로 미루고, 정책사업 중 상당수를 보류하거나 취소했다. 그러자 예년에 없던 일이 일어났다. 온라인수업 촬영이나 진행을 위해 교사들이 교무실이 아니라 주로 교실에서 시간을 보내게 된 것이다. 초등과 달리 중등에서 이는 매우 파격적인 경험이었다. 그런데 생각해보니 이게 왜 파격인지 고개를 갸웃거려야 했다. 교사가 출근할 장소, 일해야 할 장소가 교실이라는 것이 어째서 특수한 상황 취급을 받는 것일까? 이게 오히려 정상 아닌가? 오히려 그동안의 학교가 너무도 비정상이었던 것이다.

온라인수업은 전례가 없는 일이다. 그래서 교사들은 이전에 사용하던 것들을 재활용할 수 없게 되었다. 모든 수업을 새로 구성해야 했다. 덕분에 교사들은 수업 준비를 위해 전에 없이 많은 시간을 사용해야 했다. 20분 정도 강의를 위해 몇 시간을 쏟아붓는 일도 비일비재했다. 이 역시 생각해보면 전혀 특별한 일이 아니다. 이게 지극히 정상이다. 그동안의 학교가 비정상이었다.

온라인수업을 만들고, 학생들의 피드백을 받아보면서 교사들은 자신의 수업, 교과 전문성 등을 되돌아볼 기회를 많이 얻었다. 그 결과는 연수원 서버가 감당하지 못해 지역별로 접속시간을 제한해야 할 정도의 엄청난 연수 열풍으로 이어졌다. 그런데 이게 특별한 게 아니다. 원래 이게 정상이다. 그동안이 비정상이었다.

그런데 이 예외적인 정상화의 흐름을 차단하거나 장애물이 되는 것이 있었다. 바로 교육부나 교육청에서 수시로 내려보내는 점검, 조사, 집계 등의 공문이었다. 어떻게든 과거의 애브노멀시대 때 누리던 지위를 재확인하고 싶어 해서 그런 것인지, 영혼 없이 정해진 절차와 일정을 기계적으로 처리하는 관료적 마인드 때문에 그런 것인지 모르겠지만, 수업 준비와 연수에 전에 없이 많은 시간을 사용하면서 자신의 교사됨을 자각한 교사들에게는 이 흐름을 끊고 들어오는 각종 행정업무와 공문의 실체가 참으로 선명하게 드러나 보였다. 그것은 비교육적이고 무의미하며 폭력적이었다. 교사들은 그동안 이를 느끼지 못하고 교무실에서 마치 행정사무원처럼 근무했던 과거를 되돌아보았다. 그동안 학교는 비정상이었다.

이렇게 일단 눈을 뜨고나니 자꾸 등교개학을 강행하려는 정부의 뜻을 이해하기 어렵게 되었다. 의심이 의심을 낳았다. 방역에도 도움이 안 되고, 교육에도 도움이 안 되는 등교개학을 도대체 왜 이렇게 강행하려는 것일까? 어쩌면 이 정상 상태가 계속되는 것을 불안하게 여기는 집단이 교육부, 교육청에 있는 것이 아닐까? 그래서 그들 기준으로 보면 하루빨리 이 코로나 예외 상황을 끝내고, 그들의 정상 상태, 사실은 과거의 애브노멀 상태로 돌아가고 싶어서 그러는 것이 아닐까?

정말 그런 저의가 있는지 없는지 확인할 길은 없다. 하지만 한 가지 확실한 것은 등교개학 이야기가 나오는 순간, 잠시 싹이 피어오르는 듯하던 학교의 노멀은 마치 1980년 서울의 봄이 5·17계엄 확대로 사라져 버린 것처럼 스러지기 시작했다. 공교롭게도 광주민주화운동이 스러지고 만 그 무렵인 5월 하순, 모처럼 찾아왔던 학교의 봄이 신기루처럼 사라졌다. 교사들의 얼굴에서 웃음꽃이 사라졌다. 잠시 자각했던 교육자로서의 자부심도 사라졌다. 교사들은 자신을 교육자가 아니라 방역 업무의 최말단 직원으로 취급하려는 관료제의 압력 앞에 모멸감을 느꼈다. 반면 그동안 공문 발송 금지, 각종 정책사업 중단, 그리고 도무지 이해할 수 없는 정보통신기술 때문에 간섭하고 싶어도 하지 못했던 온라인수업 등으로 풀 죽어 보이던 교육청 관료들과 교장, 교감들이 아연 활기를 띠기 시작했다. 100쪽 넘는 방역 매뉴얼을 신줏단지처럼 모시며, 온갖 보고 양식과 점검 리스트를 휘두르면서.

그러나 광주 시민들을 총칼로 쓰러뜨렸다고 서울의 봄, 그 찬란한 기억이 사라지지 않았듯이, 학교의 진정한 노멀, 교사의 진정한 정체성을 1달이나마 경험하고 그 맛을 기억하고 있는, 그리고 그 과정에서 이른바 관리자와 선배들의 무능한 민낯을 확인한 20~40대 교사들이 과연 과거로 순순히 돌아가려고 할까? 이 모멸감을 계속 감수하려고 할까?

어쩌면 곧 우리나라 교육의 중요한 분기점이 펼쳐질지도 모를 일이다. 뉴노멀이라는 이름의 애브노멀로 회귀할 것인가, 아니면 이제라도 학교에서 노멀을 구현할 것인가? 학교는 교육하는 곳이며, 교사는 교육하는 사람이라는 이 당연한 상식조차 '시기상조' 따위의 말을 들어야 하는 비정상의 깊은 뿌리가 이제야말로 뽑혀나갈 것인가?(2020년)

포스트코로나시대의
교육론이 놓친 것

○

요즘 '포스트코로나시대의 교육'이라는 말이 유행하고 있다. 'K-에듀'라는 말도 나왔다. 별의별 교육이 다 나오고 있다. 코로나바이러스 2차 팬데믹 다음에는 온갖 '○○교육'이라는 유행어로 점철된 교육 바이러스 팬데믹 차례가 아닌가 싶다. 더구나 이 교육 바이러스는 맞서 싸울 질병관리본부도 없다.

교육 바이러스가 확산하는 과정은 이렇다. 우선 사회에 뭔가 큰 화두를 던지는 사건이 하나 일어난다. 그러면 그 화두 때문에 교육이 이전까지와는 전혀 다른 새로운 국면으로 접어들었다고 떠드는 사람들이 나온다. 물론 바이러스와 마찬가지로 그 뒤에는 각종 약을 파는 업자들이 뒤따른다.

교육을 바꾸자는데, 새로운 교육을 하자는데 왜 하필 '바이러스'라는 흉측한 이름을 붙이느냐고 반문할 수도 있다. 교육을 신체에 비유하자면 그 균형을 흔들어 전체를 위태롭게 하기 때문이다. 교육이 쉽게 바뀌지 않는 까닭은 교육자들이 보수적이거나 고루해서가 아니다. 쉽사리 바뀌어서는 안 되기 때문이다. 만약 사람이 아동기, 사춘기 시절로 언제든지 다시 돌아갈 수 있다면 교육을 다양한 실험의 장으로 만들어도 된다. 하지만 누구에게나 학령기는 단 한 번뿐이다. 그때가 지나면 돌이킬 수 없다. 바이러스 백신이나 치료약 개발에 몇 년에 걸친 신중한 임상실험이 필요하듯이, 교육 역시 뭔가 바꾸려면 그 정도의 신중하고 철저한 접근이 필요하다. 함부로 '○○교육'이라며 떠드는 사람들은 바이러스 치료제나 백신을 뚝딱 개발했다며 호언장담하는 코스닥 작전세력이나 다름없다.

학교를 비판할 때마다 빠지지 않고 나오는 "21세기 아이들을 아직도 19세기 근대교육의 산물인 학교에서 가르친다"라는 상투적인 표현이 있다. 그런데 이 말을 한번 뒤집어보자. 그럼 그 낡아 보이는 근대 학교 모델이 그만큼 보편적인 교육 모델이라는 뜻이 되기도 한다. 그만큼 그 안에 교육의 보편적인 속성이 있고, 그래서 21세기가 되어도 여전히 남아 있는 것이다. 심지어 지난 두 세기 동안 인류는 두 차례 세계대전 등 코로나19 정도는 명함도 못 내밀 엄청난 격변과 재난의 시대를 거쳤다. 그런데도 학교 모델을 중심으로 하는 교육은 끄떡없이 남아 있다.

교육에는 시대와 장소를 막론하고 오랜 세월 변함없이 이어지는 어떤 본질(core)이 있다. 만약 어떤 큰일이 일어날 때마다 새로운 교육 모델이 세워져야 했다면, 오늘날에 이르기까지 교육은 포스트시민혁명, 포스트산업혁명, 포스트세계대전, 포스트스페인독감, 포스트냉전, 포스트

달착륙 등 수많은 '포스트'들을 거쳐야 했을 것이다. 이들 모두 코로나19 보다 더 큰 사건들이다. 또한 19세기와 너무나 달라져서 깨알 같은 주석 없이는 『수레바퀴 아래서』나 『빨간 머리 앤』 같은 소설에 등장하는 학교에 대해선 도저히 이해할 수 없을 정도로 바뀌어 있을 것이다. 하지만 우리는 학교를 주무대로 하는 100년 전 소설들을 아무 무리 없이 이해할 수 있다. 많이 바뀌기도 했지만 동시에 바뀌지 않은 본질적인 부분도 많다.

그러니 당장 엄청난 변화가 일어날 것처럼, 심지어 "우리는 결코 코로나 이전으로 돌아갈 수 없다"라고까지 말하며 지금까지의 교육과 작별인사라도 해야 할 것처럼 호들갑 떠는 사람들의 목소리에 잠시 귀를 닫아야 한다. 그리고 냉정하게 지난 200년간 교육의 역사를 돌아보며, 우리가 지켜야 할 교육의 본질은 무엇이며, 유연하게 바꾸어야 할 주변부는 무엇인지 생각해야 한다. 뭔가 새로운 것이 나올 때마다 지금까지 교육이, 학교가 잘못되었다며 소란을 부릴 것이 아니라 우선 성찰해야 한다. 우리 교육에 부족한 것은 변화가 아니라 성찰이다.

몇 년 전 인공지능 알파고가 이세돌 9단을 물리쳤을 때의 호들갑을 잊어서는 안 된다. 그때도 얼마나 많은 각종 미래교육론이 쏟아져 나왔던가? 이름이 조금이라도 난 사람들은 너나 할 것 없이 인공지능 때문에 사라질 일자리가 무엇인지, 그리고 살아남으려면 어떤 일자리를 차지해야 하는지, 그러니 그런 일자리에 적합한 사람을 기르기 위해 교육이 어떻게 달라져야 하는지 한마디씩 거들었다. 70%의 학생들이 사라질 직업을 얻기 위해 하루 대부분을 쓰고 있다는 식의 말로 현재 이루어지고 있는 교육을 무가치한 것으로 폄하해가면서 말이다.

하지만 시대가 아무리 바뀌어도, 기술이 아무리 바뀌어도, 변하지 않는 것이 있다. 그것은 바로 교육은 사람을 기르는 과정이라는 것이다. 따라서 사람의 본질에 큰 변화가 생기지 않는 한, 교육의 본질 역시 쉽사리 바뀌거나 흔들리지 않는다. 물론 세상은 변하며 거기에 따라 세상이 필요로 하는 사람의 능력이나 성향이 달라질 수는 있다. 하지만 아무리 세상이 달라져도 '사람으로서의 본질', '본질적인 휴머니티'는 바뀌지 않을 것이다. 교육은 먼저 그것을 튼튼하게 지키는 가운데 세상의 변화에 적응해야 한다.

예컨대 인공지능시대에 필요한 교육은 단지 인공지능을 잘 다룬다거나, 인공지능이 하지 못하는 분야에 능숙한 사람을 기르는 데 그쳐서는 안 된다. 교육은 인공지능의 인간적인 활용, 인공지능을 보다 인간적이고 살기 좋은 세상을 만들기 위한 도구로 정착시키고, 인공지능을 통해 자신의 인간성을 더욱 함양할 수 있는 그런 사람을 길러내야 한다. 그것을 찾아가는 것이 진정한 인공지능시대의 교육 담론이다.

포스트코로나 교육 담론 역시 마찬가지다. 이 말을 입에 담는 사람들은 한결같이 감염병에서 비롯되는 비대면 사회, 그리고 여기에서 비롯되는 원격교육 방법 모색, 원격교육과 대면교육의 혼합(블렌딩) 등에 대해서 이야기한다.

이 현란한 기술의 향연을 잠시 멈추고 좀 더 근본적인 물음부터 던져보자. 코로나19가 우리에게 던져준 교훈은 감염병, 비대면 따위가 아니다. 다만 "예상하지 못한 재난 상황에 교육이 얼마나 유연하게 대처할 수 있느냐?"라는 커다란 물음이다. 코로나 사태를 맞아 우리 교육이 드러낸 취약한 모습을 원격교육에 필요한 기술적 역량, 비대면 교육 모델의 부족에서 찾는 것은 너무 협소한 시각이다.

그때 우리 교육이 휘청거렸던 까닭은 기술의 부족 때문이 아니라 경험하지 못한 상황이 닥쳤을 때 적응하는 유연성이 부족했기 때문이다. 우리는 이미 교육당국이 기존의 방식에 미련을 남기는 동안에는 아무것도 못할 것처럼 보였던 교사들이, 유연한 대응을 허용하자마자 순식간에 그 기술적 격차를 만회하는 모습을 목격한 바 있다.

앞으로 우리가 직면해야 할 상황이 반드시 감염병 사태만 지속되어서 비대면 교육, 원격교육이 이루어져야 하는 상황만 있는 것이 아니다. 만약 포스트코로나를 그렇게 협소하게 이해해서 온통 원격수업 인프라 구축에 집중했는데, 대지진 같은 재난이 일어나 얼마 남지 않은 학교 건물에 많은 학생이 밀집하고, 학교 간·학생 간 원격네트워크는 단절되는 정반대 상황이 일어나면 어떻게 할 것인가? 교무업무 시스템이니 뭐니 모두 무용지물이 되어 오직 오프라인, 아날로그 식으로만 교육이 이루어져야 하는 상황이 발생한다면 어떻게 대처할 것인가? 끊어진 네트워크에서 공문이 날아오기만 기다리고 있을 것인가, 아니면 어떻게든 주어진 상황에서 최선이라고 판단하는 교육을 당장 실행할 것인가?

코로나 사태는 바로 이런 문제에서 우리 교육이 가진 취약성을 보여주었다. 권위적이고 현장에 대한 통제권을 온통 움켜쥐고 있는 교육행정체제의 취약성, 여기에서 비롯된 교사의 자율성과 창조성 부족, 매 차시 단위로 꽉 짜인 교육과정과 시간표, 이를 교사의 자율적 적용의 여지가 없이 전산화하여 한 치의 이탈도 허용하지 않는 콘크리트처럼 꽉 막힌 관료제 시스템. 이 모든 것이 교육을 얼마나 무능하게 만드는지 생생하게 보여주었다. 이게 바로 포스트코로나시대의 교훈이다. 이 문제를 다루지 않는 포스트코로나 담론은 결국 또 다른 교육 바이러스, 심지어 거기에 편승한 약팔이에 불과하다.

코로나 사태를 통해 우리 교육에 반드시 필요하다고 밝혀진 것은 네트워크 장비를 능숙하게 다루어 원격수업을 잘할 수 있는 기술이나 인프라 같은 것이 아니다. 갑자기 들이닥친 재난이 비대면을 요구하건, 반대로 밀접접촉을 요구하건, 현장의 교사가 가장 적합한 교육과정과 교육활동을 주어진 조건에서 빠르게 구축할 수 있는 유연함과 창조적 능력이다. 모든 것이 파괴된 세상이 온다면 석기와 석판을 이용해 교육할 수 있는 그런 능력 말이다.

이 유연함과 창조성은 중심이 제대로 잡혀 있을 때 빛을 발한다. 중심이 잡혀 있지 않은 상태에서의 유연함과 창조성은 교육이 아니라 혼돈이다. 코로나 사태 때 우리나라 교사들이 상상 이상의 유연함과 창조성을 가지고 있음을 확인했다. 번번이 그들의 발목을 잡고 길을 가로막고, 막상 일이 정리된 다음에는 그들의 실적을 가로채어 경직되고 비창조적인 매뉴얼과 모델이라는 화석으로 만들어버리는 존재는 바로 교육부, 교육청 등 교육행정기관과 행정가들이었다.

그들은 왜 그런 화석 같은 행동을 했을까? 교육의 본질, 사람, 휴머니티에 기반하지 않기 때문이다. 어떤 상황에서든 휴머니티를 중심에 넣고 사고했다면 "그까짓 시간표, 그까짓 시수, 그까짓 매뉴얼"이라고 말할 수 있었다. 하지만 살아 있는 사람보다 추상적인 규정을 우선하는 한, 교육행정기관은 유연하고 창조적인 교육을 가로막는, 누구 표현대로라면 '반교육기관'으로 전락할 수밖에 없다.

더 기가 막힌 것은 바로 이들이 지금 온갖 종류의 '포스트코로나 교육'이라는 말의 성찬을 주최하거나 주관하고 있다는 것이다. 이들에게 포스트코로나 교육은 어떤 상황에서도 유연하고 창조적으로 적응하여 휴머니티를 지켜내는 그런 교육이 아니다. 다만 특정한 기술, 특정한 기기를 사용하는 특정한 유형의 비대면 수업, 원격수업, 그리고 이를 기반으로 한 각종 프로그램일 뿐이다. 이들은 이런 몇몇 수업과 프로그램을 포스트코로나 교육이니, 미래교육이니 미리 규정해두고, 여기 필요한 조건과 프로그램을 공문을 통해 학교에 지시하고 강요할 준비를 하고 있다. 출발부터 틀려먹었다. 이런 모습은 말로는 포스트코로나를 외치고 있지만, 실제로는 코로나 이전에 그들이 움켜쥐고 있던 교육에 대한 통제력과 권력을 되찾고자 하는 욕망의 왜곡된 발현에 불과하다.

그들에게 물어야 한다. 어떤 재난 상황에서도 놓치지 말아야 할 교육의 본질에 대해 생각해보았는가? 그것에 대한 교육주체의 합의를 끌어냈는가? 유연함과 창조성으로 무장하고 이것을 스스로 확인하고 성장한 젊은 '평교사들'에게 현장에서 비롯한 교육의 자율성과 주도성을 양보할 준비가 되어 있는가? 이 물음이 빠진 온갖 포스트코로나 교육 담론은 다시 강조하지만, 임상실험 없이, 치료 목적에 대한 공유 없이 무작정 신약 발표부터 하고 투자자부터 모으고보는 작전세력일 것이다.(2020년)

한국의 반교육 100년?

○

얼마 전, 김누리 '독문학 교수'의 〈세계를 바꾸는 시간 15분〉(이하 세바시) 영상으로 소개된 〈반교육의 나라에서 벗어나려면〉에 대해 내 반박 동영상을 올렸다. 조회 수에 비해 상당히 격렬한 반응을 받았다. 지지와 격려도 있었고, 반발도 적지 않았다. 반박 동영상은 링크(https://youtu.be/WW85BWiBEac)를 참고하기 바란다. 20분 정도로 긴 분량이니 이 글을 다 읽고나서 동영상을 보는 편이 낫겠다.

사실 나는 김누리 교수가 한 말 중 공감하는 바가 적지 않으며, 많은 부분에서 옳은 말이라고 생각한다. 그래서 그가 대학교육에 대해 비판한 강연에 관해서는 일언반구 더 보태거나 반박하지 않았다. 다만 내가 문제 삼는 부분은 그가 종사하거나 연구한 바 없는 유초중등교육까지 포괄하는 '한국교육'이라는 표현, 이른바 한국교육은 지난 100년간 '교육'이라 부를 수 없고, '반교육'이라 불러 마땅하다는 단언, 그리고 끊임

없이 이를 독일의 교육과 대비하는 태도였다.

사실 반교육이라는 표현은 김누리 교수의 〈세바시〉 강연보다 무려 30년 전에 이미 널리 사용된 말이다. 그의 표현대로라면 적지 않은 월급을 받으며 교육이 아니라 반교육을 행하던 한국 교사들에 의해서 말이다. 그 증거를 보여주겠다. 바로 전교조 조합가라고 할 수 있는 노래 〈참교육의 함성으로〉이다. 가사를 소개한다.

굴종의 삶을 떨쳐 반교육의 벽 부수고
침묵의 교단을 딛고서 참교육 외치니
굴종의 삶을 떨쳐 기만의 산을 옮기고
너와 나의 눈물 뜻 모아 진실을 외친다

이번에는 노래를 한번 들어보자. 이게 바로 1980년대 분위기다 (https://youtu.be/2b4XRFAAcNA). 이때 이들은 분명히 외쳤다. 반교육의 벽을 부수기 위해 침묵하지 않겠다고. 그리고 실제로 침묵하지 않고 나섰으며, 그 대가로 일자리를 잃었다. 그럴듯한 목소리로 외친 '진보교수' 중에 이토록 과감하게 '목을 내건' 사례가 얼마나 있을까? 그래서 김누리 교수의 '반교육 100년' 발언은 틀리기도 했거니와, 대단히 무례한 발언이기도 하다.

당시 교사들이 '반교육'의 반대말로 제시한 것이 바로 '참교육'이다. 요즘 아무리 전교조가 인기가 없고, 초심을 잃었으니 어쩼느니, 참교육은 어디 가고 이념교육만 남았느니 욕을 먹어도, 이들이 이 땅에서 이루어지는 소위 '반교육'에 대해 집단적으로 문제제기하고, 이를 개혁하기 위해 목을 내걸고 싸웠다는 사실만큼은 누구도 부정할 수 없고, 존경받아야 할 점이다.

그런데 김누리 씨의 '반교육론'은 그 내용 자체도 빈약하다. 그는 지난 100년간 황국신민교육, 반공교육, 산업역군교육, 나아가 신자유주의 인적자원개발교육이 행해졌기에 한국에서는 '반교육'이 이뤄져왔다고 주장한다. 하지만 이런 것들을 '한국 반교육 100년'이라고 특정하기는 어렵다. 이런 것들은 한국뿐 아니라 독일을 포함한 모든 '근대 공교육'의 특징이기 때문이다. 사실 공교육 자체가 구획과 통제, 그리고 경쟁이라는 근대사회의 특징이다.

18세기부터 등장한 근대 공교육은 일부 지식인, 성직자, 귀족에게만 허용되던 교육을 평민에게까지 확대하였다. 그런데 그 확대 이면에는 권력이 있었다. 교육의 기회 확대는 곧 교육의 의무로 바뀌었고, 민간에서 다양하게 운영하던 학교마저 통일하여 국가가 독점하는 것으로 바뀌었다. 목적은 당연히 평민자녀의 지성과 행복이 아니었다. 지역으로, 신분으로 분산된 영토 내 사람들을 국왕을 정점으로 하는 '국민'으로 통합하고, 나아가 이들을 징집하여 토지나 대가를 요구하는 기사와 달리 자발적 애국심을 동기로 기꺼이 싸우는 국민군으로 양성하는 의도였다. 국민학교는 곧 군인학교다. 근대식 군대는 무술과 용기가 아니라 충성심과 규율로 싸우기 때문이다. 실제로 18세기에는 초등교육만 마치면 청소년기에 군에 입대하는 경우도 많았다. 『삼총사』의 다르타냥도 청소년이다.

이러한 근대 공교육의 원조가 다름 아닌 독일이다. 프로이센의 프리드리히 대왕이 모든 교육기관과 학교를 국가가 관리하는 초등학교 (volksschule)로 통합·강제함으로써 근대 공교육을 개시했다. 이때 만들어진 분리형 학제는 아직도 독일 학제의 근간이 되고 있다. 국민, 즉 장차 군인을 기르는 국민학교를 졸업하고 나면 성적에 따라 장차 대학까지 진학하여 관료, 교수, 성직자, 교사가 될 그룹과 대학에 가지 않고 취업하여 산업역군이 될 그룹으로 나뉘어 인문학교와 실업학교로 갈린다. 대입수능이 모든 고등학교 졸업생에게 개방된 우리나라와 달리, 독일은 실업학교 졸업장을 가지고는 대입시험조차 볼 수 없다. 그래서 분리형이다.

이 분리가 이루어지는 시기는 우리 나이로 겨우 10살 때다. 이 중차대한 진로 분리는 시험 등으로 공정하게 이루어지는 것이 아니라, 전적으로 "담임교사 마음"이다. 우리나라로 치면 초등학교 마지막 학년 담임이 "너는 대학까지 갈 놈", "넌 대학은 무슨 대학" 하고 결정해버리는 것이다. 이때 담임교사는 감정에 치우치지 않고 철저히 나라 전체의 관점에서 학생을 냉정하게 분류할 수 있어야 한다. 심지어 이런 냉정하고 합리적인 마음은 부모에게도 요구된다. "아니, 내 새끼가 왜?" 이게 아니라, "나라를 위해 내 아이에게 적합한 진로를 할당받은 것이다"라는 식으로 이해해야 한다. 독일 병정이 괜히 나온 게 아니다.

그 위력은 실로 대단하여 이후 프로이센은 유럽의 다른 나라보다 강한 단결력과 군사력으로 공포의 대상이 되었다. 이후 프랑스 자코뱅당이 이를 받아들여 교회나 수도원(주로 예수회)의 성직자 교육권을 박탈하여 국민학교로 통일하였고, 이를 나폴레옹이 받아들였다. 이렇게 형성된 민족국가의 힘은 봉건국가를 압도했고, 스페인, 오스트리아, 러시아 등 구 제국과 신성로마제국 안의 수많은 영방국가(領邦國家, 중세 독일의 지방국가나 제후국)를 순식간에 무너뜨렸다. 이것이 다시 독일인을 자극했고, 독일 철학자 피히테의 유명한 〈독일민족에게 고함〉 연설과 함께 민족주의 색채가 한결 강해진 '국민교육'운동이 일어났다. 더 강력하게 단합한 독일이 다시 프랑스를 격파하고, 여기 또 자극받은 프랑스가 초중등교육을 전면적으로 국가가 설계하는 국민공교육제도를 도입하고, 이런 식으로 경쟁적으로 유럽의 공교육체제가 만들어졌다. 여기서 더 긴 설명은 필요 없을 것이다. 이 "전쟁의 교육"이야말로 그 어떤 미사여구를 가져다붙여도 '반교육 중의 반교육'이라고밖에 말할 수 없다.

하지만 진짜 중요한 주제는 이것이다. 그렇다고 19세기 유럽 교사들이 '반교육'을 한 것이 아니라는 것 말이다. 페스탈로치가 활동한 것도 이 시기이며, 그 뒤를 이은 수많은 '박애주의' 교육자들이 곳곳에 그의 정신을 계승한 학교를 세운 것 역시 이 무렵이다. 심지어 이들은 '대안학교'가 아니라 저 '전쟁의 반교육기계'인 공교육체제를 충분히 이용하면서 그러한 교육을 했다. 국가가 '반교육'을 목표로 하는 학제를 세우고, 교육과정을 정하고 이를 전국에 실시한다고 하더라도, 실제 그것을 담당하는 교사들은 '교육'을 하며, 그것을 가로막는 각종 반교육적 조치에 대해 적극적이든 소극적이든 저항한다는 점이다.

이는 교육이 교사와 학생이라는 사람과 사람의 만남, 관계를 매개로 이루어지기 때문이다. 사이코패스가 아닌 다음에야 사람으로서, 학생을 만나는 사람으로서, 교사는 단지 국가가 정하고 요구한다고 하여 '반교육'을 기계적으로 시행하지는 않는다. 그래서 20세기 이후 사회학에서 거대담론의 시대가 막을 내리고, 미시사회학의 시대, 맥락적 이해의 사회학, 민족지적 사회학의 시대가 막을 올린 것이다. 김누리 씨는 바로 이 부분을 간과하였다.

물론 한국 공교육의 목표가 그동안 '반교육'적이었다고 비판할 수는 있다. 실제로 그동안 한국 공교육의 공식적인 목표가 반공, 산업역군 양성, 인적자원개발이었는지는 모르겠지만—이렇게 말하는 것을 보면 이분은 「국가수준 교육과정」 총론을 한 번도 읽어보지 않았음이 틀림없다—설사 그렇다 하더라도, 국가가 공교육을 그렇게 규정한 것과 실제 교사와 학생이 만나는 현장의 교육 현상은 다르다. 또 50대 진보지식인이 느끼는 교사-학생의 관계와 현재 학생이 느끼는 관계 역시 다르다. 이런 다양한 맥락과 현상을 무시한 채, 심지어 국가가 공식적으로 공표한 「국가수준 교육과정」 총론조차 제대로 읽지 않은 채, 그동안 교육비판이라며 떠돌아다니던 담론을 얼기설기 엮어서 호소력 있는 문장과 표정으로 퍼뜨리는 "반교육 담론"은 위험하다. 자칫 반교육에 맞서 그간 분투해온 수많은 교사의 노력과 성과까지 한꺼번에 포기할 수 있기 때문이다. 그래서 공자는 "교언영색에는 선함이 드물다"라고 한 것이다.

온라인수업, 등교수업, 방역, 학생관리에 각종 공문서 처리까지 해야 하는 교사는 교수만큼 시간이 많지 않아 여기서 더 긴 글을 쓰기 어렵다. 또 생각이 모이면 다시 하기로 하고, 오늘은 여기서 일단 글을 끊는다.(2020년)

안정적인 온라인 학사일정에 대한 기대

○

1학기 내내 교사들을 괴롭힌 일은 학사일정이 2주마다 바뀌는 것이었다. 교육부가 계속 2주 뒤에 다시 발표하겠다는 식으로 학사일정을 발표했고, 심지어 온라인개학을 하고 2주도 채 지나지 않아 등교개학을 거론하기 시작했다. 이런 식으로 학사일정이 언제 어떻게 될지 모르니, 교사들은 온라인수업도, 등교수업도 제대로 준비하지 못한 어정쩡한 상태에서 1학기를 보내야 했다.

4월 16일 온라인개학을 할 때, 많은 교사는 2~3주 정도 온라인수업을 하고, 이후 정상적인 등교수업을 할 것이라고 예상했다. 그래서 교육과정에서 강의식, 전수식 수업으로 해결할 부분을 앞으로 빼서 온라인수업에 집중적으로 배치하고, 출석해야만 할 수 있는 각종 협력학습, 프로젝트학습, 논술 같은 활동은 뒤로 빼는 방식으로 교육과정을 재구성했다.

그런데 막상 등교수업을 하더라도 사회적 거리두기를 유지한 상태로 해야 하기 때문에 모둠활동이 불가능하다는 발표가 났다. 부랴부랴 협력학습, 프로젝트학습을 개별학습이 가능한 형태로 바꾸고, 논술 등의 비중을 늘렸다. 그런데 등교개학이 전면등교가 아니라 등교 1주, 온라인 2주를 번갈아가며 하는 방식이라는 발표가 나왔다. 다시 교육과정을 짜야 했다. 사실상 1학기 마칠 때까지 등교하는 일정이 2주 남짓이라 각종 평가에도 빠듯했다. 얼마 안 되는 등교 기간 중에 내내 평가만 하느라 학생도 죽을 맛, 교사도 죽을 맛이었다.

그나마 교육당국이 1/3 등교 일정을 1학기 말까지 계속한다고 미리 확정해준 덕분에 아쉬우나마 계획적인 수업이 가능했다. 만약 "일단 1/3 등교를 하면서 코로나19 확산 상황에 따라 2/3 등교 혹은 전면등교를 고려하겠다"라는 식으로 발표했으면, 교사들은 1학기 내내 아무것도 준비하지 못하고 눈치만 봐야 했을 것이다. 온라인수업 콘텐츠를 부지런히 준비했는데 등교수업으로 전환한다거나, 등교수업을 준비하고 있는데 온라인수업으로 전환한다거나 하면 참으로 낭패가 아닐 수 없기 때문이다. 둘 다 준비하면 될 것 아니냐 한다면, 대답은 간단하다. 말로야 뭘 못하겠는가?

1970~80년대에 학교를 다닌 구세대들이야 그 차이를 이해하지 못할 수 있다. 어차피 그들이 알고 있는 수업이라고는 선생은 설명하고 학생은 받아 적는 수업이 전부이기 때문이다. 그런 수업을 앞에 학생 두고 하건, 카메라 놓고 하건 뭐가 다르냐고 쉽게 생각할 수도 있다.

하지만 입시교육에 사로잡힌 일부 고등학교라면 몰라도, 적어도 초등학교와 중학교는 더 이상 수업이 그런 식으로 돌아가지 않는다. 교사가 직접 설명하는 방식의 수업은 전체 수업시간의 1/2~2/3 정도에 불과하며, 나머지 시간은 학생의 자기주도성을 강조하는 다양한 방식의 활동이 이루어진다. 초등학교는 그런 활동의 비중이 절반을 넘나든다. 특히 협력적 문제해결력 함양을 목적으로 하는 모둠활동과 심미적 표현력을 함께 기르는 예술융합활동의 비중이 점점 높아지고 있다. 즉, 학교 수업의 1/3~1/2은 온라인수업으로 시행하기 매우 곤란한 것들이다.

그나마 교육부는 1학기 종료 시점에서 2학기 학사일정을 수도권을 기준으로 2주 등교, 1주 온라인으로 미리 명시했다. 덕분에 교사가 얼마 안 되는 방학기간에 2학기 수업의 가닥을 잡을 수 있었다. 미리 수업일정을 확인할 수 있기 때문에 온라인에 적합한 수업과 등교해서 실시해야 하는 활동을 미리 배치할 수 있는 것이다. 1주는 온라인으로 내용 학습, 1주는 등교하여 학습 내용 확인 및 활동계획, 1주는 학생의 자기주도적 활동과 평가, 이런 식으로 배치하고 이에 따라 수업 내용을 구성하면 아귀가 딱 맞아 떨어진다.

그런데 방학 도중에 다시 코로나19가 확산하면서 수도권을 기준으로 1주 등교, 2주 온라인으로 학사일정이 바뀌었다. 아직은 여유가 있으니 괜찮다. 2주 등교수업으로 배치된 활동 중에 온라인으로 전환할 부분을 찾아서 넘기면 되니까.

문제는 교육부가 이것을 9월 11일까지로 정해두었다는 것이다. 이제 교사들의 악몽이 재현되기 시작했다. 또 2주 단위인 것이다. 그래서 9월 11일이 되면 어떻게 하겠다는 것인가? 상황이 그대로면 계속 1주 등교,

4부_ 코로나시대, 교사의 일과 교육

2주 온라인, 더 나빠지면 전면 온라인, 상황이 좋아지면 등교수업을 하겠다는 것인가? 그렇다면 수업계획도 9월 11일까지밖에 할 수 없다. 그리고 9월 11일을 전후하여 느려터진 공문이 아니라 인터넷 뉴스창이나 맘카페 게시판을 노려보며 다음 일정을 기다려야 한다. 그랬더니 전면 온라인수업으로 하고 9월 25일에 다시 상황을 봐서 정한다, 이런 식으로 발표가 나온다면? 이렇게 되면 결국 수업 준비를 할 수 없다. 그때그때 맞춰 그야말로 땜빵질로 수업할 수밖에 없다. 온/오프라인 블렌딩 수업은 미리 일정을 잘 계획해서 시행하는 것이지, 일정이 갑자기 바뀌면서 어쩔 수 없이 강요되는 것이 되어서는 안 된다.

그러니 교육당국은 비교적 큰 폭으로 등교방식 일정을 정해주기를 바란다. 대학처럼 과감하게 2학기 전면 온라인을 선포하든가, 아니면 적어도 2개월 단위로라도 끊어서 정해주기 바란다. 그래야 제대로 된 수업계획과 준비가 가능하다. 1학기 온라인개학 때도 6월 8일을 기준으로 이전보다 이후 온라인 수업자료의 질이 훨씬 높아졌고, 실시간 온라인수업에 대한 교사의 적응력도 높아졌다. 그 까닭은 6월 8일 이전에는 교육당국이 4월 30일경부터 언제든지 등교개학을 할 것처럼 일정을 흔들었지만, 6월 8일 이후에는 방학 때까지 적어도 2/3는 온라인수업이라고 일정을 확정했기 때문이다.

2개월간 온라인수업을 결정했는데, 중간에 기적적으로 코로나19가 물러나면서 정상화가 될 수도 있다. 그럼 남은 기간이 아까울 수도 있다. 하지만 그런 미련, 이런 미련 다 미리 생각하다보면 가장 미련한 결과만 남는다. 더구나 코로나19는 2주 연속 확진자가 0이었던 나라에서도 다시 확산할 정도로 끈질기다.

등교수업 일수가 줄어들면 정보통신기기에 익숙하지 않거나, 인프라가 갖추어지지 않은 학생, 혹은 가정의 보살핌과 관리가 부족한 학생이 체계적으로 불이익을 겪고, 이것이 학력격차로 나타날 가능성이 있다. 하지만 이는 다른 방법으로 해결할 일이지, 학력격차 해소와 감염방지라는 목표를 양손에 들고 우물쭈물해서 해결할 일이 아니다. 일단 학교는 안정적으로 비교적 장기 계획을 세울 수 있도록 일정을 확정하고, 여기서 어려움을 겪을 학생들은 따로 기구, 시설, 전담요원 등을 마련하여 관리해야 할 것이다. 교육 뉴딜 아닌가? 뉴딜정책의 핵심은 기자재 판매가 아니라 고용창출이다.(2020년)

실시간 원격화상수업의 그림자

○

2학기 들어 실시간 쌍방향 수업에 대한 요구가 뜨겁다. 어느 교육청은 모든 원격수업을 실시간 쌍방향으로 하라고 사실상 강요하는가 하면, '실시간 쌍방향 수업을 하지 않는 교사의 월급을 삭감하라'라는 청와대 청원까지 올라왔다. 도대체 실시간 쌍방향 수업이 무엇이길래 이거 아니면 아예 원격수업이 아니고, 이거 안 하면 교사 자격이 없는 것처럼 몰아붙이는 것일까?

그런데 이들이 요구하는 수업은 실시간 쌍방향 수업이 아니다. 실시간 쌍방향 수업의 여러 방법 중 줌(zoom), 웹 엑스(web ex), 구글 미트 같은 '화상회의' 방식의 수업을 말하는 것뿐이다. 실시간 쌍방향 수업은 원격화상회의 방식 말고도 다양하다. 가령 교사가 공개채팅방을 이용하여 학생과 대화한다면 이 역시 실시간이며 또한 쌍방향이다. 교사가 구글 드라이브나 마이크로소프트 팀즈(MS teams) 같은 협업 도구를 이용하여 학생들에게 과제를 공유한 뒤, 공동 작성하는 문서상에서 코멘트를 주고받는 것 역시 실시간이며 또한 쌍방향이다.

일부 관리자와 언론에서는 '쌍방향'이라는 말을 쓰면서 마치 '콘텐츠+과제형' 수업이 일방적인 수업인 것처럼 말하기도 한다. 이는 언어도단이다. '콘텐츠+과제형' 수업도 쌍방향이다. 콘텐츠는 교사→학생 방향으로 제공되며, 과제는 학생→교사 방향으로 되돌아가기 때문이다. 어떤 면에서 이런 방식이 실시간 화상회의 방식의 수업보다 더 대칭적인 쌍방향 수업을 구현할 수 있다. 오히려 화상회의 방식의 수업은 교사에서 학생으로 가는 방향의 정보량과 활동량이 많아 비대칭적 쌍방향이 되기 쉽다.

음성통화와 카톡 등의 메신저를 비교해보면 바로 답이 나온다. 음성통화는 실시간으로 대화를 주고받아야 한다. 반면 메신저는 메시지를 읽기 편할 때 읽은 뒤 충분히 답변을 생각해서 답장을 보낼 수 있다. 둘다 쌍방향이다. 그렇다면 음성통화와 메신저 중 어느 쪽이 더 대칭적일까? 기성세대와 젊은이 사이에서는 기성세대가 음성통화를 한다면 아무래도 젊은이가 듣는 쪽이 되기 쉽다. 하지만 메신저라면 사정이 다르다. 대면해서 실제 목소리를 들으면서는 못할 말을 메신저로는 과감하게 할 수 있다.

또 학습 내용에 따라 생각거리, 공부거리를 던져주고 충분한 시간 뒤에 답을 받는 쪽이 더 나을 수도 있다. 따라서 '쌍방향'이라는 용어로 '콘텐츠+과제형' 수업보다 화상회의 방식의 수업이 더 좋다고 주장한다면, "나는 수업해본 적이 없습니다"라고 고백하는 것이나 다름없다.

쌍방향이 반드시 실시간이라야 하는가는 교육의 목표, 소재, 상황 등에 따라 판단할 일이다. 교사로부터 주어진 자극에 대해 학생의 반응을 즉시 확인해야 하는 수업이라면 실시간으로 진행되어야 한다. 하지만 숙고와 창의의 시간이 필요하다면 어느 정도 시차를 둔 쌍방향으로 진행되어야 한다. '실시간 쌍방향'은 교육의 도깨비방망이가 아니다.

그런데도 원격수업에 대한 불만은 온통 "어째서 실시간 화상회의 방식의 수업을 하지 않느냐?"로 몰리고 있다. 정말 그렇게 몰리고 있는지, 언론과 교육관료가 그렇게 주장하는 것인지는 모호하지만 말이다. 문제는 이런 논란에서 수업 당사자인 학생과 교사의 목소리는 들리지 않는다는 것이다.

학생들이 과연 실시간 화상회의 방식의 수업을 원하는가? 교사는 그것을 원하는가? 어떨 때 화상회의가 필요하고 어떨 때 이게 걸림돌이 되는가? 또 이를 위해 학생과 교사에게 필요한 것은 무엇인가? 이런 수많은 물음이 필요한데 거의 묻지 않는다.

전장에 나가 있는 장수들 대신 조정의 대신들이 전술에 대해 이러쿵저러쿵 떠들던 조선시대를 연상케 한다. 남해 한 번 안 나가본 문신들이 수군으로 부산을 쳐야 한다 말아야 한다, 그러다가 이순신을 해고하고 칠천량해전의 참패를 초래했던 그 작태 말이다. 이것도 일종의 전통이라면 전통인가?

"담임이 전화 한 통 안 하고 카톡만 보낸다", "하다못해 의무적으로 전화라도 걸게 하라"라는 볼멘소리가 학교 게시판에 올라왔다. 그러자 일부 몰지각한 교장은 이런 청원글을 무비판적으로 복사하여 교사들에게 교내 메신저로 뿌리면서 스트레스를 주고 사기를 떨어뜨렸다. 마침내 교육부가 '매주 1회 이상 통화'라는 해괴망측한 방침까지 발표했다. 물론 'SNS 활용'이라는 단서 조항을 달아, 반대로 "학교에서 자꾸 전화와서 못 살겠다"라는 민원을 빠져나갈 구멍도 만들어놓고 말이다.

그런데 전화 안 하고 카톡 보내는 것이 무성의하다고 느끼는 것은 과연 학생의 마음일까? 아니면 그것을 보는 어른의 마음일까? 적어도 요즘 학생들은 전화 거는 것과 문자나 카톡 날리는 것 사이에서 정성과 예의의 차이를 느끼지 않는다. 오히려 자기 시간을 함부로 치고 들어오는 음성통화를 카톡보다 더 무례하게 생각하기도 한다. 일단 받아놓고 시간 될 때 읽고 답하면 되는 문자나 메신저가 상대 입장을 더 배려하는 것으로 여겨지기 때문이다.

지금 필요한 것은 어떤 수업이 좋다 나쁘다는 것에 대해 교실에서 멀리 떨어진 곳에서 갑론을박하는 것이 아니다. 이것은 학생 입장에서 생각하는 것도 아니다. 필요한 것은 학생 스스로의 목소리다. 자기보다 몇십 년 어린 학생 입장에서 생각할 정도의 역지사지는 보통 사람이 할 수 있는 일이 아니다. 학생들과 일상을 함께하는 교사들도 쉽지 않은데 그걸 학교 밖에서 학생들을 접한 지 매우 오랜 시간이 지난 사람들이 "학생중심" 운운하는 것은 다 거짓말이다. 본인은 진실이라고 믿는 거짓말.

학생들의 이야기를 들어보면 '원격화상회의' 방식 실시간 수업의 장단점을 금방 파악할 수 있다. 그들이 왜 마이크와 카메라를 끄고 접속하는지, 혹은 마이크와 카메라가 없는 시스템으로 접속할 수밖에 없는 처지의 학생들 심정이 어떤지……. 말이 좋아 실시간이지 네트워크 상태에 따라 실제로 교사와 학생 사이에 심하면 5초 가까이 시차가 발생할 수 있고, 때로는 1시간 내내 튕겨 나갔다 들어왔다만 반복하다 끝나는 촌극 같은 상황 말이다.

장관이나 교육감이 시범을 볼 때 설치된 그런 근사한 디스플레이와 빵빵한 네트워크는 다만 의전용에 불과하다. 실제 화상회의 방식의 수업은 그렇게 환상적으로 돌아가지 않는다. 장관과 교육감은 40%의 학생들이 손바닥만 한 스마트폰으로 원격수업에 임하는 현실을 감안하고, 스마트폰으로 하루 6시간씩 원격화상수업 체험을 해보기를 바란다.

더구나 화상회의 방식 수업이 '미래지향적'인가도 다시 생각해볼 필요가 있다. 이른바 지식정보사회, 4차산업혁명 등을 논하는 미래학자들이 이구동성으로 강조하는 것이 바로 지식과 정보를 특정한 사람, 특정한 장소가 아니라 어디서나 획득할 수 있다는 것이다. 미래교육은 언제 어디서나 필요한 지식과 정보를 찾아낼 수 있고, 동료를 찾아 협업할 수 있는 유비쿼터스 교육이 되어야 한다.

그렇다면 교사가 "바로 지금 이 시각, 나를 통해서만 공부할 것"을 요구하는 화상회의 방식의 수업은 과연 얼마나 미래지향적일까? 어쩌면 최대한 교실 수업을 흉내 내는 모사품에 불과할 수도 있다. 디지털 네트워크에서는 그에 맞는 새로운 수업을 고민해야 한다. 시간과 공간을 뛰어넘는 무한한 창조성을 발휘해야 한다. 이러한 창조성은 특정한 방법을 금과옥조처럼 기준으로 제시하는 경직된 마음으로는, 더구나 그 동기마저 교육이 아니라 '민원 예방'인 관료적 마음으로는 절대 이룰 수 없다.

세계의 역사는 증명한다. 모든 창조적 혁신은 그 일이 일어나고 있는 현장에서 시작되었다. 저 멀리 떨어진 고위직들의 탁상공론이 세상을 바꾼 적은 없었다. 그럴 수 있다고 믿은 사람들은 러시아 볼셰비키들뿐이었으며, 그 결과가 어떻게 되었는지는 이미 소련의 몰락을 통해 생생하게 확인했다.(2020년)

코로나 시국을
업무 정상화의 기회로

○

사상 초유의 온라인개학으로 전국의 학교가 어려움에 부닥쳐 있었던 4월 무렵의 일이다. 고경력 교사들의 병가 신청과 더불어 명예퇴직에 대한 문의도 부쩍 늘었다. 코로나19로 인한 급격한 변화, 불규칙한 학사일정, 그리고 난생처음 만져보는 각종 원격화상수업 기술에 대한 두려움, 정보 인프라가 부족한 상태에서 교사 갈아넣기 방식으로 진행되는 원격화상수업으로 인한 자기효능감 저하 등이 원인이었을 것이다.

그런데 막상 8월 말이 되어 명예퇴직의 뚜껑을 열어보니 상황이 극적으로 바뀌었다. 정년 이전에 교직을 떠나는 고경력 교사의 숫자가 오히려 예년보다 줄어들었다. 고경력 교사들이 원격화상수업에 생각보다 빨리 적응한 것이다. '교육방송 링크나 건다'라는 세간의 인식과 달리 콘텐츠를 자체제작하는 비율도 75%가 넘었다. 밖에서 보면 나이 많은 아줌마 선생들에 불과하지만, 또래 직장인 그 누구보다도 새로운 환경과 매체에 빨리 적응한 셈이다.

무엇보다도 비상 상황이라는 인식하에 교육부, 교육청이 적극적으로 각종 정책사업과 행정업무를 감축하거나 중단한 효과가 컸다. 정책사업과 행정업무가 사라진 학교는 해방 이후 처음으로 "교육기관"이 되었다. "수십 년 경력 중 처음으로 교사가 교육자라는 것을 실감하며 근무한다"라고 말하는 고경력 교사들이 나올 정도였다.

이는 아무리 업무 난이도가 높아지고 낯선 기술에 적응해야 할지라도 "가르치기 위한 일"인 한, 고경력 교사들은 얼마든지 감수할 용의가 있음을 보여준 사례다. 그동안 교사의 열정을 차갑게 식히고, 명예퇴직 신청서나 만지작거리게 만드는 원인으로 '교권실추'를 자주 거론하였다. 그런데 코로나 시국은 그 교권실추의 범인이 학생이나 학부모가 아니라, 오히려 교사를 말단 행정직원처럼 부리고 창조성이라고는 전혀 발휘할 수 없는 행정기계의 톱니바퀴로 만드는 교육부, 교육청 관료와 그들이 펼치는 각종 관료행정이라는 것을 여지없이 보여주었다.

이 경험을 단지 스쳐 지나가는 에피소드로 만들어서는 안 된다. 교훈을 얻고 개혁의 계기로 삼아야 한다. 특히 진보교육감을 자처한 분들이라면 더욱 그렇다. 그간 진보교육감들은 한결같이 정책사업과 행정업무 감축을 공약으로 내걸었다. 하지만 실행은 쉽지 않았다. 각종 정책사업, 행정업무 담당자들이 저마다 그 불가피성을 강변해왔기 때문이다. 그 어떤 정책사업, 행정업무도 담당장학사, 장학관에게 물어보면 다 교육에 도움이 되고 필수불가결한 것이라고 대답할 것이다. 문제는 정말 그러한지, 또 그 효과가 얼마 정도인지 평가할 방법도, 기회도 찾기 어려웠다는 것이다.

대부분 정책사업이 중단되고 많은 행정업무가 유예되거나 감축된 2020년은 바로 이를 평가할 절호의 기회다. 평가 방법도 간단하다. 중단이나 유예의 결과가 학교 교육현장에서 어떻게 나타났는지만 보면 된다. 그 결과는 다음 셋 중 하나로 나타날 테니 이에 따라 분류하면 된다.

1. 그것을 중단하거나 감축함으로써 학교 교육현장에 여러 가지 애로사항이 발생하였다.
2. 그것을 중단하거나 감축했음에도 불구하고 학교 교육현장에 아무런 애로사항이 발생하지 않았다.
3. 그것을 중단하거나 감축함으로써 학교 교육현장이 오히려 더 활발해지고 교육이 살아났다.

1에 해당하는 사업이나 업무는 꼭 필요한 사업이나 업무라는 뜻이다. 여기 해당하는 것들이라면 다소 힘들고 복잡하더라도 코로나19 사태가 완화되면 다시 복구할 준비를 하고 있어야 한다. 물론 교육부, 교육청에서 학교에 요구해온 사업이나 업무 중에 여기에 해당하는 것이 과연 얼마나 있을지는 매우 의심스럽지만 말이다. 그들에게는 매우 섭섭한 소식이겠지만 2020년 10월 기준으로 교육부, 교육청의 각종 정책사업이나 업무가 중단되거나 감축되어서 학교현장에서 교육에 어떤 어려움이 발생하고 교사들이 고충을 겪고 있다는 이야기는 거의 들은 바 없고, 보고된 바도 없다. 그렇다면 대부분 사업이나 업무는 2나 3에 해당한다는 뜻이다.

2에 해당되는 사업이나 업무는 한마디로 쓸모없는 일이다. 있으면 누군가 하긴 해야 하니 수고스럽고, 없어도 하나도 티 나지 않는 그런 일들이다. 사실 교육부, 교육청이 학교에 요구한 사업이나 업무 중 대다수가 바로 여기에 속할 것이다. 문제는 이런 종류의 사업이나 업무가 딱히 해롭거나 교육 방해요인으로 보이지 않는다는 것이다. 사실 도움도 좀 된다. 그래서 교사들은 없는 것보다는 낫겠지 하는 마음에 이를 감내하는데, 여기 투입되는 시간이 턱없이 많아 정상적인 교육활동을 방해한다. 따라서 이를 소극적인 교육 장애물이라 부를 수 있다. 그렇다면 3에 해당되는 사업이나 업무는 무엇이라 불러야 할까? 아예 교육에 방해되는 사업이나 업무, 이것을 수행하려면 정상적인 교육과정 운영을 잠시 멈추고 몰두해야 하지만, 막상 도움은 전혀 되지 않는 것들이다. 이런 것들은 능동적인 교육 장애물이라고 불러도 할 말이 없다.

이런 식의 분류가 끝나면 교육부, 교육청은 코로나 국면이 진정되더라도, 이전에 하던 사업이나 업무를 기계적으로 되돌리지 말고, 하지 않아도 별문제 없던 사업이나 업무를 영구적으로 없애면 된다. 코로나 국면 때 안 해도 문제없던 일이, 코로나가 진정되었다고 더 필요할 이유는 없다. 특히 '진보교육감'을 자처한 분들은 더더욱 이 기회를 놓치지 말아야 한다. 우리는 그동안 그들이 외친 '교육이 중심이 되는 행정'이라는 구호를 기억한다. 교사에게 학생과 교육을 찾아주겠다며, 모니터가 아니라 아이들을 보며 살아갈 수 있게 하겠다고 그 얼마나 아름다운 구호를 외쳐왔던가?

진보는 결과로 말한다. 진보라는 것이 어디서 가져온 이념이나 구호를 현실에 관철하는 것이라고 주장한다면, 이는 진보가 아니라 수백 년 전 사화당쟁으로 국력을 낭비한 사림파와 다를 바 없다. 진보는 지금보다 더 나은 결과를 가져올 수 있다면 오래된 신념이나 가치도 기꺼이 포기할 수 있는 열린 태도다. 진보교육감은 이념과 가치가 아니라, 그 임기가 끝날 무렵 이전과 이후에 과연 무엇이 얼마나 더 나아졌는지 그 결과로 평가받아야 한다.

그 기간에 교육현장이 더 활기차고, 교사는 더 많은 보람과 열정을 느끼며, 학생은 보다 확장된 성장과 발달 가능성을 보장받도록 바뀌었는가? 교육의 혁신과 발전을 가로막던 여러 낡은 관행, 규정, 절차, 그리고 교육의 목적 전치 현상을 일으키는 장애물이 타파되었는가? 여기서 긍정적인 대답을 얻어낼 수 있다면 이념과 가치야 뭐가 됐건 진보다. 그렇지 않다면 진보는커녕 수구보수나 다름없으며, 심지어 표리부동하다는 비난을 추가로 받아 마땅하다. 그래서 스스로를 진보라 부르면 그만큼 책임이 큰 것이다. 사실 그동안 진보교육감들은 진보라는 이름값을 제대로 하지 못했다.

안타깝게도 2학기 들어 유보되거나 감축되던 각종 행정업무가 부활하며, 학교현장은 댐에서 방류하듯 쏟아지는 공문과 업무로 흔들리고 있다. 명퇴하려던 교사들마저 붙잡았던 잠깐의 시기를 그저 우연한 에피소드로 만들 것인지, 진보의 계기로 만들 것인지, 그 갈림길이 열렸다. 부디 진보의 길을 선택하기를 바란다. 아름다운 말보다는 구체적인 결과로.(2020년)

나는 열정적인 교사가
되고 싶지 않다

○

한국직업능력개발원에서 발표한 보고서 하나가 파문을 일으켰다. 사실 보고서의 자료 자체는 나쁘지 않고, 꽤 많은 의의가 있었다. 이 보고서는 교사와 다른 일반 직종 간의 직무수행 태도를 비교한 것으로, 교사가 다른 일반 직종보다 직무수행 태도가 더 높은 것으로 나타났음을 보여준다. 이 직무수행 태도는 직무윤리와 직무태도를 말한다.

문제는 직무수행 태도를 구성하는 12개 지표를 해석한 문장에서 비롯되었다. 보고서에서는 교사가 다른 일반 취업자보다 직무수행 태도가 우수하다고 평가하면서, 규정준수와 친절이 가장 점수가 높고, 열정과 유쾌함이 가장 점수가 낮은 결과를 "고용이 안정되어 있고 반복적 직무를 수행하기 때문"이라고 해석한 것이다. 아무런 실증적, 이론적 근거가 없는 자의적인 해석이다.

더 큰 문제는 각 언론에서 이러한 결과를 보도한 기사 타이틀(그들 은

어로 '야마')이다. "교사 직무수행 태도, 다른 직종보다 높아", 이게 보고서의 실제 결론이건만, 굳이 "교사, 일반 취업자보다 규정 잘 지키지만, 열정 부족해", 이렇게 타이틀을 붙이고 보도한 것이다.

이렇게 되는 순간, 대한민국 교사는 직무수행 태도가 우수한 전문직에서 졸지에 규정만 따지는 복지부동 공무원이 되어버린다. 교사가 다른 직종보다 높은 평가를 받는 것이 규정준수만 있는 것이 아니라, 친절, 신뢰성 등 여러 분야에 걸쳐 있는데도 유독 넘치는 규정준수와 부족한 열정에만 방점을 찍은 것이다.

이렇게 비유할 수 있다. 갑분이라는 학생이 있다. 이 학생의 성적표를 열어봤더니 12과목 중에서 10과목이 90점 이상이고 특히 그중에서 수학이 100점이다. 하지만 체육은 75점으로 다른 과목보다 부족했다. 하지만 전체적으로 평균 내면 92점으로 우수한 성취도를 기록했다.

그러면 그냥 갑분이는 공부 잘하는 아이다. 그런데 굳이 "잘했구나"라는 말 대신, 콕 집어서 "아니, 체육이 이게 뭐야?"라고 지적할 이유가 있을까? 오히려 다른 과목들은 다 잘하는 훌륭한 학생이 왜 유독 체육만 못하는지 그 원인을 찾아보고 걸림돌을 치워주는 게 올바른 조치일 것이다.

마찬가지로 교사가 다른 직종에 비해 직무수행 태도가 훌륭하다면 일단 이것을 인정하고 칭찬한 뒤, 그런데도 열정과 유쾌함 부분이 낮은 이유를 따지는 게 바른 순서다. 세상 그 어느 전문직도 저 지표 12개를 모두 만족시켜야 할 직종은 없다. 그런 직종은 하나밖에 없다. 바로 신 (神). 그러니 사람이라면 12개 중 어떤 부분이 강조되면 다른 부분은 어느 정도 희생해야 한다.

따라서 열정이라는 것이 교직에 어느 정도로 중요한지, 이것이 규정 준수, 신뢰, 친절함 등보다 더 중요한 것인지부터 따져볼 필요가 있다. 물론 그 모든 것에 앞서, 여기서 말하는 '열정'이 무엇인지부터 더 면밀히 따져보아야 하고.

나는 개인적으로 열정이라는 건 있으면 좋겠지만, 중요하다고 보지는 않는다. 사람의 능력은 유한하다. 특정한 영역을 취하고 덜 중요한 영역은 버려야 한다. 그리고 우선순위를 부여한다면 교사에게 열정의 우선순위는 12개 지표 중 뒤에 해당한다.

물론 나는 사람들이 인정하듯 매우 열정적인 사람이다. 하지만 이는 내가 교사 이외에도 많은 다른 정체성을 가지고 있기 때문이다. 내가 그야말로 오로지 교사로만 평생 살아야 한다면 절대 열정을 앞세우지 않았을 것이다. 사실 나의 열정은 교사로서의 직무수행에 방해되기도 했고, 동료 교사들에게 민폐가 되기도 했기 때문이다.

그런데 이런 과정은 다 생략하고 대뜸 "열정이 없는 까닭은 고용이 안정되어 있어"라고 방점을 찍는 것은, 즉 "철밥통론"을 들먹이는 것은, 한마디로 전혀 전문 연구자답지 않은 해석이다. 직무에서 열정이란 자기 직무에 대한 헌신성, 가치부여 같은 것으로 이루어진다. 그러니 오히려 철밥통이 될수록 자기 직무에 대해 더 헌신할 유인이 생긴다.

만약 철밥통이 열정을 식히는 원인이라고 주장한다면, 편의점 알바가 과연 그 일에 엄청난 열정을 가졌는지, 또 어째서 다른 카페 직원들과 비교해 유독 스타벅스나 커피빈 직원들이 더 열정적인 모습으로 일하는지 이유를 살펴보라고 권하겠다. 여기에 더해 "반복적인 직무를 수행한다"라고 한 것은, 해석이 아니라 연구자가 자신의 선입견을 밝힌 것에 불과하다. 즉, 교사를 전문직이 아니라 단순노동자로 보고 싶어 하는 선입견 말이다. 하지만 교직 경험까지도 필요 없고 딱 1달 교생실습만 나와도 안다. 학교에 반복적인 일이란 없다는 것을.

따라서 저 두 해석은 모두 틀렸다. 틀린 해석을 근거 없이 쓴 연구자나, 그 틀린 해석을 근거로 오직 "교사 깔 일"이 생긴 것에만 흥분하여 멋대로 타이틀을 잡는 언론사야말로 직무수행 태도가 바닥이며, 열정도 없다는 소리를 들어 마땅하다.

이제 우리가 주목해야 할 지점은 저렇게 직무수행 태도가 우수한 교사들이 왜 유독 열정과 유쾌함 항목에서만 가라앉아 있는지 그 진짜 원인을 찾아보는 것이다. 사실 직관적으로는 이미 답이 나와 있는 문제이다.(2020년)

학교 그리고
진정한 일제잔재 청산

○

규제와 통제로 가득 찬 교육계 현실

요 몇 년 사이 일제잔재 청산이 난무한다. 지명을 바꾸고, 학교 이름을 바꾸고, 교훈을 바꾸고, 각종 용어를 순화해야 한다면서 일본식 용어와 순화된 용어 조견표가 연일 기사로, 공문으로 날아온다. 심지어 학교에서 사용하는 일본식 용어와 개선 사항을 제출하라는 국회의원 요구 자료까지 날아왔다. 촌극이 따로 없다. 굳이 따지면 국회, 의원, 요구, 자료, 용어, 청산, 보고가 다 일본식 용어이기 때문이다. 이런 식으로 따지고 들면 근대 이후 만들어진 우리말 어휘 중에 과연 몇 단어나 살아남을 수 있을지 의심스럽다.

물론 일제잔재 청산은 필요하다. 다만 여기서 청산해야 할 것이 일제 (日帝)에서 일(日)인가 제(帝)인가를 고민해야 한다. 만약 청산해야 하는 것이 일본이라고 주장한다면, 이 지구촌 다문화시대에 어처구니없는 시대착오일 것이다. 하지만 청산해야 할 것이 전쟁의 참화와 만행, 그리고 해방 이후에도 이어진 권위주의와 군사독재, 북한 세습독재 등의 원천이 된 제국주의, 군국주의라면 아무리 강조해도 지나치지 않으며, 아직도 가야 할 길이 멀다.

이런 관점에서 보면 우리나라 교육계에는 청산되어야 할 일제잔재가 아직 수두룩하다. 심지어 일본보다도 일제잔재가 더 많다. 진짜 청산할 것은 몇몇 단어가 아니라, 규제와 통제로 가득 찬 교육계의 권위주의적인 제도와 그릇된 관행이다. 몇 가지 대표적 예를 들어보자.

딱딱한 공문서

학교를 포함한 우리나라 공공기관의 각종 공문서, 기획서, 계획서 등은 읽어도 정확한 내용 파악이 어렵다. 완성된 문장으로 차근차근 설명하는 대신에 명사형 종결어미를 사용한 개조식(個條式, 글 앞에 번호를 붙여 중요한 내용을 나열하는 방식)으로 압축한 경우가 많기 때문이다. 심지어 학생생활기록부 기재요령에는 아예 모든 내용을 명사형으로 종결하라고 명시되어 있다.

이런 식의 명사형 문장은 변경의 여지, 타협의 여지가 없다는 권위주의적인 느낌을 주며, 보기에는 깔끔하지만 내용을 이해하기 어렵다. 이런 명사형 문장이 어디서 왔을까? 일제강점기다. 가나(假名, 일본어를 표기하는 문자)가 아니라 한자로 문장을 마무리하는 것을 선호하던 일제 관료의 취향, 그리고 강한 명령의 의미를 가진 문장에서는 종결어미를 사용하지 않는 일본어 어법이 그 기원이다. 그야말로 반드시 청산해야 할 일제잔재다.

실무를 담당하지 않는 관리자

우리나라와 일본의 공문서는 온통 표투성이다. 각종 서식은 다 표로 되어 있으며, 각종 계획서나 기획안도 내용을 문장으로 설명하는 대신 표로 정리하는 것을 선호한다. 공문서에 표가 이토록 많은 나라는 우리나라와 일본뿐이다. 덕분에 우리나라 공공기관에서는 국제표준에 미치지 못하는 시대에 뒤떨어진 국산 문서편집 프로그램이 오직 표 작성 기능 하나 때문에 계속 사용되고 있으며, 일본은 아예 공문서 전산화 자체가 늦어져 팩스를 사용하고 있다.

왜 일본식 공문서에는 그토록 표가 많을까? 이는 관리자가 실무를 담당하지 않는 관행과 연결된다. 일본식 관료제에서는 실무를 담당하지 않는 중간관리자가 단계별로 있다. 계단의 제일 아래에 있는 직원들만이 실무를 담당하며 그 위로는 몇 단계에 걸쳐 오직 결재만 하는 관리자들이다. 이렇게 실무를 담당하지 않는 관리자가 많으니 자연스레 결재칸이 많아지며, 또 실제 내용보다는 관리자 보기에 좋은 모양의 문서를 만드는 작업에 치중하게 된다. 그 결과가 화려하고 복잡한 각종 표와 서식이 범람하는 공문서다.

표로 작성된 문서는 얼핏 보기에는 정리가 잘되고 깔끔한 것 같지만, 실제로 업무에 적용하려 하면 상당히 복잡할 뿐 아니라 여러 가지 오해의 소지도 많다. 무엇보다 문서 작성과정에서 엄청나게 많은 시간과 노력을 소모한다. 더구나 우리나라처럼 엑셀이 아니라 호환성 없는 한글

(HWP) 문서에 작성된 경우에는 자료축적 의미도 없고, 데이터베이스로 활용하기도 어렵다. 이렇게 읽는 사람에게 의미를 분명히 전달하여 업무를 진행하는 것보다 관리자에게 그럴듯한 공문서처럼 보이게 하는 데 더 치중하는 형식주의야말로 청산해야 한다.

회의를 진행하지 않는 관리자

우리나라 학교에는 수많은 위원회와 회의가 있다. 어찌나 많은지 문서상으로 보면 우리나라 학교에서 일어나는 모든 일이 교사들의 토의토론을 거쳐 정해지는 것처럼 보인다. 하지만 교사들은 그럴 시간도 부족하거니와, 그 위원회나 회의를 개최하는 일, 진행하는 일, 결과를 정리하고 반영하는 일까지 모두 교사의 업무다. 도대체 이래서야 언제 수업하고 학생을 지도할까 싶다. 결국 잡무가 되어버린 회의는 실제 의사결정과정이 아니라, 문책을 피하려고 "우리가 이만큼 노력을 했다"를 증명하기 위한 용도, 혹은 책임을 관리자가 아니라 여러 교사에게 흩어버리는 용도로 전락하고 말았다.

가장 큰 문제는 관리자가 각종 회의나 위원회를 주관하지 않는다는 것이다. 물론 문서상에는 교장, 교감이 위원장으로 되어 있다. 그런데 실제로는 위원장이 회의를 진행하지 않는다. 교장도, 교감도 아닌 교무부장이 각종 회의를 진행한다. 교장, 교감은 회의실에서 의장석에 앉아 있지만, 회의를 진행하는 대신 회의가 다 끝난 다음에야 말을 보탠다. 이러다보니 때로는 1시간 이상 회의해서 결정한 내용을 교장, 교감 한마디로 뒤집어버리는 일도 비일비재하다. 회의에서 정식으로 발언하든가, 아니면 회의를 직접 진행하면서 자기가 설정한 목표로 이끌든가 해야 하는데, 기껏 불만스러운 표정으로 앉아 있다가 회의가 다 끝난 다음에 엎어버리는 것이다.

이게 바로 가장 고질적인 일제잔재다. 일본 제국주의 시절에는 관료제 위계가 높아질수록 실무에 참여하지도, 알지도 못하는 사람들이 그 자리에 앉아 있는 경우가 많았다. 전통적인 일본 통치자인 쇼군 역시 업무가 이루어지는 과정 외부에 존재하고, 실제 업무는 바쿠신이라고 불리는 집단이 처리했다. 일본 제국주의, 군국주의 시절에는 이런 식의 조직의사결정 방식이 사회 곳곳에 적용되었다. 실무자들이 회의하고, 그 결과를 보고하면 관리자는 그저 도장만 찍거나 본인 생각에 따라 뒤집어버리는 것이다. 관리자는 마치 천황이 관료제 외부에 존재하듯이 의사결정 과정 바깥에서 초월적인 존재로 존재한다.

사실 조직에서 각종 회의나 위원회는 최고책임자의 판단을 돕고, 조직 구성원과 책임자 간에 생각을 공유하는 것을 목적으로 한다. 따라서 최고책임자는 구성원에게 어떤 부분에서 판단을 도와야 하는지, 필요한 정보가 무엇인지 분명하게 제시해야 하고, 회의가 목적에서 벗어나지 않도록 이끌어야 한다. 당연히 최고책임자가 회의를 직접 진행해야 이런 일이 가능하다. 미국과 유럽 등 대부분의 선진국 조직은 당연히 그렇게 한다. 우리나라도 기업은 이 방향으로 바뀌고 있다. 유독 학교에서만 교장, 교감이 회의 바깥에 있다. 대체 왜 그러는지 모르겠다. 실무를 담당하지도 않고 수업을 하는 것도 아니면서 회의마저 주재하지 않는다면, 도대체 무슨 '관리자'이며 '기관장'인지 도무지 알 수 없다. 무슨 일본의 쇼군이라도 된단 말인가?

그 밖에도 찾아보면 무수히 많은 일제잔재가 학교에서 쏟아져나온다. 우리가 청산해야 하는 것은 일본문화가 아니다. 일본은 자유세계의 한 축이며, 일본문화 역시 세계인류문화유산의 중요한 한 부분이다. 일본문화에도 당연히 훌륭한 것, 아름다운 것이 많으며, 우리가 아무리 무시한다고 하더라도 어차피 세계에서 그 정도 대접을 받고 있다.

우리가 청산해야 하는 것은 일본 그 자체나 일본문화가 아니라, 일본이 남긴 어두운 시대의 찌꺼기인 제국주의, 군국주의 유산이다. 아직도 그것들이 우리 학교의 제도, 관행 속에 숨을 쉬고 있다. 심지어 일본보다도 더 많이 살아남아 있다.

이 기회에 일제잔재 청산을 제대로 했으면 좋겠다. 민족의 순수성을 되찾기 위해서 하는 것이 아니다. 제국주의, 군국주의, 권위주의의 묵은 때를 벗고 민주주의를 제대로 세우기 위해 하는 것이다. 일제잔재 청산의 반대편에는 민족정기 회복이 아니라, 민주주의가 서 있다. 일제잔재를 제대로 청산하고 학교를 민주주의의 요람으로 만들어보자.(2020년)

포스트코로나시대에 더 중요한
민주시민교육

○

웬 민주시민교육?

요즘 교육계 트렌드는 참으로 화려하고 미래지향적이다. 이런 분위기에 '민주시민교육'이라는 말을 꺼내는 것이 민망하게 느껴질 정도다. 시대에 뒤떨어진 것같이 느껴지기도 하고, 혹은 너무 뻔한 이야기만 하는 것 같기도 하다. 그래서인지 근래 들어 교육혁신을 거론하는 사람들 사이에서 민주시민교육이라는 말이 등장하는 빈도가 부쩍 줄어들었다.

인기 있는 말은 주로 이런 것들이다. 포스트코로나, 비대면, 4차산업혁명, 인공지능, 에듀테크, 블렌디드 교육, 미래교육 등등. 이런 말을 좀 섞어줘야 눈길이라도 받을 수 있는 시대가 되었다. 하지만 이대로 괜찮은 것일까? 민주시민교육이 저런 화려한 용어들에 묻혀도 되는 것일까? 그냥 올바른 말 같긴 하지만, 이 최첨단의 시대에 어울리지 않는 뻔한 말에 불과한 것일까? 그렇지 않다. 아무리 시대가 변하고, 기술이 발전하고, 전염병이 창궐해도 공교육의 가장 중요한 목적은 그 나라가 필요로 하는 시민(citizen)을 양성하는 것이라는 사실은 변하지 않을 것이기에.

시민은 단지 그 나라에서 출생했다는, 그 나라의 적(籍)을 가지고 있다는 것만을 뜻하지 않는다. 아리스토텔레스가 말했듯이, 시민이란 그 나라에서 공적인 업무를 담당할 수 있는 사람을 뜻한다. 이 공적인 업무라는 것이 반드시 공무원이나 관료를 의미하는 것은 아니다. 그 나라 전체의 관점에서 합리적인 의사결정을 내릴 수 있고, 그 과정에 참가할 수 있는 사람을 뜻하는 것이다. 그래서 어느 시대, 어느 나라나 시민권은 곧 의사결정 참여권, 즉 참정권의 형태로 나타난다.

이때 누가 시민에 포함되느냐는 그 나라의 정체(政體)와 사회적, 시대적 배경에 따라 달라진다. 시민이라는 것 자체가 소수의 특권에 해당하는 나라는 귀족정이나 과두정을 하는 나라이며, 그 사회 다수를 시민 범위에 포함하는 나라는 민주정을 하는 나라다. 오늘날 우리나라를 비롯한 세계의 많은 나라는 바로 민주정을 그 정체로 하고 있다. 시민을 일부 집단의 특권으로 보지 않고 국민 모두가 누려야 할 자격으로 보고 있다는 뜻이다.

앞으로도 이건 달라지지 않을 것이다. 갑자기 다시 제국에 합병되어 황국신민의 서 따위를 암송해야 하는 시대가 다시 올 것이라거나, 1인 세습독재가 이루어지는 북한의 정체가 대한민국에 들어올 것이라고 생각하기는 어렵다. 기술이 아무리 발전하더라도, 인공지능이 고도로 발전하여 생산과정이 로봇으로 대체되는 일이 일어나더라도, 혹은 코로나19 같은 감염병이 창궐하여 비대면 접촉이 일상화되는 시대가 오더라도, 민주주의가 다른 어떤 정체로 대체될 가능성은 크지 않다. 적어도 민주주의가 어느 정도 정착된 제1세계 국가 안에서는. 가령 혐오와 선동을 동력으로 삼았던 트럼프 같은 인물이 일시적으로는 권력을 장악할 수 있을지 몰라도, 하나의 우발적 사건으로 끝났을 뿐이다. 트럼프는 미국이라는 나라의 자유민주주의라는 정체를 바꾸지는 못했다.

앞으로 어떤 화려한 최첨단 기술이 등장하고, 어떤 미래가 펼쳐지더라도 민주주의라는 정체가 쉽사리 바뀔 것으로는 보이지 않는다. 공교육의 목표가 시민의 양성이라고 한다면, 결국 그 시민은 민주주의의 시민, 민주시민이며, 공교육의 목표가 '민주시민교육'이라는 것 역시 당분간은 불변의 사실이 될 것이다.

다만 여기서 오해하지 말아야 할 것은 어떤 특정한 내용을 담고, 특정한 방법으로 수행하는 교육을 민주시민교육이라고 오해하는 것이다. 세상에 민주시민교육이라고 따로 정해진 민주시민교육은 없다. 민주주의 국가의 공교육기관에서 이루어지는 교육은 근본적으로 모두 민주시민교육이다. 민주시민교육은 민주주의 국가의 시민에게 필요한 여러 가지 지식, 태도, 기능, 가치 등 민주시민성을 함양하는 교육이다. 그리고 공교육을 통해 배우게 되는 여러 교과는 이 민주시민성의 다양한 스펙트럼을 각각 담당하여 함양하는 과정이다. 민주시민교육은 그러한 이름을 붙이고 수행하는 특별한 프로그램일 수도 없고, 혹은 도덕과나 사회과만의 목표일 수도 없다.

더구나 사회는 변동한다. 사회가 달라지면 그 사회의 의사결정에 필요한 지식, 기능, 태도, 가치에도 변화가 일어난다. 즉, 민주시민성에도 어느 정도 변화가 일어난다. 세상이 다 바뀌는데 시민성만 불변으로 남을 수는 없다. 물론 민주주의의 핵심가치는 바뀌지 않기 때문에 민주시민성의 핵심영역 역시 바뀌지는 않을 것이다. 하지만 19세기와 20세기의 민주시민성 사이에 차이가 있듯이, 오늘날의 민주시민성과 앞으로의 민주시민성 사이에도 분명 작지 않은 차이가 나타날 것이다.

그렇다면 문제는 인공지능과 블록체인 같은 기술혁명이 불러일으킨 변화, 또 코로나19 팬데믹이 불러일으킨 변화가 그 정도의 거대한 사회 변동을 가져올 것인가 하는 질문이다. 만약 그렇다면 민주시민성의 내용에도 변화가 생기며, 이에 따라 교육의 내용, 방법, 평가도 달라져야 한다. 따라서 미래교육을 논하고자 할 때 시민성, 나아가 민주시민성이야말로 가장 근본적인 주제가 되어야 한다. 여기에 대한 충분한 논의나 연구 없이 대면이니, 비대면이니, 인공지능이니, 클라우드 학습이니, 블록체인이니, 블렌디드 러닝이니 하며 온갖 첨단 교육기술을 논하는 것은 목적지가 미처 정해지지도 않은 상태에서 어떤 운송수단을 사용할 것인지부터 논하는 만큼이나 우스운 일이다.

인공지능시대와 민주시민교육

먼저 인공지능과 관련된 변화부터 살펴보자. 이미 이 충격파는 2016년 알파고 등장을 계기로 꾸준히 이야기되는 주제다. 코로나19가 창궐하기 이전의 세계 역시 평온하고 평탄한 상태가 아니었던 것이다. 이미 큰 변화의 물결이 일고 있었다. 그것을 4차산업혁명이라 부르건, 다른 이름으로 부르건 간에 그 변화의 핵심에 인공지능과 무선네트워크기술이 자리 잡고 있음은 분명하다. 코로나19의 창궐로 인한 비대면 접촉의 증가는 다만 이 변화를 실감하게 했을 뿐이다. 그 특징을 몇 가지로 나누어 살펴보자.

첫째, 전혀 엉뚱한 시민의 등장이다. 코로나19로 인해 비대면 상호작용이 일상화되었다. 팬데믹은 일시적 현상이니 백신이 개발되면 이 모든 것이 예전으로 돌아갈 것이라 생각할 수도 있다. 그러나 쉽사리 예전 같은 삶으로 돌아가게 되지는 않을 것이다. 이미 우리의 활동 장소가 현실세계와 네트워크 세계를 아우르게 되었으며, 그게 편리하다는 것을 알아버렸기 때문이다. 장거리 출장 대신 줌 같은 화상회의 플랫폼을 사용하는 것이 비용 대비 효과가 훨씬 뛰어난데, 과연 장거리 출장을 요구하는 대면회의가 과거처럼 부활할까? 비대면 상호작용만으로도 글로벌 비즈니스 상당수가 해결 가능하다는 것이 확인되었는데, 과연 비싼 항공료를 지불해야 하는 대면 비즈니스가 과거 수준으로 회복될까? 팬데믹이 끝나면 지금처럼 거의 모든 삶이 비대면 상호작용으로 이루어지지는 않을 테지만, 그중 상당수는 여전히 비대면 상태로 남게 될 것이다. 디지털 네트워크 세계는 흙과 돌로 이루어진 현실세계만큼이나 현실적으로 되었고, 여기에서 만나는 비트(bit) 행위자는 피와 살로 이루어진 사람만큼이나 실체를 가진 행위자가 되었다.

그런데 이 네트워크 세계에서는 비트로만 이루어진 행위자도 얼마든지 스스로 행위를 할 수 있다는 것이 문제가 된다. 즉, 인공지능 행위자(에이전트)가 마치 사람처럼 행위할 수 있다. 인공지능 로봇에게 네트워크상에서의 각종 거래를 맡긴 금융회사도 적지 않다. 고객은 자신이

은행원과 상담하고 거래를 맡기고 있다고 생각하겠지만, 실제로는 인공지능 로봇을 상대할 수도 있다. 심지어 고객 역시 인공지능일 가능성도 배제할 수 없다. 그렇다고 매번 상대방이 인공지능인지 사람인지 확인하기 위해 튜링 테스트(Turing test, 기계가 인공지능을 갖췄는지 판별하는 실험)를 실시할 수도 없다. 사실 튜링 테스트는 아주 영리한 인공지능과 사람을 판별하기 위한 도구이기 때문에 그리 영리하지 않은 사람도 통과하기 어렵다. 이렇게 된다면 누가 이 거래의 주체이며, 책임을 져야 할까?

물론 아직은 이런 고민을 하지 않아도 된다. 현재 인공지능 행위자는 사람이 프로그래밍한 일, 사람이 방향을 정해준 일의 범위를 넘어가는 자율적 행위자 수준에 이르지 못했다. 그러니 그 일을 맡긴 사람을 행위의 주체, 권리와 책임의 당사자라 할 수 있다. 하지만 인공지능 행위자가 스스로의 행위를 의식하는 경지까지 이른다면 어떻게 될까? 현재 속도로 봐서는 머지않은 시일 내에 그 수준에 이를 것이라고 본다. 그렇게 되면 인공지능 행위자를 권리와 책임의 주체로 인정해야 한다는 요구가 발생할 수 있다. 나아가 피와 살로 이루어지지 않은 이 비트의 행위자에게 시민권을 부여해야 하는 시대가 올 수도 있다.

이게 그렇게 간단한 문제가 아니다. 사람보다 인공지능 행위자의 수가 훨씬 많기 때문이다. 이미 인터넷상의 신분증이라 할 수 있는 IP(internet protocol) 주소에서 기계에 할당된 숫자가 사람에게 할당된 숫자를 훨씬 앞지르고 있다. 처음에는 남북전쟁 이전의 미국처럼 흑인 한 사람을 1/2명으로 계산한다거나 하는 방식으로 인공지능 행위자의 수를 축소 반영하겠지만, 이 역시 미봉책에 불과할 것이다.

그렇다고 모든 IP당 하나씩의 표를 부여할 수도 없다. 그렇게 되면 다수결이라는 민주주의의 의사결정 과정을 통해 사람보다 로봇에게 유리한 정책이 만들어져 집행될 수 있다. 여론 역시 사람보다 훨씬 빠르게 글과 콘텐츠를 생산할 수 있는 인공지능에 의해 조작될 수 있다. 결국 로봇에 의한, 로봇을 위한, 로봇의 정부가 만들어지면서 민주주의가 '로주주의'가 될 가능성도 있다. 물론 이것을 방치할 수는 없다. 막을 수도 없고, 방치할 수도 없다면? 이때 필요한 것이 바로 민주시민교육이다.

둘째, 인공지능의 민주시민교육이 필요하다. 근대 민주주의 초창기, 참정권운동이 한창 일어날 때만 해도 참정권을 가진 중산층 신사들은, 심지어 조지 워싱턴 같은 사람조차 무식한 노동자들에게 참정권을 주면 선동정치가 판을 칠 것이라며 두려워했다. 하지만 그런 걱정은 근대 공교육체제의 도입과 더불어 모든 국민에게 민주시민교육이 이루어지면서 사라지게 되었다. 따라서 시민의 범위가 확대되는 것을 두려워할 필요는 없다. 확대된 시민들에게 적절한 민주시민교육이 주어지면 되니까. 즉, 인공지능에게도 민주시민교육이 제공되어야 한다.

인공지능에게 민주시민교육을 한다는 발상이 엉뚱하게 들릴 수는 있다. 하지만 불과 10년 전만 해도 스스로 학습하는 인공지능이라는 존재 자체가 엉뚱했다. 오늘날의 인공지능은 3세대 인공지능이다. 3세대 인공지능과 2세대 인공지능의 가장 결정적인 차이는, 미리 프로그래밍한 것에 따라 행위를 하는 것이 아니라 스스로 학습한 결과에 따라 행위를 한다는 점이다. 2세대 인공지능 시절의 바둑 프로그램은 사람이 입력해둔 바둑 데이터베이스에서 적절한 대응 수를 찾아가며 두었지만, 3세대 인공지능의 바둑 프로그램인 알파고는 스스로 바둑을 수십만 판, 수백만 판 두어가며 나름의 정석과 묘수를 개발한다.

이 3세대 인공지능의 학습과정이 바로 '딥러닝(deep learning)'이다. 간단히 설명하자면, 엄청나게 많은 사례, 즉 빅데이터를 바탕으로 일정한 패턴들을 스스로 발견하고, 이 패턴들을 개념화하여 학습하는 과정이라고 요약할 수 있다. 따라서 인공지능의 학습과정은 바로 이 빅데이터의 구축에서부터 시작한다. 빅데이터가 엉망이라면 같은 성능을 가진 인공지능이라도 엉망인 인공지능으로 성장하게 되는 것이다. 이를 흔히 GIGO(Garbage in Garbage out, 쓰레기가 들어가면 쓰레기가 나온다)라고 부른다.

따라서 3세대 인공지능에 대한 민주시민교육은 인공지능에 민주적으로 사고하고 행위를 하도록 하는 프로그램을 입력하는 것이 아니다. 그런 수준의 인공지능이라면 시민권을 운운할 자격도 없다. 3세대 인공지능의 민주시민교육은 인공지능이 스스로 학습한 결과, 민주시민으로서 생각하고 행위할 수 있게끔 하는 민주적인 빅데이터를 충분히 제공하는 것이 되어야 한다.

바로 이 때문에 인공지능시대의 민주시민교육은 이중적 의미가 있다. 하나는 인공지능이 딥러닝 과정에서 민주적 행위자가 되도록 하는 것, 인공지능의 민주시민성을 함양하는 것이다. 그런데 바로 이 때문에 또 다른 측면, 사람을 대상으로 하는 민주시민교육의 중요성이 더욱 커진다.

빅데이터는 문자 그대로 거대한 데이터다. 이것을 누가 의도적으로 만들 수 없다. 인공지능이 학습재료로 삼을 정도의 빅데이터라면 인위적으로 형성된 것이 아니라 일상 속에서 자연스럽게 누적된 것이라야 한다. 그리고 그 원천은 당연히 사람들의 평소 말과 행동이다. 빅데이터란 사람들의 평소 행위 결과가 누적된 것에 다름 아니다. 따라서 형편없는 사람들이 사는 나라의 인공지능은 형편없는 인공지능이 될 것이며, 훌륭한 사람들이 사는 나라의 인공지능은 훌륭한 인공지능이 될 것이다. 만약 그 나라 사람들이 혐오와 차별로 가득한 말과 행동을 일상적으로 하고 있다면, 이는 고스란히 빅데이터에 반영되어 인공지능이 혐오와 차별을 학습하게 할 것이다. 반대로 민주시민에 걸맞은 존중과 관용의 말과 행동을 하는 사람들이 많은 나라의 인공지능은 자연스럽게 존중과 관용을 학습할 것이다. 사람들이 자유의 대가가 비싸다고 여겨 값싼 권위주의적, 전제주의적 해결책을 선호한다면 인공지능 역시 그런 전제적인 캐릭터로 성장할 것이며, 사람들이 당장은 힘들더라도 자유로운 토론과 조정의 과정을 거쳐 의사결정 하는 사회의 인공지능이라면 역시 그런 종류의 캐릭터로 성장할 것이다.

결국 인공지능의 민주시민교육이란 다름 아닌 사람의 민주시민교육에서 출발한다. 인공지능을 민주시민으로 양성하고 싶다면, 그 인공지능이 빅데이터를 획득하는 사회의 구성원을 민주시민으로 양성해야 한다. 따라서 인공지능시대가 다가올수록 민주시민교육의 중요성은 더욱 커진다. 학생의 민주시민성을 함양하는 것일 뿐 아니라 장차 그들이 만들어낼 '빅데이터'를 민주화함으로써 민주적인 인공지능을 길러내는 교육이기도 하기 때문이다.

인공지능과 더불어 화두가 되는 것이 코로나19 확산에 따른 팬데믹이다. 곳곳에서 코로나 이전 시대로 돌아갈 수 없다고들 한다. '포스트코로나'라는 제목을 붙인 책들이 범람하고 있다. 코로나 이후에 도대체 뭐가 어떻게 달라진다는 것일까? 일단 확인할 수 있는 것은 대면 접촉, 다중 집합 행사 같은 것이 줄어드는 것이다. 하지만 이게 세상을 근본적으로 바꿀 만한 큰 변화일까? 설마 앞으로 사람들이 감염병을 두려워하여 서로 단절되어 살아가는 것을 선호할까?

그렇지는 않을 것이다. 코로나 이후의 시대는 흔히 예상하는 것처럼 접촉이 끊어지는 시대, 공동체가 흩어지고, 세계화가 지역화로 바뀌는 시대가 되지 않을 것이다. 오히려 그 범위가 넓어지고 그 방식이 다양해질 뿐이다. 바로 이미 진행 중이던 인공지능과 4차산업혁명의 와중에 팬데믹이 발생했고, 팬데믹은 다만 그 변동의 속도를 빠르게 하고, 새로운 기술의 유용성을 증명함으로써 변동의 방향을 돌이킬 수 없이 확정했을 뿐이다.

코로나19로 인한 2020년 팬데믹은 그 이전의 팬데믹과 근본적으로 다르다. 확산의 범위가 넓고 감염자의 수가 많아서가 아니다. 팬데믹 상황에서 당연히 찾아와야 할 격리와 단절이 그 어떤 이전의 팬데믹 상황보다 적었기 때문이다. 물론 물리적으로는 격리와 거리두기가 이루어졌다. 하지만 이 때문에 고립되거나 업무가 중단되는 경우는 이전에 비해 훨씬 줄어들었다. 사람들은 서로 격리된 상황에서도, 접촉이 불가능한 상황에서도 업무를 수행하였고, 수업을 진행하였으며, 각종 회의와 거래를 수행하였다. 이 모든 것들이 빠르게 발전한 네트워크 기술을 기반으로 이루어졌다. 이러한 변화는 아직 아날로그적으로 수행하던 업무 영역 역시 빠르게 디지털화, 네트워크화했다. 종이문서에 대한 집착이 강하기로 유명한 일본조차 스가 총리를 중심으로 공문서 전자화에 앞장서고 있으며, 국회의원이 종이문서 대신 태블릿을 들고 일하기 시작했다.

포스트코로나시대는 단절의 시대가 아니다. 다만 만남의 방식이 달라지는 시대일 뿐이다. 바로 이런 네트워크상에서의 만남과 활동이 늘어나고, 꼭 필요한 경우가 아니면 대면 접촉의 빈도가 줄어드는 시대다. 팬데믹 기간 굳이 만나지 않고, 굳이 모이지 않아도 업무가 가능하다는 것이 확인되었다. 또 그렇지 않았던 일도 네트워크상에서 이루어질 수 있게 하는 다양한 기술적 솔루션이 만들어졌다. 여기에 인공지능기술까지 결합하면서 업무 중 상당 부분이 사람의 손을 거치지 않고 수행할 수 있도록 바뀌었다.

이렇게 코로나19는 4차산업혁명을 가속화시켰고, 세계는 빠르게 네트워크에 포섭되었다. 그런데 더욱 중요한 사실은 이러한 변화가 민주주의를 보다 가속화시켰다는 것이다. 이는 네트워크 자체의 속성에서 비롯된다. 네트워크는 수평적이고 병렬적인 구조다. 그동안 위계적인 관료제 조직에서 이루어지던 업무가 네트워크에서 수행되면서, 업무를 수행하는 사람 간의 관계도 이전과 비교할 수 없을 정도로 수평적, 병렬적으로 바뀌었다. 사람들은 원격, 재택 상황에서 업무를 수행하는 것이 오히려 더 효율적이며, 기존의 수직적이고 위계적인 조직체계와 거기에 익숙한 사람들이 오히려 업무에 방해되는 상황을 자주 경험했다.

더 나아가 각종 비대면, 원격 업무는 네트워크 기술에 서투른 위계 서열상 상위관리자 계층을 업무의 국외자로 내몰아버리는 상황을 만들었다. 가령 학교의 경우, 대부분의 교장, 교감은 구글 지스위트(google G suite), 마이크로소프트 팀즈 같은 원격수업 플랫폼의 관리자 역할을 수행할 능력이 없다. 따라서 그런 기술을 갖춘 젊은 교사가 학교 전체 플랫폼 관리자 역할을 담당하게 되는데, 그렇다면 대체 '관리자'라는 직책은 왜 필요한가? 이와 같이 네트워크 세계에서는 위아래도 없고 영역 간의 날카로운 구분도 없다. 다만 제 기능을 하는 노드(node, 네트워크의 연결점)인가 아닌가만 있을 뿐이다.

이건 엄청난 변화다. 드디어 정치뿐 아니라 일상적인 업무 영역에서의 민주화 가능성이 열린 것이다. 흔히 '민주주의는 회사 문 앞에서, 교문 앞에서 멈춘다'라는 자조적인 표현을 쓴다. 정치의 민주화가 실제로 사람들이 가장 많은 시간을 보내는 영역에까지 이르지 않았던 것이다. 하지만 이제 민주주의의 물결이 바로 그런 일상적인 영역까지 밀고 들어왔다.

코로나19로 인해 장기간 이어진 원격, 비대면 업무의 경험은 이른바 관리자 없는 의사결정과 업무가 가능하다는 것을 많은 사람에게 보여주었다. 회사나 학교에만 국한하는 일이 아니다. 네트워크에서는 언론사, 정당 같은 중간매개자 없는 정보의 공유와 소통이 가능하다. 이는 이미 진행 중인 일로, 꽤 많은 언론사가 SNS, 즉 사회적 연결망에 영향을 주기보다 오히려 그곳에서부터 정보를 얻어 기사를 쓰기 시작했다. 업무 평탄화, 정보 평탄화, 이 양자가 결합하면 바로 고대 아테네에서조차 구현하지 못했던 직접민주정치의 가능성이 열린다. 더구나 네트워크는 국경을 넘어 다닐 수 있다. 국가는 물론 세계시민 차원에서도 일상의 민주주의, 직접민주정치의 가능성이 열린 것이다.

재난 대비의 민주주의와 매뉴얼

코로나19는 예상치 못한 대재난이다. 그런데 사람들은 재난 상황에서 민주주의는 방해가 된다고 생각한다. 우리나라, 중국, 타이완 등은 유럽이나 미국보다 민주주의 정도가 약하거나 독재국가라서 국민에 대한 통제가 보다 용이했고, 덕분에 방역도 성공적이었다는 식의 엉뚱한 해석을 하기도 한다.

그렇지 않다. 오히려 그 반대다. 코로나19는 재난 상황에서 민주주의가 얼마나 중요한지 가르쳐준 계기다. 이는 세계에서 재난에 가장 철저하게 대비되어 있다고 알려진 재난강국 일본이 허둥대는 모습을 통해 증명되었다.

일본은 누가 뭐래도 재난강국이다. 일본의 재난 대비 매뉴얼을 보면 감탄하지 않을 수 없다. 예상 가능한 모든 재난 상황에 대해 누가 어떤 행동을 어떻게 해야 하는지 아주 상세한 행동지침이 마련되어 있다. 일본 사람들이 재난 상황에서 쉽게 패닉에 빠지지 않는 이유는 성숙한 시민의식 혹은 염세적인 세계관 때문이 아니다. 바로 이런 재난 대비 매뉴얼 때문이다. 재난이 발생하면 학습한 매뉴얼대로 행동하면 되기 때문이다.

문제는 재난의 규모가 매뉴얼의 예상 범위를 벗어나는 역대급이라거나, 혹은 상상도 하지 못했던 엉뚱한 돌발 상황이 발생할 경우다. 일본은 그럴 때마다 누구도 책임 있는 결정을 내리지 못하면서 우왕좌왕하는 모습을 보여주곤 했다.

일본의 이런 모습은 심지어 스포츠 경기, 특히 한일전에서도 종종 나타났다. 작전대로 착착 진행될 때 일본팀은 거의 난공불락처럼 보인다. 그런데 작전에서 예상하지 않은 돌발 상황이 발생하면 갑자기 조직력과 사기가 와르르 무너지며 어이없는 역전을 허용한다.

재난 사례를 들어보자. 수많은 가옥이 무너지고 고속도로와 항만이 파괴될 정도로 강력했던 1995년 효고현 남부 지진(고베 지진), 공항이 침수되고 다리가 끊어질 정도로 강력했던 2018년 태풍 '제비' 등의 대형재난 상황에서 일본인들은 놀라운 침착성을 발휘하여 일사불란하고 질서 있는 대피, 그리고 예상을 훨씬 뛰어넘는 빠른 복구 속도를 보여주었다. 굉장한 규모의 재난이지만 어쨌든 매뉴얼 범위 안에 있었던 것이다.

그러나 강도 9.0(효고현 남부 지진보다 1,400배 이상 강하고, 포항 지진과 비교하면 백만 배 강한)이 넘는 초현실적인 지진, 그리고 그에 잇따른 만화에도 안 나올 정도인 아파트 15층 높이의 엄청난 쓰나미가 들이닥치자 일본은 그만 혼돈 상태에 빠지고 말았다. 이 혼돈 상태는 민주당 정권의 붕괴로 이어졌는데, 사실 그 당시 자민당이 정권을 잡고 있어도 별로 다르지 않았을 것이다.

이번 코로나19 사태 때도 마찬가지였다. 3,700명이라는 엄청나게 많은 의심 환자(당시 일본이 확보하고 있던 코로나 진단키트를 모두 동원해야 할 숫자)들을 승객으로 태운 크루즈가 일본 해안에 나타났다. 대형선박이라는 폐쇄 공간 안에서 발생한 초유의 감염 상황이었다. 소속은 영국, 운항사는 미국, 프로그램 운영사는 일본, 승객의 절반은 외국인인 크루즈였다. 도대체 이 경우 이 배와 승객의 검사와 방역은 누구의 관할인가? 이건 아무리 매뉴얼을 뒤져도 나오지 않는다. 결국 일본은 업무 소관을 놓고 갑론을박을 거치다 그만 진단과 격리의 골든타임을 놓치고 말았다.

이와 같이 매뉴얼 사회에는 장점과 단점이 모두 있다. 일본이 철저한 매뉴얼 사회라는 것을 무조건 부정적으로 보고, 우리가 매뉴얼 사회가 아니라고 자랑할 일이 아니다. 사실 따지고 보면 우리나라도 엄청난 매뉴얼 사회다. 이 엄청나게 많은 매뉴얼들이 정작 업무를 수행할 때는 별로 도움이 되지 않지만, 책임을 묻고 징계를 받아야 할 순간에는 미주알고주알 따지는 흉기가 되어 돌아온다는 점에서 우리나라는 더 나쁜 매뉴얼 사회일 수도 있다.

사실 매뉴얼은 유용하다. 매뉴얼대로 수행함으로써 안 그랬으면 큰 재난이 되었을 상황을 큰 피해 없이 조용히 넘어간 자잘한 재난이 훨씬 더 많았을 것이다. 잘못은 "매뉴얼에의 집착"이지, "매뉴얼 그 자체"가 아니다.

매뉴얼은 결코 갑갑하고 고루한 것이 아니다. 매뉴얼은 관료제에만 있는 것도 아니다. 매뉴얼은 매우 가까이에 있다. 우리 일상생활의 대부분이 습관과 관행이라고 부르는 매뉴얼에 따라 이루어진다. 만약 일상의 매 순간 정보를 수집하고, 분석하고, 상황을 판단하고, 행동을 결정하고, 결과를 예측하고 창의적인 방법을 만들며 살아야 한다면 아마 머리가 터져버릴 것이다. 그래서 우리는 자주 반복되는 상황, 익숙한 상황에서는 굳이 생각할 필요가 없도록 미리 행동방침을 정해놓는다. 즉, 매뉴얼을 만든다.

매뉴얼 덕분에 우리는 소중한 시간과 지적 에너지를 소모하지 않고, 오히려 뻔하지 않은 낯선 상황, 문제 상황을 찾아 이를 해결하는 데 집중할 수 있다. 그리고 이렇게 해결된 낯선 상황, 문제 상황은 기존의 매뉴얼에 추가되어, 다음에 마주쳤을 때는 더 손쉽게 대처할 수 있게 된다. 이런 과정을 통해 매뉴얼이 점점 풍성해지며, 이렇게 매뉴얼이 세상의 더 많은 영역을 포괄해가는 과정이 바로 교육학자 듀이가 그토록 강조했던 '경험'이다.

집단 매뉴얼 만들기 과정이 바로 교육

사람은 여기서 한발 더 나아간다. 사람은 '경험'을 공유한다. 즉, 서로의 매뉴얼을 돌려보면서 집단 공통의 매뉴얼을 만드는 것이다. 아무래도 어른의 매뉴얼이 더 풍부하기 때문에 이 과정은 어른이 아이들을 가르치는 형태로 나타나지만, 반드시 그렇지만은 않다. 아이끼리도, 어른끼리도 이렇게 매뉴얼을 공유하면서 확장하는 과정은 얼마든지 일어날 수 있다. 이렇게 서로의 경험을 공유하면서 공동체가 함께 매뉴얼을 만들어가는 과정, 이게 바로 교육이다. 교육은 매뉴얼을 배우고, 매뉴얼을 만들어가는 과정이다.

하지만 특정한 개인이나 집단, 혹은 이미 정해진 매뉴얼만을 고집하며, 다른 사람들의 매뉴얼을 참고조차 하지 않고 그 특정한 매뉴얼만 강요한다면, 그것은 교육이 아니라 고루한 답습이 된다. 사실 기존의 매뉴얼은 교육에서 매우 중요한 재료다. 백지 위에 매뉴얼을 쓰는 것보다는, 기존의 매뉴얼을 공유한 가운데 이것을 첨삭하는 과정이 훨씬 효과적이기 때문이다. 따라서 기존의 매뉴얼을 그것이 실제 적용되는 경험과 연결 지어가며 생생하게 익히고, 때로 새로운 것을 추가하고 때로 낡은 것을 지워나가는 것, 이게 바로 참된 교육이다. 교육은 함께 모여 매뉴얼을 고쳐 쓰고 편집하는 작업인 것이다.

이것은 민주주의와 그대로 연결된다. 민주주의는 그 나라 국민이 그 나라 매뉴얼의 공동저자, 공동편집자라는 뜻이다. 따라서 국민이 모두 매뉴얼을 이해하고, 그 속에서 자신이 맡은 일의 의미를 찾을 수 있다. 반면 매뉴얼 전체에 대한 이해가 소수의 특권층에게만 제한된 사회, 매뉴얼을 해석하고 고쳐 쓰고 편집할 기회가 소수에게만 주어지는 사회라면 그것은 민주주의가 아니다. 비민주적인 사회에서는 각 구성원이 매뉴얼 전체에 대해 책임지지 않는다. 매뉴얼이 달성하고자 하는 목적을 달성하는 것보다 현재의 프로토콜을 그대로 수행함으로써 문책을 면하는 것이 관심사가 될 뿐이다.

코로나19가 드러낸 것은 바로 이 부분이다. 진정한 매뉴얼이라면 매뉴얼의 범위를 벗어나는 상황이 발생했을 때 여기에 대해 질문하고 해법을 추가하는 노력이 있어야 하고, 이를 통해 매뉴얼이 개정되어야 했다. 하지만 매뉴얼을 쓰는 권리가 일부 관리자에게만 집중된 사회에서는 문제 상황에 직면한 사람들이 매뉴얼에 의문을 던지거나 고쳐 쓸 것을 제안하지 않는다. 다만 매뉴얼에 나와 있는 대로 하고, 나와 있지 않으면 아무것도 하지 않을 뿐이다. 이것이 바로 이번 코로나19 상황에서 일본인들이 보여준 모습이다. 자신이 매뉴얼의 주인이며, 공동편집자라는 의식이 점점 약해지고 있다는 것, 한마디로 민주주의가 점점 약해지고 있다는 것 말이다.

크루즈 승객 전원을 하선 처리하기 전에 코로나 검사를 받지 않은 승객이 20명 이상 있었으며, 이 중 상당수가 대중교통수단을 이용하여 귀가한 어이없는 일이 발생한 까닭도 그렇다. 매뉴얼에는 "모든 선실을 다니면서 체온 등 건강 상태를 측정한다"라고 되어 있다. 물론 이 지침은 "탑승객 전원의 건강 상태를 파악하여 환자 발생시 즉시 대처하라"라는 목적을 위해 있을 것이다. 하지만 담당직원은 문자 그대로 "모든 선실"만 다니면서 검사했기 때문에, 검사 당시 선실 안에 있지 않았던 승객들이 그냥 하선해버린 것이다. 담당자는 자신이 매뉴얼의 주인이 아니기 때문에 문자로 나온 것 이상은 전혀 생각하지 않은 것이다. 물론 검사 전에 승객들을 모두 선실로 들여보냈어야 하지만, 그건 또 다른 담당자의 일일 뿐이다. 검사담당자는 선실 안에 있는 승객들만 검사하면 책임이 끝난다. 바로 이런 것이 책임의식 없는 매뉴얼 사회, 민주주의가 결핍된 매뉴얼 사회, 사람들이 매뉴얼의 편집자, 주인이 되지 못하는 사회의 문제점이다.

민주주의는 결코 매뉴얼의 반대편에 있지 않다. 오히려 민주주의야말로 국왕이나 통치자의 사사로운 권력행사를 국가 매뉴얼, 즉 헌법으로 제한하는 철저한 매뉴얼 사회다. 다만 국민 모두 이 매뉴얼의 공동저자로 참여하고 책임감을 느끼느냐 그러지 않느냐의 문제일 뿐이다. 매뉴얼을 무시하고 나름대로 각자도생, 현장에서 알아서 대처한다는 식의 무질서는 민주주의와 거리가 멀다.

매뉴얼은 그동안 수많은 사람의 경험이 누적된 것이다. 하늘 아래 새로운 것은 그리 많지 않다. '자력갱생'이나 '창의적 접근'보다는 기존 매뉴얼대로 하는 것이 대체로 성공 가능성이 더 크다. 다만 모든 구성원이 매뉴얼을 숙지하고, 그 목적을 공유하고 의미를 이해하고 책임감을 가진 상태라야 어이없는 빈틈이 생기지 않는다. 책임감은 매뉴얼이 자기 것이라는 생각, 그리고 매뉴얼 작성과 개정 과정에 자신이 참여할 수 있다는 믿음이 있을 때 생긴다.

이렇게 매뉴얼에 대한 책임감을 공유하는 구성원들은 매뉴얼이 감당하지 못하는 상황이 발생할 경우 "이건 내가 신경 쓸 영역이 아니야" 하고 외면하는 대신, 기꺼이 매뉴얼 개정판 제작을 위한 공동저자로 나설 것이다. 이것이 바로 공교육이 해야 할 일이다. 학생을 민주시민으로 키우는 것, 즉 사회의 매뉴얼을 자기 것으로 받아들이고, 장차 공동저자로 참여할 지식, 기능, 태도를 길러주는 것이다. 민주주의는 철저한 매뉴얼 사회이며, 모든 구성원이 매뉴얼을 쓰는 사회이기 때문이다.

핵심은 민주시민교육

코로나19는 이것을 가르쳐주었다. 앞으로 어떤 예상치 못한 재난이 닥쳐올지 모른다. 그때마다 화석화된 매뉴얼에 집착하지 않고, 협력하여 이를 극복하고 새로운 매뉴얼을 만들어 다음번을 대비할 수 있는 태도, 이는 민주시민에게서만 기대할 수 있다.

인공지능의 시대, 그리고 포스트코로나의 시대는 한마디로 비트들이 네트워크를 이루는 사회를 예고한다. 이 네트워크에는 무수히 많은 다른 유형의 주체가 떠돌아다닌다. 이 중에는 실제 인격으로 활동하는 사람도 있을 것이며, 가상인격으로 활동하는 사람도 있을 것이며, 여러 계정을 만들어 다수 행세를 하는 사람, 혹은 사람 행세를 하는 로봇도 있을 것이다.

이런 상황일수록 권리와 책임의 주체인 시민에게 요구되는 민주시민성은 그 어떤 시대보다도 더 강력하다. 그렇지 않다면 이 네트워크상 행위자의 진위를 확인하느라 엄청난 에너지를 낭비해야 하기 때문이다. 네트워크 사회는 신뢰를 기반으로 움직인다. 그리고 신뢰는 신뢰할 만한 사람이 다수를 이루는 사회에서만 형성될 수 있다. 물론 그런 사람은 저절로 만들어지지 않는다. 교육되어야 한다. 세상에 다시없는 첨단의 미래사회를 그리더라도 그 사회가 민주시민들로 가득하지 않다면 우리는 그 꿈을 접어야 한다. 그런 사회는 SF영화에 자주 등장하는 디스토피아가 될 가능성이 더 클 것이다.

코로나19가 부쩍 가속화한 인공지능 네트워크 시대는 민주주의에는 큰 기회이자 동시에 큰 도전이다. 한편으로는 꿈에서나 가능했던 직접민주주의, 일상생활의 민주화를 앞당길 수도 있다. 다른 한편으로는 민주주의 자체가 의문의 대상이 되거나 다른 무엇으로 뒤바뀔 위험도 만들어낼 수 있다.

이런 상황에서 이제 교육도 학생들에게 기대하는 변화의 모습과 방향을 다시 설정해야 한다. 이러한 모든 변화된 환경과 조건을 포함한 민주시민의 조건은 무엇인가를 고민해야 한다. 그리고 이렇게 바뀌거나 확장된 민주시민성을 중심으로 교육목표를 설정해야 하며, 여기에 적합한 교육 방법, 평가 방법 등을 개발해야 한다. 인공지능과 포스트코로나 시대의 교육, 여전히 그 핵심과제는 '민주시민교육'이다.(2020년)

코로나 시국,
교육을 결산한다

○

코로나19 덕분에 발견한 새로운 가능성

코로나19가 여전히 창궐하면서 사회 거의 모든 영역에 '역사상 처음'이라는 수식어가 붙었다. "코로나 이전으로 절대 돌아갈 수 없다"라면서 역사를 코로나 이전과 이후로 나누어야 한다는 주장까지 나온다. 교육도 예외가 아니다. 2020년 교육계는 시작부터 끝까지 결국 코로나이며, 수많은 '역사상 처음' 있는 일을 쏟아내었다.

한 학년이 마무리되는 시점이지만 끝내 학생 얼굴 한번 제대로 못 보고 해를 넘긴다. 그나마 얼굴 절반 이상을 가리는 마스크만 보았을 뿐. 6월에야 등교를 시작했고, 그나마 1/3 등교였으니 학생들 만난 날이라고는 다 합쳐서 1달 조금 넘는다. 온갖 방역지침, 행동수칙을 지키게 하느라 살가운 대화 한번 나누지 못했다.

이제껏 거의 모든 교사는 학교를 '만남의 장소', '모임의 장소'로 생각했다. 그리고 교육은 이 만남과 모임 속에서 이루어진다고 믿었다. 아니, 믿고 말고 할 것도 없었다. 이것은 공리이자 교육의 정의에 속하는 것이니 의식할 필요조차 없었다. 그런데 이 제1의 원리가 무너졌다. '사상 유례없는' 일이 일어난 것이다.

그런데도 공교육은 어떻게든 이어져왔다. 학생은 학교, 그리고 교사와의 만남을 어떻게든 이루어냈고, 그 존재감을 확인했다. 비록 혼란스럽고 빈구석이 많이 보이기는 했지만 어떻게든 공교육 시스템은 무너지지 않고 굳건하게 버텨냈다. 이는 한국전쟁 당시 천막학교와 비견할 만한 큰일이다. 더구나 단지 버티는 것에 그치지 않았다. 코로나19 사태가 아니었다면 모르고 넘어갔을 우리 교육의 가능성까지 찾아냈다.

이전까지 모르다가 발견한 새로운 가능성 중 가장 큰 것은 미래교육, 사이버교육이 아니다. 오히려 가장 기본적인 것이다. 교육에서 가장 중요한 것은 화려한 구호, 요란한 기술이 아니라 가장 기본적인 것이다. 그리고 코로나19 상황에서 우리 교육은 이 기본적인 것의 가능성을 보여주었다. 예를 들면 이런 것이다.

첫째, 교육에 전념하는 학교의 가능성이다. 교육을 담당하는 사람은 교사다. 그리고 훌륭한 교육은 교사가 교육에 전념할 수 있을 때 가능하다. 그런데 그간 우리나라 학교는 이 기본적인 것부터 지켜지지 않는 공간이었다. 우리나라 교사는 교육이 아니라 각종 행정업무에 시달려왔다. 교육부, 교육청에서 실시하는 각종 정책사업은 늘어만 갔고, 갈수록 배보다 커지는 배꼽에 교사의 전문성과 열정은 질식했다. 특히 정보, 돌봄, 복지 등 교육 이외 기능이 학교에 부가되고, 담당인력은 충원되지 않으면서 새로운 일들이 고스란히 교사에게 전가되었다. 이게 잘못되었다는 것에는 누구나 동의했다. 하지만 힘없는 원칙론일 뿐, 어쨌든 누군가 해야 하는 불가피한 일이라는 현실론에 밀려 교사들은 갈수록 늘어나는 잡무를 담당해야 했다.

그런데 코로나19가 모든 것을 바꾸었다. 수많은 정책사업이 축소되거나 폐지되었다. 교사를 생각해서라기보다는 집합이 금지되고 제한된 덕분이다. 이에 따라 행정사무 상당수가 폐지, 유예, 간소화하였다. 그렇게 한 학기가 지나면서 놀라운 변화가 일어났다. 교사는 처음으로 수업 준비를 위해 많은 시간을 사용할 수 있는 경험을 했다. 그 경험은 신선하고 짜릿했다. 더구나 불가피한 일이라고 생각한 많은 업무가 막상 시행되지 않아도 아무 문제가 되지 않았다.

둘째, 교사 역량의 재발견이다. 코로나19로 인한 아수라장 속에 많은 이들이 교사의 적응 능력에 의심의 눈초리를 보냈다. 그들이 생각하는 교사는 시대에 뒤떨어지고 정보통신기술에 무능한 퇴물이었다. 오랫동안 교사의 능력과 열정을 폄하하는 분위기가 이어져왔다. "교사가 무능하니 학원에 간다"라는 식의 20년 전에나 통할 말이 아직 통용되고 있다. 하지만 이미 교직은 세대교체 된 지 오래다. 1989년 교단에 신선한 변화의 바람을 일으켰던 전교조세대 교사들이 이미 퇴직했거나 퇴직을 앞둘 정도다. 지난 10년 사이에 입직한 젊은 교사들은 그 시절 신선한 것으로 여겨진 정도는 기본으로 장착한 세대다. 그리고 코로나19의 혼란스러운 상황은 그것을 드러낼 기회를 주었다.

학생이 학교에 올 수 없게 된 사상 초유의 상황에서도 우리나라 교사들은 그 어느 직종보다 창조적이고 열정적으로 이 사태에 대응하고 적응하였다. 교육부는 아무 준비 없는 상태에서 일방적으로 온라인개학을 선포했지만, 일선 교사들은 와이파이 하나 없는 교실에서 갖가지 아이디어를 쥐어짜내어 어떻게든 온라인으로라도 공교육의 끈이 끊어지는 것을 막았고, 끈질긴 전화와 SNS로 학생과의 연결망을 지켜냈다. 심지어 등교수업과 원격화상수업이 교차하던 2020년 하반기에는 온/오프라인을 결합하는 등 새로운 수업실험을 하는 데까지 이르렀다.

물론 학부모는 여전히 온라인수업에 불만을 드러냈다. 하지만 그 온라인수업이 어떤 여건에서 만들어진 것인지 안다면 그런 마음을 미안해할 것이며, 그래야 한다. 그야말로 아무것도 없고, 아무것도 모르는 상태에서 자기 돈 들여가며 장비와 프로그램을 구입하고 배워가며 만든 것이다. 10분짜리 동영상 하나라고 쉽게 말하지만, 평생 동영상이라고는 찍어본 적 없는 고경력 교사들이 몇 시간씩 배워가면서 찍고 편집한 것이다. 열정 없는 교사라면 자기 돈 들여가며 장비를 구입하고, 난생처음 접한 장비와 프로그램 사용법을 배우지 않았을 것이다. 차라리 지원이 없다는 핑계를 대고 주저앉아 정부 탓하고 말 것이다. 우리나라 학교와 교사는 생각보다 강하고 유능하다. 만약 그동안 공교육의 산출이 불만족스러웠다면 그건 사람의 문제가 아니라 시스템의 문제였을 것이다.

코로나가 드러낸 교육의 민낯

코로나19 덕분에 감춰진 우리 교육의 장점이 드러난 것만큼이나 부끄러운 민낯도 많이 드러났다. 몇 가지 예를 들어보면 이렇다.

첫째, 역행하는 교실 밀집도이다. 지난 10년 사이 학급당 인원수는 계속 감소 추세를 이어갔다. 2016년에는 서울 지역에서조차 학급당 인원이 20명 정도로 줄어드는 학교가 나왔고, 2018년에는 20명 이내인 학교도 적지 않았다. 만약 이 추세대로 두었더라면 대도시 학교라도 학급당 인원이 15명 정도 되어 온라인개학이니 1/3 등교니 할 필요가 없었을 것이다. 교실 안에서 저절로 사회적 거리두기가 되었을 것이기 때문이다.

문재인 대통령 역시 학생 수가 줄어들더라도 학급 수, 교원 수를 유지하여 학급당 인원수를 15명으로 낮추어 OECD 최고 수준으로 만들겠다고 했다. 그러나 막상 정부가 출범하고 나자, 장차 다가올 인구절벽에 맞춰 교원 수급을 미리 맞춰야 한다며 야금야금 교원정원을 감축하고 학급당 인원수를 늘렸다. 그리하여 2020년에는 도로 2015년 수준으로 돌아가고 말았다. 덕분에 코로나19라는 되치기를 당하고 말았다.

둘째, 열악한 정보통신기술 인프라와 소양이다. 그동안 우리는 "대한민국은 정보통신(IT)강국"이라는 자부심 속에 살고 있었다. 그러나 코로나19는 학교에 관한 한 그런 자부심을 버려야 한다는 것을 일깨웠다. 우리나라 학교는 정보통신기술의 사각지대나 다름없었다. 우선 교실에는 와이파이가 없다. 우리가 정보통신기술 적수로 생각하는 타이완만 해도 산간벽지 학교까지 모든 교실에 와이파이가 터지고, 용량 부족에 대비해 와이파이 도시락이나 에그까지 비치되어 있다. 이 정도는 되어야 IT강국이다.

물론 학교 이외의 장소, 가령 동네 카페, 교사 자택 등의 정보통신 인프라는 훌륭하게 갖춰져 있다. 그런데 우리나라 교육관료는 학생이 재택수업을 하더라도 교사가 재택근무를 하는 일은 한사코 가로막았다. 눈앞에 안 보이면 통제하는 기분이 안 느껴져서 그랬을까? 덕분에 교사들은 차라리 집에서 했다면 별 무리 없이 진행할 수 있던 온라인수업을 와이파이도, 장비도 없는 학교 교실에서 어떻게든 되게 하느라 별별 기상천외한 방법을 동원해야 했다. 언론은 이런 사정도 모르고 어째서 실시간 온라인수업을 안 하느냐며 타박했다.

인프라뿐 아니라 정보통신기술 소양도 낮았다. 어른은 물론 학생도 예외는 아니다. 청소년들이니 정보통신기술에 능할 것으로 생각했지만, 막상 뚜껑을 열어보니 상당수 학생이 기초적인 검색이나 게임 정도만 할 수 있을 뿐이었다. 이런 장비를 활용하여 학습할 소양이 있는 학생은 그리 많지 않았다. 학생 탓이 아니다. 그동안 학교에서 이런 정보통신기기 활용 교육을 적극적으로 해야 했지만, 문제는 학교의 의사결정을 좌우하는 소위 관리자급 교원, 그리고 교육관료의 정보통신기술 소양이 처참한 수준이라는 것이다.

우리나라 학교 관리자는 학생의 정보통신기기를 규제와 통제의 대상으로만 생각했다. 등교하자마자 휴대폰을 수거하고 하교할 때나 되어야 나눠주는 학교에서 무슨 정보통신기기 활용 수업이 이루어질 수 있었을까? 심지어 메신저 보고를 "버르장머리 없는 짓"이라고 생각하고 대면보고를 요구하는 관리자와 관료가 널렸다. 이런 사람들에게서 온라인 학교, 미래학교라고? 꿈같은 이야기다.

세 번째, 시대에 뒤떨어진 교육행정이다. 무엇보다 이번 코로나 국면에서 드러난 가장 뼈아픈 우리 교육의 치부는 위기 상황에서 지도력을 발휘하기는커녕 없느니만 못했던 교육부, 교육청, 교장, 교감 등 교육행정의 낙후성이다. 이들은 교사의 다양한 시도를 격려하고 지원하기보다는 어떻게든 나중에 자기가 문책당하지 않을 방법에만 몰두하는 소극행정의 달인임을 스스로 폭로했다. 이 위기 상황에서 교사에게 길을 보여주고 안심하고 따라오라고 이끌 역량 따위는 전혀 없었다. 오히려 이들은 선구적인 교사들의 노력으로 간신히 정착한 온라인수업을 마치 자기네 공적인 양 발표하는 모습을 보여주면서, 수많은 교사의 빈축과 원망의 대상이 되었다.

그동안 교육관료들이 신줏단지처럼 모시던 공문수발 시스템 역시 정보와 의사소통에 아무 역할을 하지 못했다. 한 발, 아니 두 발, 세 발 늦는 공문 때문에 교사들은 다음 주 학사일정이나 바뀐 사항을 네이버 속보나 맘카페 게시판을 보고 미리 짐작해서 대응해야 했다. 빛의 속도로 정보가 오가는 시대, 권한분산과 유연한 조직이 요구되는 시대에 우리 학교를 지배하는 관료주의와 교육행정의 삐걱거리는 소리가 코로나19 덕분에 온 세상에 울려퍼진 셈이니 불행 중 다행이라고 해야 할까?

그렇다면 대체 코로나19라는 비상 상황이 터지기 전에는 왜 이런 문제들이 드러나지 않았을까? 아무리 엉터리없는 정책사업, 행정조치라도 교사들이 어떻게든 되게 했기 때문이다. 결국 그만큼 교육에 들어가야 할 힘을 빼돌린 셈이다. 하지만 더 큰 이유는 세상이 그만큼 학교에 관심이 없었기 때문이다. 우리나라 학부모는 자기 자녀의 '등수'에만 관심이 있을 뿐, 막상 그 학교 안에서 일어나는 일, 무엇보다 자기 자녀를 가르쳐야 하는 교사들이 겪는 일에 대해서는 거의 관심이 없다. 심지어 교사가 수업하고, 학생지도 하고, 평가하는 일 외에 다른 일을 한다는 것 자체를 모르는 경우도 많다. 교육에 그렇게 관심이 많다는 학부모들이 막상 소중한 자기 자녀를 가르치는 교사를 엉뚱한 일로 소진하는 데 대해서는 민원 하나 넣지 않았다.

네 번째, 학력격차다. 그렇다. 마침내 학력격차 문제다. 이건 널리 알려진 문제다. 코로나19로 인해 원격수업 기간이 길어지면서 학력격차가 더 커졌다는 뉴스가 연일 방송을 두드렸으니 말이다. 그런데 막상 원격수업이 학력격차를 벌어지게 한 원인인지는 누구도 장담할 수 없다. 오히려 원격수업 때문에 이미 존재하던 학력격차가 적나라하게 드러났을 가능성이 클 수도 있다.

특히 이번에 벌어진 학력격차는 기초학력부진 학생의 학력이 더 떨어지면서 발생한 경우가 많았다. 기초학력은 자기관리 능력 그리고 어른과의 적절한 상호작용 경험과 밀접한 연관을 가진다. 그래서 기초학력은 교사가 하라는 것을 빠짐없이 하기만 해도 어느 정도 해결된다. 등교수업이 이루어질 때는 이런 학생을 어떻게든 챙겨서 "하라는 거 하게" 만들 수 있다. 그러면 소위 기본 점수라도 받는다. 하지만 원격수업 상황에서는 속수무책이다. 전화로 문자로 메신저로 아무리 닦달한들, 눈앞에 없는 학생을 억지로라도 시킬 방법이 없다. 그나마 전화나 문자에 답이나 하면 다행이다.

더 큰 문제는 이렇게 벌어지는 격차가 부모의 경제적 지위와 함수관계를 이룰 가능성이 크다는 것이다. 경제적 여유가 있는 가정에서는 원격수업에 사용하는 장비도 훌륭하고 부모도 관심을 가지고 챙길 수 있다. 반면 경제적 여유가 없는 가정은 코로나19 때문에 사정이 더 나빠지면서 학생이 가정에서 그야말로 방치되기 쉽다. 이렇게 되면 교육을 매개로 빈익빈 부익부가 심화하는 악순환의 고리가 만들어진다.

사실 우리나라는 OECD에서 부모의 경제지위와 자녀의 학업성취 간 상관관계가 가장 낮은 나라에 속했다. 계층을 불문하고 공교육이 평등하게 제공되었기 때문이다. 가령 강남구라고 더 많은 연봉으로 유능한 교사를 스카우트한다거나 할 수 있는 그런 시스템, 미국처럼 지역마다 학교마다 교사처우가 천차만별인 그런 시스템이 아니다. 오히려 우수한 교사들을 차별 없이 골고루 배당함으로써 가정이 어려운 학생들에게 더 많은 혜택이 돌아가는 그런 시스템이다. 그러니 학교에 가지 못하는 상황은 어려운 학생에게, 특히 저소득층 유치원과 초등학교 저학년 학생들에게 더 큰 피해로 다가올 수밖에 없다. 이 문제만큼은 코로나19 국면이 마무리된 다음 잊지 말고 반드시 점검하고 해결해야 한다.

수능의 종말

2020년 교육계의 가장 큰 이슈는 교육 쟁점의 끝판왕으로 버티고 있던 대입, 그중에서 수능의 위세가 현저히 꺾이기 시작했다는 점이다. 1달을 미루어 치러진 수능이지만 무려 15% 가까이 되는 학생이 결시했다. 애초에 응시를 포기한 학생까지 감안하면 그 비율은 더 커질 것이다.

덕분에 1등급 따기가 그만큼 어려워져 상위권 학생의 스트레스가 곱절로 늘어났고, 응시생 중 재학생 비율은 역대 최저를 기록했다. 이번 수능은 거의 재수생 판이라고 해도 과언이 아닐 정도다. 그런데 이 말은 다시 말해 그동안 많은 학생이 상위권 학생의 1등급 획득을 용이하게 하도록 머릿수를 보태주고 있었다는 뜻이다.

사실 수능 점수를 의미 있게 활용해 대학에 진학할 학생들은 전체의 20%도 되지 않는다. 그런데도 모두 수능에 응시했던 것은 그것이 가진 일종의 종교적 권위 때문이라고 할 수 있다. 고등학생이라면 당연히 통과의례처럼 수능을 쳐야 한다고 생각했던 것이다.

하지만 수능이 코로나19의 3차 유행 한가운데서 치러진 덕분에 많은 학생이 그 위험을 무릅쓸 만한 가치가 수능에 있느냐에 대해 고민하기 시작했다. 이 고민은 코로나 국면이 끝난 다음에도 멈추지 않을 것이다. 일단 신화는 의심의 대상이 되기 시작하면 무너진다. 앞으로 갈수록 많은 학생이 수능을 '필수'가 아닌 '선택'으로 생각하게 될 것이다.

현 정권은 2017~2018년 교육혁신 황금기를 대입논란으로 허송하고, 심지어 그것도 수능정시 확대라는 퇴행적인 정책으로 물러앉은 바 있다. 그런데 그렇게 물러선 자리마저 무너지고 있다. 누구도 코로나 이전으로 돌아갈 수 없다고들 한다. 그것은 수능에도, 그리고 수능에 붙어서 먹고살던 사교육업자에게도 예외가 아니다.

도전이냐, 회피냐?

코로나로 시작해 코로나로 끝난 2020년은 우리 교육의 새로운 가능성과 감춰진 민낯도 평등하게 보여주었다. 이는 우리 교육에 크나큰 기회이자 도전이다. 기회가 주어진다고 다 성공하는 것은 아니다. 그것을 도전으로 받아들이느냐, 아니면 회피하고 외면하느냐에 따라 결과가 달라질 것이다.

　그런데 안타깝게도 교육정책을 결정할 만한 위치에 있는 사람들에게는 외면하고 회피하려는 세력의 목소리가 더 많이 전해지는 것 같다. 바로 관료와 사교육업자다. 이 정권은 출범 이래 지금까지 철저하게 교사 패싱으로 일관해왔다. 그렇다고 교사를 압도할 비전과 전문성이 있는 것도 아니다. 그러니 이들의 귀에 들리는 소리는 관료나 사교육업자의 소리일 수밖에 없다.

　관료를 지배하는 정서는 두려움과 걱정이다. 그중 가장 큰 걱정은 교사에 대한 지배력이 줄어드는 것이다. 그것 말고는 그들의 존재 이유가 없기 때문이다. 애초에 일제강점기 때 민족교육을 막기 위해 만들어진 게 교육관료제다. 교사통제야말로 존립 근거나 다름없다. 그들이 교사를 지배하는 동력 역시 두려움과 걱정이다. 그들은 교사들이 늘 무언가 걱정하고 겁먹어 있기를 바란다. 실제로 기성세대 교사 중에는 늘 윗선 눈치를 보고 보이지 않는 눈을 두려워하는 사람들이 많다.

　그런 교사가 가르치는 교육에서는 늘 걱정하고 겁먹는 학생이 자란다. 그리고 그런 학생이 모범생이 되어 다시 교사가 된다. 이런 나라에서는 창조와 혁신이 일어나지 않는다. 다행히도 우리나라 교사 중에는 관료 따위를 두려워하지 않는 사람이 적지 않다. 우리나라 교육이 이나마 있는 성취라도 이루어낸 것은 바로 그런 교사들 덕분이다.

　더욱이 요즘 교직에 들어서는 밀레니얼세대 교사들은 태생적으로 겁이 없다. 관료를 윗사람으로 존경하지도 않는다. 코로나19 덕분에 소위 교육계 윗사람들의 수준에 대해서도 알게 되었다. 다만 걱정되는 것은 이렇게 밑천이 다 드러난 낡은 세력이 젊은 교사들에게 어떻게든 권력을 유지하려고 윽박지르다 그만 그들이 교단을 떠나게 만드는 것이다. 밀레니얼세대는 평생직장, 안정된 일자리에 집착하지 않으니 말이다. 여기에 희망을 걸어보자. 이들의 목소리를 키워보자. 기회를 잡자. 도전하자. 이게 2021년 우리 교육의 중요한 화두가 되었으면 한다.(2020년)

다시 학교의 가치로,
다시 교사의 가치로

다시 한 권의 책을 만드는 작업이 마무리되고 있다. 그러면서 보니 문재인 대통령 취임 이후 교육 쟁점을 정리한 결과가 되었다. 그런데 지난 몇 년은 절반은 대입, 절반은 코로나로 나뉜 거나 마찬가지였다. 결국 교육의 가장 근본적인 문제는 건드려보지도 못하고, 예상치 못한 정국이 전개되면서 시간이 지나가고 있다. 그 과정을 짚어본 이 책이 지난 교육을 낱낱이 되살펴보고, 실패를 거듭하지 않게 하는 씨앗이 되기를 바란다.

교육의 가장 근본적인 문제는 "어떻게 학생을 더 좋은 사람으로 자라게 하느냐?"이다. 그리고 우리가 살아가는 사회는 그 '좋음'이 어떤 것인지에 대해 합의점을 찾아야 한다. 그것이 바로 교육의 목표다. 목표를 세웠으면 다음은 방법을 고민해야 한다. 바로 교육과정, 수업, 그리고 평가다. 대입 선발은 이 중 평가, 그것도 극히 일부에만 해당하는 주제이다. 그런데 여기에 너무 큰 에너지를 소모했다. 게다가 코로나19라는 초유의 상황까지 겹치면서 의미 있는 교육개혁은 아예 시작도 못 했다.

불행 중 다행으로 코로나19 상황이 아니었으면 모르고 넘어갔을 것을 재인식하는 계기이기도 했다. 바로 학교와 교사의 역할과 가치다. 한때 우리의 학교와 교사는 20세기 교육의 낡은 그림자 취급을 받기도 했다. 인공지능이 학교와 교사를 대신할 것이라는 주장도 드물지 않았다.

에필로그_ 다시 학교의 가치로, 다시 교사의 가치로

하지만 학생이 학교에 가지 못하고, 교사와 만나지 못하는 상황이 계속되자, 학교와 교사가 얼마나 중요한 역할을 하고 있는지가 오히려 확연히 드러났다. 코로나19는 그 어떤 정부도 하지 못했던 일을 했다. 바로 학생들이 "학교에 가고 싶어요" 하고 말하게 만든 것이다. 원격수업 1년을 보내고 나니, 안타깝게도 소득수준 낮은 가정의 학생일수록 학력이 떨어지는 양극화 현상도 뚜렷했다. 학교는 이들이 공부할 수 있는 가장 중요한 공간이고, 교사와의 접촉은 수준 높은 상호작용이 되어 아이들이 문화자본을 획득할 수 있는 거의 유일한 기회인 것이다. 이 모든 것이 학교의 가치를 다시금 확인하는 계기였다.

문제는 정책을 결정하는 위치의 사람들이 여전히 이를 보지 못한다는 것이다. 현장에서 직접 학생을 접촉하는 교사와 실제로 자녀를 양육하는 학부모만이 절감한다. 이 책이 이런 목소리를 사회에 널리 알리고, 정책 결정자들을 조금이라도 바꿀 수 있기를 희망한다. 어쩌면 그것이 우리 교육에 주어진 마지막 기회일지도 모른다는 절박함을 안고 기대해 본다.

이 어려운 시기에도 헌신과 창발성을 발휘하며 이 나라 교육을 끌고 온 동료 교사들에게 이 책을 바친다.

직업으로서의 교사

초판 1쇄 펴낸날   2021년 5월 15일
초판 3쇄 펴낸날   2022년 6월 13일

지은이   권재원
펴낸이   홍지연

편집   고영완 정아름 전희선 조어진
디자인   전나리 박해연
마케팅   강점원 최은 이희연
경영지원   정상희

펴낸곳   (주)우리학교
출판등록   제313-2009-26호(2009년 1월 5일)
주소   03992 서울시 마포구 동교로23길 32 2층
전화   02-6012-6094
팩스   02-6012-6092
홈페이지   www.woorischool.co.kr
이메일   woorischool@naver.com

ⓒ 권재원, 2021
ISBN 979-11-90337-73-1 03370